本书系中央高校基本科研业务费专项基金资助（项目批准号2662018QD047）的研究成果。

横向治理：
小农社会中的关系联结与秩序建构

刘思 著

中国社会科学出版社

图书在版编目(CIP)数据

横向治理:小农社会中的关系联结与秩序建构/刘思著.—北京:中国社会科学出版社,2021.6
ISBN 978-7-5203-8552-7

Ⅰ.①横… Ⅱ.①刘… Ⅲ.①农村—群众自治—研究—中国 Ⅳ.①D638

中国版本图书馆 CIP 数据核字(2021)第 097011 号

出 版 人	赵剑英
责任编辑	冯春凤
责任校对	张爱华
责任印制	张雪娇

出 版	中国社会科学出版社
社 址	北京鼓楼西大街甲 158 号
邮 编	100720
网 址	http://www.csspw.cn
发 行 部	010-84083685
门 市 部	010-84029450
经 销	新华书店及其他书店
印 刷	北京君升印刷有限公司
装 订	廊坊市广阳区广增装订厂
版 次	2021 年 6 月第 1 版
印 次	2021 年 6 月第 1 次印刷
开 本	710×1000 1/16
印 张	13
插 页	2
字 数	213 千字
定 价	88.00 元

凡购买中国社会科学出版社图书,如有质量问题请与本社营销中心联系调换
电话:010-84083683
版权所有 侵权必究

目 录

第一章 导论 …………………………………………………（1）
  第一节 研究源起与问题意识 ……………………………（2）
  第二节 研究现状与研究述评 ……………………………（4）
    一 封闭小农与专制治理 ………………………………（4）
    二 血缘联结与宗族治理 ………………………………（7）
    三 地缘联结与区域治理 ………………………………（10）
  第三节 研究思路 …………………………………………（14）
  第四节 关键词的界定 ……………………………………（15）
    一 小农社会 ……………………………………………（15）
    二 横向联结 ……………………………………………（16）
    三 横向治理 ……………………………………………（17）
  第五节 研究方法与研究意义 ……………………………（18）
    一 研究方法 ……………………………………………（18）
    二 研究意义 ……………………………………………（20）

第二章 缺失血缘之根的小农经济村庄 …………………（23）
  第一节 村庄由来与移民史 ………………………………（23）
    一 村庄移民的历史考据 ………………………………（24）
    二 村庄移民的农民记忆 ………………………………（25）
  第二节 村庄自然环境与家户经营 ………………………（28）
    一 适耕宜居的环境 ……………………………………（28）
    二 稻作生产与家户经营 ………………………………（35）
  第三节 村庄社会结构与居住格局 ………………………（38）
    一 家户层面：单家独户与松散小家族 ………………（38）

二　院子层面：杂居或小族聚居 …………………………………（41）
　　三　聚落层面：比邻院子的聚集地 ……………………………（43）
　　四　村庄层面：散居的聚落集体 ………………………………（44）
第四节　村庄区位与市场交往 ………………………………………（47）
　　一　交通枢纽中的村庄 …………………………………………（47）
　　二　集市活动中的农民 …………………………………………（50）
第五节　国家治理中的曲水村 ………………………………………（54）
　　一　家户与国家治理 ……………………………………………（54）
　　二　村庄与国家治理 ……………………………………………（57）
第六节　小结：缺乏内聚力的外向松散型村庄 ……………………（58）

第三章　传统小农的生产性横向联结与治理 ……………………（60）

第一节　小农的横向生产联结形态 …………………………………（61）
　　一　农业生产中的联结 …………………………………………（61）
　　二　集市活动中的联结 …………………………………………（69）
第二节　小农经济生产中的横向治理 ………………………………（76）
　　一　互助式联结与对等协商型治理 ……………………………（77）
　　二　市场式联结与均等强制型治理 ……………………………（80）
第三节　小结 …………………………………………………………（81）

第四章　传统小农的生活性横向联结与治理 ……………………（83）

第一节　小农的个体化生活互动形态 ………………………………（83）
　　一　人情往来 ……………………………………………………（83）
　　二　闲暇娱乐中的交往 …………………………………………（86）
　　三　节日中的互动 ………………………………………………（89）
　　四　信仰活动中的互动 …………………………………………（93）
第二节　小农的合作化生活联结形态 ………………………………（95）
　　一　日常事务的互助联结 ………………………………………（95）
　　二　红白喜事上的组织化联结 …………………………………（97）
　　三　生活困境中的联结合作 ……………………………………（102）
　　四　文化习俗中的联结合作 ……………………………………（106）
第三节　小农生活中的横向治理 ……………………………………（109）
　　一　基于长期互惠的横向治理 …………………………………（109）

二　基于乡土环境的横向治理 …………………………………（114）

　第四节　小结 …………………………………………………………（117）

第五章　传统小农的公共性横向联结与治理 ……………………（119）

　第一节　公共设施建设中的联结形态 ………………………………（119）

　　一　水利设施建设的层级式联结 …………………………………（120）

　　二　公共道路修建中的层级式联结 ………………………………（123）

　　三　跨县大桥修建中的联结 ………………………………………（124）

　第二节　公共安全维护中的横向联结 ………………………………（129）

　第三节　基于生存保障的横向联结 …………………………………（130）

　　一　缘起：下层人民寻求保障的互助联结 ………………………（131）

　　二　联结圈：以县为范围，以小集市为基本单位 ………………（131）

　　三　袍哥会联结作用的双重性 ……………………………………（132）

　第四节　公共性事务中的横向治理 …………………………………（135）

　　一　以自然性原生关系进行整合的横向治理 ……………………（136）

　　二　以建构型再生关系实现整合的横向治理 ……………………（138）

　第五节　小结 …………………………………………………………（143）

第六章　乡村联结与治理的传统、变迁与当下 …………………（145）

　第一节　传统：以横向联结为基础的乡村治理 ……………………（145）

　　一　断层的纵向治理 ………………………………………………（145）

　　二　宗族弱治理 ……………………………………………………（155）

　　三　士绅先生治理 …………………………………………………（157）

　　四　多样化的横向治理及其弥散性 ………………………………（158）

　第二节　变迁：从横向联结走向纵向治理 …………………………（161）

　　一　纵向联结的建构与治理 ………………………………………（161）

　　二　横向联结的断裂与消解 ………………………………………（167）

　　三　纵向单向治理的困境 …………………………………………（171）

　第三节　当下：横向联结的扩展与纵向联结的深入 ………………（173）

　　一　社会横向联结的扩展 …………………………………………（173）

　　二　国家纵向联结的深入 …………………………………………（177）

　　三　纵横联结交织下的乡村治理 …………………………………（179）

第七章　结语与余论 ………………………………………………（183）

第一节　研究发现 ………………………………………（183）
　一　农民之间的社会联结具有多形式性 ……………（184）
　二　横向联结是调节农民关系的重要途径 …………（186）
　三　横向治理是国家治理的重要补充 ………………（187）
第二节　横向联结与横向治理的特点 …………………（189）
　一　长期利益互惠是横向治理形成的重要基础 ……（189）
　二　横向治理是以软性约束为手段的治理形式 ……（190）
　三　横向治理既是对私人事务也是对公共事务的治理 ………（191）
第三节　传统小农横向联结和治理的局限性 …………（192）
　一　横向治理是具有私性的治理 ……………………（193）
　二　横向治理是一种非制度化治理 …………………（193）
　三　横向治理具有空间范围限度 ……………………（194）
　四　横向治理并非政治意义上的治理 ………………（195）
第四节　横向联结与横向治理的当代价值 ……………（195）

参考文献 ……………………………………………（198）

第一章 导论

"人们自己创造自己的历史,但是他们并不是随心所欲地创造,并不是在他们自己选定的条件下创造,而是在直接碰到的、既定的、从过去承继下来的条件下创造。"①根据马克思和恩格斯的经典论述,特定的历史条件决定着社会的发展形态与政治形态。同样,对特定历史条件、社会基础的不同认知,也影响着人们对该社会条件下治理形态的判断。

中国社会地域辽阔,不同区域有其特殊的自然、经济条件,其社会底色呈现较大的差异。特别是传统时期中国社会的相对封闭性,导致在西方学者眼中,中国呈现为一个古老而神秘的"东方社会"。也正因如此,学者们对中国社会的治理形态做出了差异巨大的判断,并形成了"专制社会"和"自治社会"两种截然不同的主要论断。如魏特夫认为,中国是一个治水社会,治水是东方专制主义的起源。②马克斯·韦伯则认为,中国"'城市'是没有自治的品官所在地,'乡村'则是没有品官的自治区"③。

尽管"专制社会论"和"自治社会论"看似存在理论的矛盾性,但其内在逻辑却具有一致性。如费孝通先生所指出的,传统中国社会的治理是分层隔离的,不同层次存在不同的治理轨道:一条是以国家权力为轨道

---

① 《马克思恩格斯选集》第 1 卷,人民出版社 2012 年版,第 669 页。
② [美] 魏特夫:《东方专制主义》,徐式谷、奚瑞森、邹如山译,中国社会科学出版社 1989 年版,第 96 页。
③ [德] 马克斯·韦伯:《儒教与道教》,王容芬译,广西师范大学出版社 2008 年版,第 137 页。

的专制官僚体系,另一条是以基层自治为轨道的乡村精英治理体系。① 换而言之,专制社会是上层社会的治理形态,而自治社会是基层社会的治理形态。然而,无论是"专制迷思",抑或"自治迷思",其实质都是从自下而上的纵向治理视角看待中国社会的治理形态。

但是,正如马克思所评价的:"亚洲各国不断瓦解、不断重建和经常改朝换代,与此截然相反,亚洲的社会却没有变化。这种社会的基本经济要素的结构,不为政治领域中的风暴所触动。"② 在中国社会,国家权力治理与基层社会治理是两套不同的运行体系。在国家权力对乡村社会介入极为有限的情况下,基层社会的大量自我治理形态却被血缘宗族治理、乡村士绅治理这两种理论所遮蔽。事实上,在长江中上游流域地区,基层社会并非简单依靠宗族治理、士绅治理这种纵向治理形式,反而更多的是依靠家户之间所形成的"横向治理"形式。因此,从"横向治理"视角考察传统中国社会的治理形态,探索小农村庄维持稳定的奥秘,具有重要的理论意义,并能为当前乡村治理提供经验借鉴。

第一节 研究源起与问题意识

"起点决定路径,原型规制转型。"③ 在党的十九大报告中,习近平总书记指出:"政治制度不能脱离特定社会政治条件和历史文化传统来抽象评判。"可见,任何政治制度和社会治理形式都不是独立于社会而存在与运行,相反,社会的历史条件与社会基础往往决定着现实的治理形态。对于处于经济大发展、传统向现代大转型的我国来说,历史也是最好的老师。因而,认识和理解我国传统社会特征及其治理机制,梳理出有利的社会治理因子,对推进我国社会治理现代化具有巨大的现实意义。

根据马克思"经济基础决定上层建筑"的经典唯物主义论断,中国农业文明传统也决定和形塑了中国的基本国情和社会特性。"中国是一个

---

① 郑卫东:《"双轨政治"转型与村治结构创新》,《复旦学报》(社会科学版) 2013 年第 1 期。
② 《马克思恩格斯全集》第 23 卷,人民出版社 1995 年版,第 397 页。
③ 徐勇:《东方自由主义的发掘——兼评西方话语体系中的"东方专制主义"》,《学术月刊》2012 年第 4 期。

自然禀赋适宜农耕的国度，适宜的气候和土壤条件使得家户生产成为可能。"① 在农业社会中，家户是最为基础、最为核心的社会组织单位。而且"中国家庭是自成一体的小天地，是个微型的邦国"②。可以说，家户是社会治理的源点所在，家户制是中国社会的本源性制度。但是，家户之间关系如何，家户如何构成基层社会，家户社会如何治理等问题，不同学者做出了截然不同的判断。

总的来看，对于传统中国社会的治理形态存在两种论断。一是专制社会论。马克思、魏特夫所言的"东方专制主义"。马克思将中国社会评价为"皇帝通常被尊为全中国的君父，皇帝的官吏也都被认为对他们各自的管区维持着这种父权关系"③。而马克思、魏特夫对中国专制社会的定性很大程度上基于小农社会合作难以达成。比如"在东方，由于文明程度太低，幅员太大，不能产生自愿的联合，所以就迫切需要中央集权的政府来干预"④。二是社会自治论。以费孝通先生为代表，认为传统中国一旦政令与人民接触，就转入自下而上的士绅治理轨道。⑤ 但绅士是基层社会中的精英群体而非普通农民，且精英的重要价值在于其作为官府与农民的桥梁作用。

因此，关于中国社会治理形态的传统理论存在一定的局限。一是部分国外学者基于对二手资料的抽象认识，认为家户之间缺乏社会联结，因此需要依靠国家政权或外部力量进行专制治理。二是基于对华南、华北等核心区域的认识，认为家户之间存在社会联结，这种联结主要是天然的血缘联结和地缘联结，并基于此形成宗族治理、士绅治理。对于普通家户而言，国家权力、宗族、士绅，都是高于家户的权力形态，其治理主要是自上而下的纵向治理形式。本书通过对长江中上游流域一个村庄1949年以前的历史形态研究发现，传统理论在对这一区域的社会治理历史实际进行阐释时存在着不足。

从对四川省农村成都市新都区曲水村的调查来看，尽管家户之间经济

---

① 徐勇：《中国家户制传统与农村发展道路——以俄国、印度的村社传统为参照》，《中国社会科学》2013年第8期。

② [美] 费正清：《美国与中国》，张理京译，世界知识出版社1999年版，第22页。

③ 《马克思恩格斯论中国》，人民出版社2015年版，第6页。

④ 《马克思恩格斯选集》第1卷，人民出版社2012年版，第850页。

⑤ 费孝通：《乡土中国》，上海世纪出版集团2007年版，第280页。

相对独立，血缘联结、地缘联结相对松散，但是家户之间并非相互隔绝，而是建立起了丰富的、普遍的社会联结。这种联结不同于传统理论所关注的天然的血缘联结和地缘联结，而是家户在社会生产、生活过程中建构起来的联结。在这种社会联结关系中，家户之间地位平等、利益互惠。以此为基础形成的治理也不同于以血缘关系为基础的宗族治理和因地缘关系形成的村庄共同体治理，而是一种平等的、互惠的治理。本书将这种联结和治理界定为横向联结和横向治理，以区别于传统理论所界定的国家政权治理、宗族治理、士绅治理等。

基于此，本书的问题意识可以概括为：在中国长江中上游流域地区，经济相对独立、血缘与地缘联结相对松散的小农之间是否存在其他形式社会联结，所形成的社会治理又是怎样的形态？换言之，传统中国在国家、宗族、士绅等纵向治理相对较弱的情况下，家户之间是如何通过有效的治理维系基层社会的稳定与秩序的？对此，本书以区别于华南宗族和华北村庄社会的长江中上游小农村落社会为对象，通过对一个村庄个案的深度调查，考察家户之间的社会联结关系，发掘长期被学界所忽视的"横向治理"这一治理形式，以此丰富学界对中国社会治理形态的认知，并为当前农村基层社会治理提供经验借鉴。

第二节 研究现状与研究述评

对于传统中国农民的社会联结及其社会治理形态，国内外学者进行了大量研究。其中卡尔·马克思、魏特夫、马克斯·韦伯等学者，主要利用二手资料进行分析，费正清、费孝通等人对中国社会进行了实地调查分析。这些研究呈现两大趋向。一是认为传统中国是分割、封闭的小农社会，农民之间缺乏横向联结，由此形成的是以国家政权为核心的专制治理。二是认为中国农村的农户之间存在着天然的血缘联结或地缘联结，由此形成了宗族治理、村庄共同体治理等理论观点。

一 封闭小农与专制治理

在以农民为主体的国家，农民的组织特性决定了一个国家的治理特性。马克思曾指出，在一个由封闭小农组成的社会，其治理必然是以国家作为农民代理人的专制治理。而此结论来自其对法国小农社会的深刻剖析。"小农人数众多，他们生活条件相同，但是彼此之间并没有发生多种多样的关系。他们的生产方式不是使他们相互往来，而是使他们相互隔离。"① 因为生活条件、生产方式和经济结构的同质性，基本能够实现独立生产经营、自给自足的农户之间缺乏社会交往的需求和动力，由其组成的村庄内部结构便呈现为"一块土地，一个农户和一个家庭；旁边是另一块土地，另一个农民和另一个家庭"②。马克思形象地将此类农户比喻为一个个同质而又相互隔离的马铃薯，将村庄概况为一个个既不发生物理反应、也不发生化学反应的马铃薯集，村庄与村庄之间便是一袋袋同质、相隔离的马铃薯。基于此逻辑，马克思认为，"他们利益的同一性并不使他们彼此间形成共同关系，形成全国性的联系，形成政治组织"，因此"他们不能代表自己，一定要别人来代表他们。他们的代表一定是同时是他们的最高主宰，是不受限制的政府权力"③，即"马铃薯式"小农社会产生的是中央集权的治理方式。

恩格斯通过对法、德两国的考察得出与马克思相同的看法，并在《法德农民问题》《德国的革命与反革命》中分别有所论述。在《法德农民问题》一文中，恩格斯指出法德农村闭塞、分散的生活状况，导致国家的人口主体——农民对政治冷漠，而这正是国家专制制度产生和长久运行的强大支柱。④ 在《德国的革命与反革命》中恩格斯进一步指出，仅有少数的富裕农民关心政治，自由农、封建佃农以及农业工人者在日常的生活中"从来不怎么关心政治"，在革命运动中也因其分散性而难以达到集体行动，"所以他们永远不能胜利地从事独立的运动"⑤。恩格斯认为小农相互之间缺乏社会联系，缺乏自我组织能力，进而产生专制国家，这与马克思的马铃薯小农及国家集权治理观完全一致。

---

① [德]卡尔·马克思：《路易·波拿巴的雾月十八日》，冯适译，江苏人民出版社2011年版，第122页。
② [德]卡尔·马克思：《路易·波拿巴的雾月十八日》，冯适译，江苏人民出版社2011年版，第122页。
③ [德]卡尔·马克思：《路易·波拿巴的雾月十八日》，冯适译，江苏人民出版社2011年版，第123页。
④ 《马克思恩格斯选集》第4卷，人民出版社2012年版，第355页。
⑤ 《马克思恩格斯选集》第1卷，人民出版社2012年版，第572页。

马克思对中国社会性质的分析深受黑格尔的影响。黑格尔认为，东方王国中个人全然没有认识到自己和国家是相对峙的，在国家之内，个体对皇帝是一种纯粹的服从，皇帝则犹如大家庭内的严父，治理国家的一切部门。① 在此基础上，马克思指出，"皇帝通常被尊为全中国的君父"②，而对于专制官僚体系之下的基层社会，除了公共工程是中央政府的事情之外，"整个国家分为许多村社，它们有完全独立的组织，自己成为一个小天地"③。事实上，马克思对于东方社会的认识更多地源于俄罗斯、印度等国家调查资料的认知，对于中国社会可获取的资料极为有限，因此在东方的中国事实上仍然被一层神秘面纱所遮蔽。

对中国而言，马克思、恩格斯的结论虽来源于法、德、俄等西方国家社会的观察，但是其基本方法、视角却影响了大批经典作家的研究。如历史学家摩尔基于数个国家比较研究，发现"中国的村庄与其说是生活和功能性的共同体，还不如说是许多农家的聚居地"④，中国的村庄是由仅有最小限度合作的分散家庭构成，因此不同于印度、日本以及欧洲国家的传统村社共同体，中国村庄缺乏凝聚力。究其原因，摩尔认为，其一，为土地散、小以及落后的农业技术下，集体劳作的产出与个体劳作的产出相等，而且在效率上并不一定能够提高；其二，"只要劳动力充裕且有剩下，就不必奇怪中国农村个体劳动何以缺乏长期、制度化的合作基础"⑤。

作为社会主义革命的领导者与社会主义建设的指挥者，列宁与毛泽东也对中国农民进行过深入的研究。列宁通过与中国共产党的密切往来对于中国农村与农民有一定的认知，认为中国农民非常闭塞、消极、愚昧、对政治漠不关心。⑥ 为此，列宁强调，社会主义革命和建设发展必须改造小农，改变其落后的习惯与心理。毛泽东通过实地调查研究，对中国小农有

---

① [德]黑格尔：《历史哲学》，王造时译，上海世纪出版集团2001年版，第121、122页。
② 《马克思恩格斯论中国》，人民出版社2015年版，第6页。
③ 《马克思恩格斯全集》第28卷，人民出版社1995年版，第271页。
④ [美]林顿·摩尔：《民主和专制的起源》，拓夫等译，华夏出版社1987年版，第166页。
⑤ [美]林顿·摩尔：《民主和专制的起源》，拓夫等译，华夏出版社1987年版，第166—167页。
⑥ 列宁：《中国各党派的斗争》，1913年4月28日，见《列宁全集》第23卷，人民出版社1990年版，第129页。

更为深刻的认知，并散见于《国民革命与农民运动》《中国社会各阶级的分析》《湖南农民运动考察报告》等系列调查报告之中。毛泽东认同列宁的小农"落后性"观点，并进一步指出，一家一户的分散个体生产，是中国封建统治数千年延续的经济基础，是农民陷入穷苦的根源，也是农民在革命斗争中落后思想负担产生之根。基于此，毛泽东在革命运动中不断强调要将农民"组织起来"，并最终通过农民群众组织路线取得胜利。

封闭性、分散性、冷漠性是马克思经典理论作家对小农社会特性的经典论断，并认为必须由建立在暴力强制基础上的国家来将农民整合起来，实现社会有效治理。但是经典理论作家的理论仍有不足。一是其是从整个国家的宏观层面，运用阶级分析方法对小农政治行为作出判断。对于农民日常生活中的治理行为缺乏深入的考察，也就是说，经典理论对于隐藏于基层社会内部的治理机制缺乏细致分析。二是"经济决定上层建筑"是马克思、恩格斯对于小农社会的主要分析路径，基于小农的生产特征得出其政治特征，虽然经济关系对人们行为选择具有不可忽略的影响，但农民的行为还受到文化、环境等多方面因素影响。

由上可知，以马克思为代表的封闭、分散小农论更多是从宏观角度对农民整体政治行为特性的概括。但在整体特性之下，农民行为又有其自身特殊性。首先，从历史实际来看，在传统中国社会，国家权力对乡村的渗透极为有限。"正式的皇家行政，事实上只限于市区和市辖区的行政。一出城墙，皇家行政的威力就一落千丈，无所作为了。"① 农村基层社会的治理更多地依赖于农民自我治理。其次，中国幅员辽阔，地区之间差异性极大。在此情况下，各个地区的农民经济社会形态呈现出巨大差异。

二 血缘联结与宗族治理

血缘关系是人类社会最基本的社会关系之一。在国家产生之前，由天然血缘关系所形成的氏族是农民组织、行为的治理基本单元。在蒙昧和野蛮时代，社会以人身、以纯人身关系为基础，组织的基本单位是氏族。②

---

① ［德］马克斯·韦伯：《经济与社会》下卷，林荣远译，商务印书馆1997年版，第137页。
② ［美］路易斯·亨特·摩尔根：《古代社会》，杨东莼、马雍译，商务印书馆1977年版，第6页。

在我国传统时期，天然血缘关系形成的宗族在农村社会治理中发挥着重要作用。

传统时期中央所派遣的官员到知县为止，在乡村社会作为国家权力代表的中国官员们事实上并不掌政，仅在农民发生暴动等事件时才会干预①，那么，作为基层的传统农村社会如何有效运转呢？费孝通先生提出了"家"这一组织，认为中国的"家"作为一个"事业单位"具有扩展性，"如果事业小，夫妇两人的合作能够应付，这个家可以小得等于家庭；如果事业大，超过了夫妇两人所能担负时，兄弟叔伯全都可以集合在一个大家里，不论政治、经济、宗教等功能都可以利用家族来担负"②。可见，以亲子组成的小家庭的治理功能有限，通过血缘关系进而扩大到家族是弥补家庭功能不足的重要形式。

美国学者佛里德曼、葛学溥通过实地调查研究，提出类似观点。佛里德曼指出，"我们在中国东南地区所看到的这种宗族当然是政治与地方组织，在国家的支持下，地方宗族通常是解决宗族成员纠纷的最大单位"③。葛学溥在广东凤凰村考察发现，农民因不同的需求而自形成不同规模的家庭群体，其中，宗族是家庭的联盟群体，具有政治、经济、教育、艺术、宗族、娱乐等多种功能。④

由此来看，传统时期的中国农村，特别是在东南区域，农民之间以血缘为关系纽带联结成宗族组织，形成基层社会的主要构成单元。族作为一个以血缘关系为纽带形成的共同体，不仅是扩大的家庭，满足和弥补小农个体家户的不足，同时自身也是治理的主体。

而宗族如何治理，费孝通先生认为，在血缘家族内部，并不存在利益的冲突，个体并不存在利益的伸张。"中国传统社会由于家的过分发达，以致没有能产生如西方的'个人主义'。"⑤ 因此，通过孝道教化就能够实

---

① [德]马克斯·韦伯：《经济与社会》下卷，林荣远译，商务印书馆1997年版，第720页。
② 费孝通：《乡土中国》，上海世纪出版集团2011年版，第39页。
③ [美]莫里斯·弗里德曼：《中国东南的宗族组织》，刘晓春译，上海人民出版社2000年版，第145页。
④ [美]丹尼尔·哈里森·葛学溥：《华南的乡村生活——广东凤凰村的家族主义社会学研究》，周大鸣译，知识产权出版社2012年版，第82—87页。
⑤ 金耀基：《从传统到现代》，法律出版社2010年版，第30页。

现有效治理。而弗里德曼指出，利益分化是宗族冲突的重要原因，但利益手段本身也是宗族治理的重要方式。"宗族不仅仅积累了可为贫穷成员在某种程度上也可享用的有形资产，而且为学识和高贵身份建立了集中的声誉。尽管这种声誉只是基于少数成员的活动，但这种声誉又可以为地位低下的成员带来法律和政治的利益。"①同样，科大卫认为，宗族不仅仅是一个血缘共同体，也是经济利益共同体。"控制财产，成为拥有广阔基础的宗族调动资源的手段。"②对宗族而言，礼仪教化是其实现治理的重要形式。"明王朝通过法律来创造里甲，而宗族则通过礼仪来继承里甲。"③而这一形式也得到了国家的认可。"地方社会与王朝共谋，将宗族作为建立社会秩序的基础。"④

对于这种社会联结的性质，刘创楚、杨庆坤指出，20世纪之前的中国社会只有基于文化、习俗的机械团结，而无因功能互补产生的有机团结。同时，在家庭组织之外，人群一多就无法形成统一行动。⑤在宗族社会中，家户基于血缘关系的联结是有限度的。对此，孙中山先生曾感慨："中国人最崇拜的是家族主义和宗族主义，所以中国只有家族主义和宗族主义，没有国族主义。"⑥

金耀基先生通过对比也提出，中国传统社会是以基于血缘关系的"原级团体"为主组织，家族制度是古典中国最为重要而又特殊的治理制度。金耀基认为单一简单的传统农业生产，代代相传，历久不变，形成了"顺乎自然，行乎自然"的人生观和倾向于孤立闭缩、默从与惰性的"闭固性人格"⑦。加之，自然环境的阻隔以及交通的阻塞，使中国形成许多

---

① [美] 莫里斯·弗里德曼：《中国东南的宗族组织》，刘晓春译，上海人民出版社2000年版，第166页。
② 科大卫：《皇帝和祖宗·华南的国家与宗族》，卜永坚译，江苏人民出版社2009年版，第218页。
③ 科大卫：《皇帝和祖宗·华南的国家与宗族》，卜永坚译，江苏人民出版社2009年版，第10页。
④ 科大卫：《皇帝和祖宗·华南的国家与宗族》，卜永坚译，江苏人民出版社2009年版，第13页。
⑤ 刘创楚、杨庆坤：《中国社会从不变到巨变》，中文大学出版社1989年版，第20页。
⑥ 孙中山：《三民主义》，中国长安出版社2011年版，第5页。
⑦ 金耀基：《从传统到现代》，法律出版社2010年版，第44页。

不同的"小社会","小社会"之间相互隔离。在此情况下,传统中国的国家与农民之间的关系是松弛的,农民对于国家的公共政治事务不予以关心,少有主动参与,农民"不能自觉到政府的存在,至少政府不是人民生活的一部分"①。

由此可见,宗族治理是传统中国农村社会治理的重要形式之一。但需要注意的是,宗族治理看似是一种社会自我治理形式,但其仍然是一种纵向治理。一方面,宗族治理是宗族精英对宗族成员的治理;另一方面,宗族治理是对国家治理的延续。"中国东南宗族能够独立存在的关键之一在于宗族精英与国家官僚之间的联结。"② 在宗族治理过程中,宗族精英需要借助国家权力,并对国家负责。"以家长或族长为每一单位之主权,而对国家负责。反过来看,法律既承认家长、族长为家族的主权,而予以法律上的种种权力。"③ 因此,宗族治理与国家治理又具有同构性的一面。如学者金观涛、刘青峰指出,"中国封建社会里,由子孝、妇从、父慈伦理观念所建立的家庭关系,正是民顺、臣忠、君仁的国家社会关系的一个缩影。家庭成为组织国家的基本单元,是国家的一个同构体"④。

三 地缘联结与区域治理

地缘联结是人类社会构成的重要基础。早在古希腊时期,柏拉图就指出:"在我看来,之所以要建立一个城邦,是因为我们每一个人不能单靠自己达到自足,我们需要许多东西。"⑤ 亚里士多德也曾指出,"每一个隔离的个人都不足以自给其生活"⑥,所有城邦都是为着某种善而建立的,以此弥补个体能力的不足,获取共同利益。

在中国社会,血缘宗族是重要的社会联结形态之一,但并非唯一的

---

① 金耀基:《从传统到现代》,法律出版社2010年版,第60页。
② [美]莫里斯·弗里德曼:《中国东南的宗族组织》,刘晓春译,上海人民出版社2000年版,第175页。
③ 瞿同祖:《中国法律与中国社会》,商务印书馆2010年版,第29页。
④ 金观涛、刘青峰:《兴盛与危机:论中国社会超稳定结构》,法律出版社2011年版,第52页。
⑤ 柏拉图:《理想国》,郭斌和、张竹明译,商务印书馆1986年版,第58页。
⑥ 亚里士多德:《政治学》,吴寿彭译,商务印书馆1965年版,第9页。

形态。且如马克思、恩格斯所指出，地缘社会替代血缘社会是文明的必然。"以血族团体为基础的旧社会，由于新形成的社会各阶级的冲突而被炸毁；组成国家的新社会取而代之，而国家的基层单位已经不是血族团体，而是地区团体了。"① 社会学者庄英章通过研究认为，在中国台湾开放的初期，人们活动以地缘关系为基础，而不是以血缘关系。② 但是，在中国社会，所谓的地缘关系又区别于经典理论作家所谓的地缘社会。费孝通先生曾指出，中国乡村社会的血缘关系与地缘关系在空间上具有一致性，"我们的籍贯是取自我们的父亲的，并不是根据自己所生或所住的地方，而是和姓一般继承的，可以说籍贯只是'血缘的空间投影'"③。

对于中国是否存在基于地缘关系形成的村落共同体，日本学者的探讨尤为引人关注。以清水胜光和平野义太郎为代表的部分日本学者通过满铁资料研究，最先提出在中国华北地区存在具有内聚性、封闭性和高度自我治理的村庄共同体特征。清水盛光指出，中国一个村落便构成一个小王国，村民脱离村落难以独立生存，必须依靠村庄团体才能维系，里老和老人作为领导，实行自律连带性自治。这种自律连带性是村民在世代累积的地缘关系和血缘关系上自发形成的、带有义务感的自觉参与和协同治理。④ 平野义太郎发现，在中国华北村庄内存在村公会以及具有自卫、治安、防卫、祭祀、祈雨、娱乐、婚葬等功能的会社组织。村民的意识道德规范以及生产生活的协同组织合作都具有共同体的意义。⑤

戎能通孝、福武直等日本学者基于满铁调查提出了不同的见解。戎能通孝认为，中国的村落没有清晰固定的边界，村民的土地存在跨村现象；村民之间的关系松散，村民与村干部相互之间缺乏责任意识和认同感，因而中国不具有村落共同体所具备的基础条件特征，并非共同体村落。⑥ 福

---

① 《马克思恩格斯选集》第4卷，人民出版社2012年版，第12页。
② 庄英章：《台湾汉人宗族发展的若干问题——寺庙宗祠与竹山的垦殖形态》，《中央研究院民族学研究所集刊》1973年第36期。
③ 费孝通：《乡土中国》，上海世纪出版集团2007年版，第67页。
④ [日] 清水盛光：《中国社会研究》，岩波书店1933年版。
⑤ [日] 平野义太郎：《大亚洲主义的历史基础》，河出书房1946年版。
⑥ [日] 戎能通孝：《法律社会学诸问题》，日本评论社1943年版。

武直同样认为，中国村落不能称为村落共同体，并列举出中国村落一系列非共同体特征：中国农民缺乏村界意识，村落的封闭性和排外性相对日本村落较弱；以村落为单位的集体财产很少；生产、生活上的组织合作和集体活动，呈现出集体意识，但多是建立在利益之上的小范围合作。①

费孝通先生提出，流动不可能不发生，人口繁殖与有限土地矛盾日益增长下，流动成为必然，血缘群体被地域所分割。但是当村落形成，村落便相对独立，基本能自给自足，并以村落为群体单位相互"孤立和隔膜"，对外体现出一定的排外性和封闭性。在江村和禄村，只有在村内有土地的人，通过婚姻嫁入村庄的人才被认可为"村里人"，而其他的人员都是来历不明、形迹可疑的"陌生人"，其在村内常常得不到普通公民的权利，也不被村民视作为"自己人"。为此，"无论出于什么原因，中国乡土社区的单位是村落，从三家村起可以到几千户的大村"②。

特定的地缘关系也决定着特定的国家治理制度。马克思主义认为，传统东方农村社会是以村社为单位的小农社会，封闭和冷漠是小农的行为特征，也是专制治理制度形成的社会根基。马克思最先在给查苏利奇的回信中对俄国农村公社做了详细细致的分析并给予了较高评价。"它摆脱了牢固然而狭窄的血统亲属关系的束缚，并以土地公社所有制以及由此而产生的各种社会关系为自己的坚实基础；同时，各个家庭单独占有房屋和园地、小土地经济和私人占有产品，促进了那种与较古的公社机体不相容的个性的发展。"③通过英国政府的实地调查报告，马克思发现印度的村社制度与俄国类似，并认为东方社会人民的封闭性、对帝国漠不关心的国民性根源于"村社制度"。他指出："这些田园风味的农村公社不管看起来怎样祥和无害，却始终是东方专制制度的牢固基础，它使人的头脑局限在极小的范围内，成为迷信的驯服工具，成为传统规则的奴隶，表现不出任何伟大的作为和历史首创精神。"④

美国学者明恩溥根据在中国的亲身生活经历，发现中国传统乡村基于血缘聚族或是因地缘聚村而自然生发的社区，内部处于相对自治状态，且

---

① ［日］福武直：《中国农村社会结构》，东京大学出版会1976年版。
② 费孝通：《乡土中国》，上海世纪出版集团，2007年版，第9页。
③ 《马克思恩格斯选集》第3卷，人民出版社2012年版，第836页。
④ 《马克思恩格斯选集》第1卷，人民出版社2012年版，第853页。

能够满足村民大部分需求。村庄与外有所联系,但是是单一性的、有限的,常由村庄内部治理的领导者——族老、乡绅对外联系,并组织村民协助国家政府所安排的事务。为此,明恩溥提出,"一个乡村就是一个微型的城市","每一个中国的村庄都是一个自治的小公园"①。

萧凤霞从政治学的角度分析,认为村庄之间具有隔离性,对外只有与国家机构之间的纵向交流而无横向村庄往来。传统时期"天高皇帝远",乡村具有较大的治理自主性,其长期有效的自我治理依靠的是每个村庄内部的高度自主治理。村庄之间互不发生联系,每个村庄分别各自与乡(镇)、县、省等国家政权单位发生纵向联系。村庄是国家治理的基本单元,也是中国社会的"细胞组织"②。

社会学者乔启明、杨懋春以及杨庆堃将关注的目光从宗族、村落转向村落之外,用区域化的视角,将集镇作为解读中国传统农村社会的研究单位,提供了小农及其治理的另一个窗口。乔启明意识到传统中国市场体系的社会意义,先后著有《乡村社会区划的方法》和《宁县淳化镇乡村社会之研究》。杨懋春进一步关注集镇制度与中国农民的乡村生活,认为中国农村社会以家庭为单位,以村庄为中坚,以集镇区为其范围。③ 中国最为自然、最合理的有效农村社区组织不是一个村庄或是多个地域相连的村庄,而是由集镇及其周边村庄所构成。同一地区的村庄之间在集镇中发生传统联系,小农之间以集镇为社会联结范围。

施坚雅为"市场派"最具有影响力的代表人物之一,他认为,传统村落犹如一个个独立圆环,圆环之间的空白由市场所填满,组成新的村庄。以舒绣文提出的"蜂窝理论"为基础,施坚雅进一步指出,市场之间就像"蜂窝"的"蜂眼",彼此不相连、不往来,也不竞争,小农只与其村庄所在的基层市场和中层市场发生联系,而不会与邻近的其他基层市场发生联系,因为不同基层市场之间的语言有差别,只有同一市场的人才能够完全相互理解。为此,传统中国农民的实际社会区域边界不是由其所

---

① [美]明恩溥:《中国乡村生活》,陈午晴、唐军译,中华书局2006年版,第8、188页。
② Siu, Helen F, *Agents and Victims in South China*: *Accomplices in Rural* Revoluyion, New Haven: Yale University Press, 1989.
③ 杨懋春:《近代中国农村社会之演变》,巨流图书馆1984年版。

住村庄范围决定,而是由其基层市场区域的边界决定。① 持类似观点的斯科波尔认为,"传统中国共同体的基本单位并非个体村落,而是包括一组村庄的市场共同体,虽然农民在个体村庄内居住和工作,但市场共同体才是他们真正的世界"②。小农的社会生活圈以基层市场为范围,基层市场的边界构成了小农社会生活往来的边界,在市场之外小农的交往少,各个市场独立运行,呈现出一个个相互独立的"蜂窝"结构状态。市场共同体之间的隔离,导致了村庄的隔离和小农之间的隔离。

总的来看,无论是"村落共同体"抑或"血缘共同体"理论,都是以华南地区或华北地区这两大核心区域的社会条件为基础。其中,在华南地区,宗族色彩更为浓厚,在华北地区,村落共同体意识相对更为突出。③ 但是,传统中国不同区域的农村社会具有巨大差异性。如我们所观察的长江中上游流域村落,农民并非马克思所描述的马铃薯小农一般缺乏横向联系,也并非弗里德曼所认为的农户构成紧密的宗族关联,也并非萧凤霞笔下的"细胞社会"般有着明晰的村落界定,而施坚雅笔下的市场网络也并没有真正支配人们的日常生活。可见,农民之间的联结是怎样的状态、对农村社会治理产生了何种影响,仍然有待深入探讨。

第三节 研究思路

本书以农民社会联结的方式、特征、机制为基础进行研究,并将其放入国家治理的大背景中进行分析与思考,以此考察农民之间的横向联结对国家治理的影响。简而言之,就是农民的社会联结形态及其对国家治理的影响。

在传统乡村社会,县以下似乎看不到政治的身影,呈隐性状态。农村社会的治理形态反映在农民的日常生活和行为态度当中。基于挖掘传统农村社会治理的有效因子和以古鉴今的研究目标,本研究聚焦于传统时期,

---

① [美]施坚雅:《中国农村的市场和社会结构》,史建云、徐秀丽译,中国社会科学出版社1998年版。
② [美]黄宗智:《华北的小农经济与社会变迁》,中华书局2000年版,第23页。
③ 徐勇:《"分"与"合":质性研究视角下农村区域性村庄分类》,《山东社会科学》2016年第7期。

即 1949 年以前。传统时期，农民正是通过各种方式、各个方面的联结来进行社会自我治理，国家通过与村民的联结来实现有效治理。因而，传统时期曲水村村民日常生活中的联结行为及其逻辑是本研究的主线。

为更深刻地理解农民社会联结产生的背景，及其对基层治理的意义，以及更好地把握社会联结的内在逻辑，本书在以传统时期农民的社会联结和自我治理为主线的同时，将传统国家与农民之间的纵向联结及其治理作为副线，并在全文与主线互相比照。另外，在副线上，还做了时间的延续，即对农民横向社会联结与纵向联结的历史变迁与实态进行分析，以此更好地说明农民社会横向联结的治理意义，并通过对当下的分析，提出可行性建议，以提升研究的现实价值。

第四节 关键词的界定

一 小农社会

关于小农，恩格斯在《法德农民问题》给出经典定义，即"指小块土地的所有者或租佃者，这块土地既不大于他以自己全家的力量通常所能耕种的限度，也不小于足以让他养家糊口的限度"①。简而言之，小农就是拥有能够自给自足的经营规模土地的农民或农户。但是，马克思、恩格斯所界定的小农社会还有另外一层内涵，即农户与农户之间相互隔绝。农户彼此间缺乏共同关系，难以形成政治组织，广大农村仅仅是一些同名数的简单相加。② 在中国社会，家户不但是国家行政治理的基本单位，同时还是中国农村的经济单位、社会单位。美国学者费正清在对美国和中国的对比中发现，中国家户承担了人类繁衍的生物性功能，还承担着生产、生活的经济功能，以及养老、救济、秩序、教育等公共性功能。也正因我国家庭功能的丰富多样性，费正清将其形象地比喻为一个"微型的邦国"③。

---

① 《马克思恩格斯选集》第 4 卷，人民出版社 2012 年版，第 358 页。
② ［德］卡尔·马克思：《路易·波拿巴的雾月十八日》，冯适译，江苏人民出版社 2011 年版，第 123 页；徐勇：《国家整合与社会主义新农村建设》，《社会主义研究》2006 年第 1 期；徐勇：《如何认识当今的农民、农民合作与农民组织》，《华中师范大学学报》（人文社会科学版）2007 年第 1 期。
③ ［美］费正清：《美国与中国》，张理京译，世界知识出版社 2005 年版。

正如美国著名行政学家古德诺所言："中国社会组织的最大特征就是它的家庭，家庭才是中国社会的基本单位，离开了家庭的个人在社会上是不被承认的。由于家庭在社会结构体系中占如此重要的地位，以至于任何其他的社会组织都难以有立足之地。"① 对此，所谓小农社会，即是以"小农户"为基础进行组织、治理的社会。首先，小农户区别于宗族，并没有因血缘联结而形成"扩大的家庭"。其次，农户是社会组织、社会活动最基本的单元。最后，农户与农户之间的关系是社会治理的基石。综上，我们研究分析的基本单元是农户，而非农民个体，考察重点在于小农户与小农户之间的社会联系，而非各农户内部的治理。

二 横向联结

"横向联结"一词由"横向"和"联结"两个词所组成，其概念也是这两个词的组合。其中，"横向"是一个水平维度的指向词，有平等、对等之意。"联结"一词有联络、联系、连接、结合之意。因此，"横向联结"便是指水平维度上的结合。本书以此指代社会主体之间平等的、互惠的、自主的联结形式。另外，纵向联结与横向联结相对，指代社会主体之间基于权力关系所形成的非对等性联结。

学界已有相关研究中提出了"社会团结""横向一体化"等相近概念。其中，"横向一体化"多使用于市场经济研究中，是指"把与本企业处在生产—营销链上同一个阶段具有不同资源优势的企业单位联合起来形成一个经济体"②。简单而言，就是将众多分散的同质生产者直接结为一体，共同协调原料供应、产品销售加工等，进行规模化生产。③ "社会团结"是社会学家涂尔干基于对社会秩序及其与分工关系的研究而提出的理论概念，指人与人、人与群体、群体与群体之间的联结关系，并将社会

---

① ［美］古德诺：《解析中国》，蔡向阳、李增茂译，国际文化出版公司1998年版，第64页。
② 来源于百度百科词条：https：//baike.baidu.com/item/横向一体化/3736039？fr = aladdin。
③ 黄宗智：《农业合作化路径选择的两大盲点：东亚农业合作化历史经验的启示》，《开放时代》2015年第5期。

团结分为机械团结和有机联结两种类型。①其中，机械联结是建立在个人同质性、相似性基础上的社会联系；有机团结则是建立在分工基础上的社会联系。本书以"横向联结"作为研究的基础，并将其作为一个概念提出，与以上概念既有一致性，又有差异：相同的是几个概念基础含义都是指社会关系上的合作行为，不同的是三者的研究重点。在对象上，横向联结以农户为单位，考察农户之间的关系；横向一体化以企业为单位，社会团结所研究的对象既包括个体、家户，也包括企业，社会组织等群体。在范围上，横向联结包含经济社会关系上人们的横向一体化行为或社会团结形态，是指农民在生存生活中形成的所有社会联结关系。这种联结关系可能是基于经济上的生产合作，也可能是生活中的社会合作；是农户与农户之间在平等、互惠条件下建构起的联结形态，而不包含纵向的非对等关系。

三 横向治理

"任何空间的建构都必须包括水平方向和垂直方向两对维度，国家治理结果也不例外。"② 但是，长期以来人们对国家治理的研究则侧重于纵向的权力关系研究。马克思、恩格斯对国家的界定则是这种纵向关系的典型体现。在他们看来，"这个社会陷入了不可解决的自我矛盾，分裂为不可调和的对立面而又无力摆脱这些对立面。而为了使这些对立面，这些经济利益相互冲突的阶级，不致在无谓的斗争中把自己和社会消灭，就需要有一种表面上凌驾于社会之上的力量。这种力量应当缓和冲突，把冲突保持在'秩序'范围以内，这种从社会中产生但又自居于社会之上并且日益同社会异化的力量，就是国家"③。由此可见，国家是凌驾于社会之上而非融合在社会之内的提供社会秩序的独特力量。

但是，治理并不等于国家政权力量的治理。近年来，治理逐渐成为政治家、学者讨论和使用的一个热词，其在很大程度上体现的就是国家中心

---

① [美]埃米尔·涂尔干：《社会分工论》，渠东译，生活·读书·新知三联书店2000年版。
② 胡萧力、王锡锌：《基础性权力与国家"纵向治理结构"的优化》，《政治与法律》2016年第3期。
③ 《马克思恩格斯选集》第4卷，人民出版社2012年版，第187页。

论的衰落，凸显了非政府组织在克服政府管理方面的优势。① 也就是说，治理已经突破了国家中心论或唯国家论的窠臼。治理可以是公共机构，也可以是私人机构，甚至是两者的合作。② 即治理主体除了直接执掌政权的国家和管理者以外，还包括大量的非直接执政的政治组织和个人。③ 因此，治理并非简单的国家政权维度的治理，也包括社会主体参与甚至主导的治理。

对于中国传统社会的治理研究，从上文已有文献梳理可以看出，学者们对存在于社会体系中的宗族治理、村庄共同体治理进行了大量研究。但是，这些所研究的治理仍然是一种纵向的非对等关系条件下的治理，如族长对族人的治理，士绅对普通农民的治理。对此，本书所研究的横向治理主要基于农民之间横向联结形成的治理形态，即小农户之间利用相互之间的社会关系网络，从而对自我或其他农户行为进行引导、调节和约束。其主要特征在于治理依靠的是农民之间自愿、平等、协商的合作，而不是强制。

第五节 研究方法与研究意义

一 研究方法

1. 田野调查法。徐勇教授指出：“由于历史的因素，在中国学术界长期存在两个遮蔽：一是既有理论遮蔽着丰富的事实；二是上层政治遮蔽了基层社会。”④ 而肇始于人类学的田野调查方法能够"帮助研究者认识到现有理论的不足，发现新的经验模式或因果机制"⑤。因此，本书采取田野实地调查与理论研究相结合，了解在国家不为、少为的情况下，农民如何与外界形成合作，满足自我生产生活所需，同时解决公共事务。挖掘客

---

① 燕继荣：《中国的社会自治》，《中国治理评论》2012 年第 1 期。
② 俞可平：《治理和善治：一种新的政治分析框架》，《南京社会科学》2001 年第 9 期。
③ 徐勇：《关于国家治理体系和治理能力现代化的对话》，《当代世界与社会主义》2014 年第 1 期。
④ 徐勇：《"关系权"：关系与权力的双重视角——源于实证调查的政治社会学分析》，《学习与探索》2017 年第 7 期。
⑤ 卢凌宇：《政治学田野调查方法》，《世界经济与政治》2014 年第 1 期。

观现象背后蕴含的深刻理论，必须要有扎实的理论和有效的研究方法。注重细节的深描研究方法是发现村庄特性的有效方法，其强调互动性、细节性、过程性。本书的写作和分析，便主要基于笔者在四川省曲水村近三个月驻村调查所获取的一手材料。

2. 个案研究法。个案研究即是对某一特定个体、单位、现象或主题的研究。在中国农村研究领域，这个特定的单位包括自然村、行政村，甚至超越村庄，以宗族、市场、宗教信仰活动领域作为研究乡村的个案单位。亚里士多德曾说过："凡事欲求其真相，可从其最小单元研究起。"而"村庄作为农民生产、生活和娱乐三位一体的空间，不会在短期内消失，村庄治理是乡村治理研究的核心内容"①。本书所要研究的主题为农民的社会联结以及治理，需要对其日常生产生活进行深入研究，因而本研究以自然形成的四川省成都市新都区曲水村为基本对象，并以个案村庄的农户为最小的研究单元。

在空间范围上，四川省成都市新都区曲水村为本书主要个案研究对象，但并不是将事件限定于曲水村狭义的村庄地理范围，而是以生活在村内的、被认同为村民者的行为关系为研究对象，关系延伸之处，即是本研究空间范围所及之处。在时间范围上，以传统时期曲水村农民日常生活为主要研究对象，同时也通过对变迁状况的考察来探寻农民社会联结的现今实态。

3. "关系—行为"法。中国是一个关系社会，"'关系'的艺术课被视为中国'民间'的主体"②。"关系"的研究对于中国个体行为研究具有重要意义。个体之间的关系对其行为存在较大的影响，不同关系下人们会采取不同的行为，即相互关系是人们行为的一个重要考量。在治理中，"社会制度是由人际关系组成的"③，人们的政治行为也受到关系的影响。徐勇教授指出，"私人领域的人际关系与公共领域的社会关系相互重合和延伸"，人们常常借助特殊的私人关系获取公共事务治理的权力，即"权

---

① 贺雪峰：《乡村治理研究与村庄治理研究》，《地方财政研究》2007年第3期。
② [美]杨美惠：《礼物、关系学与国家》，赵旭东、孙珉译，江苏人民出版社2009年版，第248页。
③ 费孝通：《江村经济》，江苏人民出版社1986年版，第2页。

力在互动关系中运行","关系即权力,权力在关系中"①。可见,隐藏在人们行为之下的"关系"对社会治理具有较大的影响。为此,本书以曲水村村民联结行为为研究对象进行分析之时,也需考虑其中的"关系"影响力。

4. "历史—现实"法。本研究的主要对象为传统时期村民的日常生活和村庄治理,需回溯历史,因而在以访谈口述为方式的调研中,特别注重与具有该特定时段生活经历的老人、明白人进行深入访谈,尽可能地收集记录和能反映传统时期曲水村村民生产、生活的相关文献、文体资料。同时,在此过程中,从当下现实村民生产生活的实态去反追传统时期的历史形态。另外,在写作上,通过探寻历史中传统社会底色及其所形成的农民联结行为,社会自我运转的经验和教训,为当下我国基层自治总结出有益的借鉴经验。

2015年,华中师范大学中国农村研究院启动"新版农村调查",并以"分与合"将中国农村划分为七大区域性村庄:有分化更有整合的华南宗族村庄、有分化却整合的长江家户村庄、弱分化强整合的黄河村户村庄、小分化大整合的西北部落村庄、低分化自整合的西南村寨村庄、高分化高整合的东南农工村庄、弱分化弱整合的东北大农村庄。② 本书所研究的个案为2016年中国农村研究院"新版农村调查"——长江家户村庄的调研点。将四川省成都市新都区曲水村作为本书研究个案正是传统时期的曲水村是典型的"有分化却整合"长江家户村庄。③ 且在当下,曲水村仍保留着不少传统长江家户村庄底色。

二 研究意义

本研究以四川省成都市新繁镇曲水村为个案,通过实地田野调查获取

---

① 徐勇:《"关系权":关系与权力的双重视角——源于实证调查的政治社会学分析》,《学习与探索》2017年第7期。

② 徐勇:《"分"与"合"质性研究视角下农村区域性村庄分类》,《山东社会科学》2016年第7期。

③ 徐勇教授在《"分"与"合"质性研究视角下农村区域性村庄分类》一文中指出,家户社会建立在小农经济之上,是以血缘关系为基础,以裂变的个体家庭为中心和本位。不同于宗族社会,家户本位的私人性、差异性、竞争性强,村庄联系和合作的整体性和共同性弱。

一手资料,以"历史—现实""行为—关系"逻辑考察传统中国社会的底色以及小农联结情况,并以此为基础分析这种社会底色下的治理形态和实态。因此,本书立足于个案,但在研究意义上又超越个案。具体而言,本书研究的意义包括以下三点。

1. 丰富已有理论对中国农村社会底色及农民行为的认识。在已有研究中,中国传统农村社会常被定为宗族社会或是村落共同体社会,以血缘和地缘作为村庄的底色和社会联结纽带,而在本书研究的个案村庄,血缘关系和地缘关系均十分淡薄,农民的行动也常常跨越血缘与地缘。因而,通过对个案村庄的分析,可以补充以往人们对中国农村社会的认识;通过对该类型社会中农民行为的分析,则能够进一步补充和完善以往人们对我国农民的认识,为后续对社会治理特征和内在逻辑的深入研究提供基础认识。

2. 为乡村社会治理的研究提供新的视角。以往对于中国政治的研究,多以国家与社会的关系为视角,注重国家的纵向治理,并以此对我国的政治进行概括,形成"东方专制主义""全能主义"等片面的认识。本书从国家之外,家户之间的横向关系和联结行为为核心去解读中国治理,分析横向社会联结何以形成,如何形成有效治理。即以农户关系为起点,以社会合作为切入点,研究乡村社会如何实现有效治理。为我国政治认识、乡村治理研究提供新的视角。

3. 对当下治理具有现实借鉴意义。在当下,农村社会发生巨大变化,国家的保护愈来愈多,但仅仅依靠政府仍远远不够,农民仍需联结起来,进行自我治理和自我保护。作为农业国家,农民整合更是我国治理现代化的核心问题之一。马克思、孙中山、列宁等均认为分散是农民的天性,曹锦清更是提出了"农民善分不善合"[①]的论断,引发广泛讨论。徐勇教授认为,农民在利益驱使下,既善分也善合,取决于分合能给农民带来的利益。[②] 本书所选取的案例村庄,具有原子化特征,在其社会中却出现了丰富的农民横向合作,通过对个案村庄治理的研究,尤其是对村民横向联结

[①] 曹锦清:《黄河边的中国》,海文艺出版社2000年版。
[②] 徐勇:《如何认识当今的农民、农民合作与农民组织》,《华中师范大学学报》(人文社会科学版)2007年第1期。

的机制和逻辑分析,以及对农民横向联结治理的形成和有效运作的进一步深入分析,能够为当下高度原子化的农民难以组织起来,难以互助合作的困境提供思路,为当下村庄自治提供参考性模式。另外,为国家治理中更好地推动基层社会自治、更有效地发挥社会自组织的功能策略提供了参考。在本案例中,对于村民不同的社会横向联结,国家采取了不同的态度和方式,产生了不同的效果。通过借鉴和反思,可更好地定位国家在社会组织发展中的角色。

第二章 缺失血缘之根的小农经济村庄

底色是音乐上的基调，图画上的第一层着色。对于乡村社会而言，社会的基本底色确定了生活在这片土地上农户的行为模式和社会治理的基本特征。同时，"为了对人们生活进行深入细致的研究，研究人员有必要把自己的调查限定在一个小的社会单位内来进行"①。本书便以四川省成都市新繁镇曲水村这一自然村为研究基点，对影响农民行为的自然、社会和经济条件进行系统分析，从而为客观认识该区域农民行为和社会治理形态提供基础。

第一节 村庄由来与移民史

在一些村庄，人们可以追溯其根源和变迁发展。但也有一些村庄，"没人晓得，也没人去理会它的前因后果。在那遥远的、无法确定的年代，有几户人家从其他地方来到这儿安家落户，于是他们就成了所谓的'本地居民'"②。本研究个案—曲水村便是如此。在历史资料记载中，1949年前整个新繁镇内都没有以"曲水"命名的村庄。当地村民也表示，民国时期以保甲进行区域划分，各地以保甲为名，"曲水村"是在新中国成立，保甲制度废除之后，更名而来。由于缺乏相关文献资料记载，以及村民对村庄历史的记忆缺失，所能追溯到的、最为久远的仅为最早来到村庄所在空间区域定居的血缘祖先，而不知村庄何时形成，也不知村庄名字、村庄边界的变化等。因而，更确切地说，本研究是以曲水村村落为空

---

① 费孝通：《江村经济》，上海世纪出版集团2011年版，第17页。
② [美] 明恩溥：《中国乡村生活》，陈午晴、唐军译，中华书局2006年版，第8页。

间范围，以生活在此空间内村民的日常生活为研究对象。

一 村庄移民的历史考据

结合历史文献资料记载，以及田野调查所获信息，曲水村所在空间的社会历史变迁可大致划分为两个主要历史阶段：古蜀土著先人择地而居和清朝初期移民插占、落业。

第一阶段：古蜀土著先人择地迁居。蜀国五代，蚕丛、柏灌、鱼凫、杜宇、开明五代蜀王的更替，实为从渔猎游居时代到畜牧和农业定居的时代的五大部族。古蜀先人最早居住在高原河谷地带，逐渐往平原地带移居。其中先于岷山，而后在成都平原辗转迁徙，寻找定居点。此时，未经整治的成都平原，虽土壤肥沃，但大多数地区因地势低洼，河流无顺，洪涝易发，非居住佳地。根据《华阳国志》相关记载，位于平原与山区边缘的郫县、新繁，当时是最为肥美和繁荣之地，故而成为成都平原最早迎接古蜀人的区域之一。先人来到达新繁，开垦荒地，数代定居，形成聚落。

第二阶段：移民插占落业。古蜀先人定居新繁，成为最早的土著居民。而从秦朝至清朝，尤其是明清时期，整个长江上游地区战争连年、社会混乱，最先居住的土著居民日益减少。在经历八次大移民之后，四川地区才形成较为稳定的人口社会。当前曲水村内不少村民的先人便是在元末明初和明末清初两次"湖广填四川"时期迁徙而来，并以插占土地的方式落业于此。

第一次大移民发生在元末明初。在长达近半个世纪的抗击蒙古战争中，四川人口急降，元末明玉珍在重庆建立大夏王朝后，大批湖北地区移民入川，开启了湖广填四川的序幕。朱元璋建立明朝之后，下旨移民，进一步加大以湖北、湖南为主体的南方移民进入四川。

第二次大移民发生在清朝初期。在明末清初明军和清军的争战中，川蜀境内人口丧失十分严重。据历史资料记载，明末清初，新繁县人口统计约为4970丁。[①] 清朝开国之后，实行与民休息的政策，并为弥补川蜀人口的不足，鼓励外省移民入川垦荒，制定一系列政策。如初期规定，凡愿

[①] 王维新编：《中国地方志集成——四川府县志辑》(12)，巴蜀书社出版1992年版，第79页。

入川者，将地亩给为永业；在赋税上给予一定的优惠；贫民携带妻子入蜀，准入当地户籍等。并正式颁布《康熙三十三年招民填川诏》，下令从湖南、湖北、广东、福建等地大举向四川移民。关于清初大量移民，在光绪《新繁县乡土志》，以及同治《新繁县志》中也有着详细的记载：

> 曰兵役之事，有罗尚讨李持之役、南诏寇成都之役、陈敬瑄、田令孜讨王建之役、曹彬讨全师雄之役、成都民变之役、流贼屠蜀之役、石逆范蜀之疫、白莲教匪之役、红拳教匪之役，或大乱或小乱。惟流贼屠蜀，而新繁之民无礁类焉。圣朝涵煦，生育、垦荒招来民。自远方来，受一产，则有楚籍、有吴籍、有闽籍、有粤籍、有秦籍殖田，寿长子孙生，聚日繁。①

> 蜀之生机最为蕃昌，自献贼屠川后，民皆化碧、物尽为燐，存而土著与归，自他宇者不过数家。闻故老言，县治北街自十字口抵城门莫非荆棘，往往行遭虎患，而四乡田间树皆合抱、蓬蒿成林、狐嗥于野、鬼嚎于路，其荒如此。至康熙初年，始以湖广实之，后各省渐次入籍。故新繁为五方杂处之地。②

在此期间，大量从湖南、湖北、广东等地迁徙而来的人们占领无主之地，或是开垦已经抛荒之地，并在自己所占领的土地上插上木桩作为界线，以表所有权，通过这种插占方式落业于四川。插占之期，"一堡有因焚莱而得巨宅者，有一族占田至数千亩者，各树表以分疆界，谓之插占。然所占实不能尽耕"③。即通过土地插占一族成为一村，或是数个姓氏的村民联合成为一村。曲水村正是在第二次大移民中所形成的一个普通村庄。

二 村庄移民的农民记忆

曲水村所在区域史上隶属新繁，自蜀国五代得以开放，历史悠久。但是曲水村本身的历史却较短，大多数村民的先祖在清朝时期迁村庄。

---

① 光绪《新繁县乡土志》卷一（1907），刻本，第13页。
② 同治《新繁县志》卷三（1873），刻本，第3页。
③ 光绪《新繁县乡土志》卷五（1907），刻本，第1页。

而从历史资料来看，关于村庄形成的历史无具体的记载，只在所属区域的史料中留有些许模糊的痕迹。且村民对村庄形成时期的历史记忆，也只有"张献忠大屠杀，湖北填四川"。在清朝期间当地居民遭受大屠杀，人口骤减，战乱结束后移民政策实施，湖南、湖北、广东等地移民到四川，部分移民在此定居形成村庄。以上便是曲水村村民所知的村庄历史。

对村庄历史模糊不清的村民，大多只有关于自身家族的短暂历史记忆。

以前（宋氏）人多，现在人少了。以前这里年年要涨大水，年年要被淹，一发大水，锦水河和支渠都要被淹了。1923年、1936年、1946年、1947年（涝灾）比较严重。1923年村里全部的田都被淹了，一些矮房也被淹了，人只能躲家中桌子上。1936年发大水，我家的地又被淹了。1946年涨水，我家谷子减产。1947年的大水最大、最严重。正好在谷子半黄之时涨水，我家的稻谷全部被冲倒，产量减少很多。我家还不是损失最大的，大部分同（家）门的田地在锦水河河边，每年稻作生产的损失都比其他人要严重。后来大家（宋氏）就商量一起搬走，基本上搬到郫县宋家岭，有一部分搬到龙桥，还有人搬到了其他地方。留在村里的就是几户了。我家在村里有油碾子没有搬。①

但就是这种家族历史也被不少村民遗忘，部分村民甚至不清楚本家族从何而来。以曲水村胡家碾聚落为例。胡家碾聚落在新中国成立之前共有28户住户，其中驮氏②为绝户，无法获取有效资料而不纳入考察。27户住户中，8户农户对于祖辈迁入村中的历史一无所知，包括吴少庭1户和7户苗民农民；杨家明、欧华贵、欧华明3户仅知晓祖先从何地迁入曲水村；剩余16户农户明确先人在"湖广填四川"期间从外省迁入四川省。在这16户农户中，魏天明、彭帮别、彭光远、陈玉新、陈玉贵5户只知先人属于"湖广填四川"时期的移民，迁入曲水村的具体时间、缘由等情况一概不知；姚建述、黄育成、叶代河、叶明方、叶代生、刘玉明、郑世明、陈万清、陈万骏、陈万应、陈万英11户农户对于入川先人进入曲水村的历史由

---

① 来自村民宋贵清老人的访谈。
② 该户为绝户，村民仅记得该户最后去世者人称"驮大娘"。

来稍有了解，但也无详细的历史记忆。具体如表2—1所示。

表2—1　　　1949年曲水村胡家碾聚落住户的历史由来

农户	历史由来
姚建述	湖广填四川，祖先迁入四川境内——购地和租地迁入曲水村姚家斑竹林——1930年租地变更迁入同村胡家碾聚落
黄育成	湖广填四川，祖先迁入四川境内——父辈曾在青白江周家碾定居——因租姚建述家土地而迁入曲水村聚落——1930年随姚建述一家从同村的姚家斑竹林迁入胡家碾聚落
魏天明	湖广填四川，祖先入川
叶代河、叶明方、叶代生（3户）	湖广填四川，祖先迁入川——因买地、租地迁入曲水村叶家湾聚落——再次因租地，迁居同村胡家碾聚落
彭帮别、彭光远	湖广填四川，祖先入川
刘玉明	湖广填四川，祖先入川——因购亲戚家住房迁入曲水村胡家碾
郑世明	湖广填四川，祖先入川——因购亲戚住房而迁入曲水村胡家碾
陈玉新、陈玉贵	湖北填四川，祖先从广东迁入四川
陈万清、陈万骏、陈万应、陈万英（4户）	湖广填四川，祖先陈国元从湖南迁青白江镇——因购地迁入曲水村
欧华贵、欧华明	从四川什邡市（距离60公里）迁入曲水村
杨家明	从四川青白江镇迁入曲水村
吴少庭、董华云、董光德、董光华、董玉先、董恩元、董宗强、董宗顺（8户）	无

表格内容来源于笔者2016年6月7日—8月16日在曲水村内的田野调查。

资料记载缺乏和记忆缺失下，曲水村的村庄形成史是模糊不清的，这与我国南方宗族村庄动辄几百年甚至上千年可追溯的清晰历史形成鲜明对比。可以说，曲水村是一个缺乏历史记忆之根的村庄，这也是曲水村村庄整体性缺乏的体现。

第二节 村庄自然环境与家户经营

人是自然的产物，人类文明史是一部人与自然关系发展的历史。"凡是人类生活的地方，不论何处，他们的生活方式中，总是包含着他们和地域基础之间一种必然的关系。"① 一个社会形成，以及其数世纪的发展均受制于当地生态环境，并形成独特的生产和生活方式。自然环境是构成一个社会特点的决定性因素之一。② "任何历史记载都应当从这些自然基础以及它们在历史进程中由于人民的活动而发生的变更出发。"③ 天、地、水、土、物等自然环境，构成了曲水村以家户为经营单位的稻作农业生产体系的基础条件。

一 适耕宜居的环境

自然环境是村落组成的一部分，也是村落形成的基础条件，对村民的生产、生活行为具有不可忽视的影响。曲水村地处被称为"天府之国"的四川成都平原内，村庄气候适宜、土壤肥沃、物产丰富，为人们提供了宜耕宜居的环境。

（一）气候"巴适"④

受地理位置以及地貌两因素的综合影响，当地形成了亚热带湿润气候。村民们常以"巴适得很"来概况该气候的舒适性。在气温上，曲水村所在的县区，境跨北纬 30°40′40″—30°57′58″、东经 103°54′02″—104°16′54″之间，位于亚热带气候区。又因地处成都平原区内，在其北部有东西向的秦岭和大巴山脉，有效阻挡北方冷空气侵入，冬季与同纬度长

---

① ［法］阿·德芒戎：《人文地理学问题》，葛以德译，商务印书馆1993年版，第10页。
② 王笛：《跨出封闭的世界——长江上游区域社会研究1644—1911》，中华书局2001年版，第6页。
③ 《马克思恩格斯选集》第1卷，人民出版社2012年版，第147页。
④ 巴适，四川方言，意为舒适。

江中下游相比，较为温暖。对此，当地村民常讲："冬不冷，夏不热。冬天再冷也冷不过北方，夏天再热也热不过南方其他省。巴适得很!"可见，当地的气温十分适合人类居住。具体来看，曲水村一般年平均温度为16℃左右，每年的最高温在7月，平均气温为25℃左右；温度最低在1月份，平均气温为5.0℃左右。年累积平均无霜期为279天左右。

"处暑下雨十八江，处暑无雨干断江"是当地人们对四川季节降水不均、集中夏季的形象概况，也是曲水村重要的气候特征之一。一般每年5月开始曲水村便进入雨季，6—9月为洪涝期，尤其是在7—8月，降水十分集中，两月降水量在全年总降水量的占比将近六成。在处暑之际，未降雨或降雨不足，则会导致河流干涸断流的缺水现象。但根据曲水村所属高宁乡相关资料记载，当地年均降水量900多毫米，最少为12月份600毫米余，最多为8月份，220余毫米。① 可见，曲水村降水丰沛。加之流经曲水村的青白江、锦水河长年不断，水量充足。断流的情况出现则往往非雨水量不足，而是政府将都江堰阀口关闭，以方便水利设施的维修与检查的人为现象。且多安排在冬季农闲时期，断流时间也很短，对人们生产生活不会造成影响。

由于降雨的季节性，以及传统时期水利技术落后、设施不全等客观因素，当地自然灾害现象也时有发生。根据《新都县志》记载，民国十二年（1923）至1949年新中国成立，新都县内（含旧新都和新繁两县辖区）旱涝灾害共发生18起，且在一些年份旱涝灾害同时发生，其中旱灾共8起，可确定其中4起发生在新都县内，但曲水村均非灾区，故而民国年间曲水村旱灾少发。涝灾共有10起，其中有5起明确发生在新繁境内。在曲水村村民记忆中，曲水村内遭遇的最大洪水发生于民国三十七年（1948），村内的大桥、小桥全部被摧毁，河坝田被冲走，良田被冲刷，房屋被淹。从田野调查来看，对曲水村造成巨大影响的大型灾害并不频发，小型洪涝则十分频繁，曲水村在青白江以及其分支锦水河附近的田地基本上年年都要受小涝灾的影响。最为轻微的影响为田地被淹数天，遇到8月水稻谷子已长之时发洪水，大部分谷子会被打落，严重者则田内植物被连根拔起，随水流入河中。因此，村民在河坝附近的田地常种植短期收

---

① 四川省《新都县高宁乡志》编撰领导小组编：《高宁乡志》1984年版，第7页。

割的经济作物,以减少损失。但频发的小涝灾基本不会危及当地村民的性命,小涝灾的持续时间十分短,如若田地不在青白江和锦水河两条大河边上,灾害的影响更是微乎其微。因而,整体而言,传统时期的曲水村"小涝常发、大涝少有、旱灾罕见",处于较为稳定的自然环境中。

  1923年,民国十二年。新繁7月7日大水,高宁乡场镇王家船全场冲毁。

  1930年,民国十九年。9月新繁涨水。

  1931年,民国二十年。连续3年干旱,新都丘岭塘堰干涸,无水栽种。

  1934年,民国二十三年。8月青白江山洪暴发,河堤溃决。

  1937年,民国二十六年。夏洪泛滥。毗河龙门堰沟渠枯竭,无水播种。

  1938年,民国二十七年。5月、7月下旬青白江系、锦水河系,尾堰缺水。7月12日,上堰暴涨洪水。

  1939年,民国二十八年。洪水。

  1940年,民国二十九年。都江堰放水后,春水略发即落,尾水田亩发生缺水。

  1941年,民国三十年。初夏,雨泽愆期,河水低枯,各河下游缺水灌溉。

  1943年,民国三十二年。内江水量失调,影响新都9.4万亩农田灌溉。

  1944年,民国三十五年。新都春旱。

  1947年,民国三十六年。新繁连日大雨,排泄不及。

  1948年,民国三十七年。新繁山洪暴发,青白江上连封桥、新彭桥冲毁等。

  1949年,民国三十八年。7月3—6日,天雨连绵,河水暴涨。洪后缺水。①

---

① 四川省《新都县志》编撰委员会编:《新都县志》,四川人民出版社1994年版,第109—112页。

(二) 地形地势:"平原好走路,水得多"

曲水村位于四川盆地成都平原区内,整个成都平原的地形地貌又以平坝为主,部分为台地地形。所谓平坝即成都平原中央凹陷地带部分。曲水村与郫县仅一江之隔,但地理差别大。在青白江北岸的郫县以山地地形为主,而位于南面的曲水村自古以来便是平坝地形。对于村庄海拔没有具体直接的资料记载,但与之地界相交、地貌相同的公毅村海拔为572米①,再根据新繁县地势从西北向东南倾斜,地面平均坡降2‰—3‰,可推断曲水村地势也在572—570米之间,整体村庄地势低缓。

"平原好走路,水得多;山区坡坡高,走路不平,用水不得。"② 平坝这一地形地貌给曲水村村民的生活、生产带来了极大的便利。在生活上,一是出行便利。平原地形地势平坦、阻碍少,在交通工具不发达的传统时期,可有效缩短出行时间。二是"只要是块地,就可以在上面建起房"。即平坝地形大大便利了人们建房选址,为曲水村村民在田地旁建设房屋,将居住地与生产地相结合提供了可能,为此也便于居民们就近从事生产经营。而这也是曲水村形成散居居住格局的重要自然因素之一。在生产上,除生产地与居住地合二为一所带来的便利外,对曲水村民从事农耕来说,平坝地形所带来的最大便利在于田地的灌溉。丰富的降雨、平坦的地形,加之较为完善的水利系统,当地在传统时期便基本实现"水旱随人"。即如曲水村村民姚建述老人所言,"干(旱)可以找水淹,涝可以找路摆"。村民可以根据生产需要,当田地干旱之时,从河道引水入田;当雨水季节导致田地积水时,挖道将水排出。也因此,在村内无须挖田建塘或是设"冬水田"来储备水,所有土地均可充分地用于农业生产。

(三) 土壤肥沃,物产丰富

农作生产以土为基,土壤的肥力决定了作物生长发育的优劣,直接影响农作物的产量和品质。以土壤类型和肥力为标准,民国政府将土地划分为水田和旱地两大种类,上田、中田、下田、中地和下地五个等级。新中

---

① 四川省《新都县志》编撰委员会编:《新都县志》,四川人民出版社1994年版,第189页。

② 来自姚建述老人的访谈。

国成立初期，曲水村所属的高宁乡，根据辖区田地的沙土结构、土壤水分具体分为沙油田、二泥田、白鳝泥田、紧口沙田、泥、沙返水田、旱土。且从表2—2可知，高宁乡内属上等田的油沙田（34%）和二泥田（36.9%）共占总耕地的七成，土质相对较差的泥、沙反水田（6.4%）、旱土（11.3%）不到两成。整体上，高宁乡地层为河流冲刷堆，土壤土质较好。关于曲水村土壤状况没有直接的资料记载，根据村庄居民访谈，当地土质情况整体与高宁乡一致，其中土质最好的油沙田、二泥田居多，仅位于大江大河边的少量土地土质相对较差。即曲水村村内几乎所有土地均适合当地农作物的生长，耕性良好，水肥保持力强，旱涝保收，而这也能大大减少农民的生产投入。

表2—2　　　　　　　　　高宁乡土壤情况①　　　　　　　单位：亩,%

种类	油沙田	二泥田	白鳝泥田	紧口沙田	泥、沙返水田	旱土	总计
亩数	3822	4152	1125	154	720	1278	11251
占总耕田比例	34	36.9	10	1.4	6.4	11.3	100.0

物产是当地气候、地形地貌、土壤共同结合的产物。具备亚热带湿润气候、平坝地形、沃土肥田的曲水村物产十分丰富。《新繁乡土志》（光绪丁未）如此记载："膏泽浸润沃壤纵横，其稻谷则麻麦蟆蟆，黍稷翼翼，百穀名稷，不能计。"② 具体以当地农作物为例。曲水村内适合耕种的农作物物种有粮食作物和经济作物两大类，其中粮食作物在当地分为大春作物和小春作物。大春粮食生产以水稻为主，还包括玉米、红苕和豆子。小春粮食生产以小麦为主，以及洋芋、胡豆、豌豆等。经济作物种类则更为繁多，包括油菜、胡豆、蔬菜、大蒜、韭菜、海椒、甘蔗等数十种作物。

（四）水网环境和灌溉水利网

水是人类生存必需品，也是农作物生长之基。大量雨水降落地面，变为径流，汇入江河。气候与自然地形地貌的结合在曲水村内形成了一江一河相夹而过，中部小河、沟渠纵横交错的水系网，为曲水村村民生产用水、生活饮水提供了客观条件基础。沟渠、小堰、大堰等多类型、多层级

---

① 新都县高宁乡志编撰领导小组编：《高宁乡志》1984年版，第11页。
② 光绪《新繁县乡土志》卷八（1907），刻本。

水利设施建设，搭建了一个系统、完善的水利网，使自然水资源转换为农作物生长元素。

1. 纵横交错的自然水网。曲水村的自然水网：大江河南北贯通，小河沟纵横交错。大江大河是曲水村最为主要的地表水资源和灌溉水源。据记载，在光绪年间，"计青白江在县（新繁）境溉田五万六千余亩"，"计锦水河在县境内溉田一万九千九百三十五亩"[①]。青白江和锦水河为新繁境内两条主要的灌溉大河，自西北向东南贯通曲水村。从源头来看，曲水村内所有田地灌溉用水全部来自青白江大河，或直接从河中流入，或从支流获取。据民国二十二年（1933）资料记载，青白江平均宽度为14丈，河道宽度为90—140米，平均流量在90立方米/秒左右，年断水30天左右，通水300多天。[②]青白江在任家沟分支之后，流入新繁境内，高宁乡为新繁县境内的流入口，曲水村则为继公毅村之后青白江流经高宁乡的第二个村庄，且沿线经过现今曲水村内1社、2社、4社、11社、13社。锦水河为青白江流入新繁境内公毅村后，形成的右岸大分支，与主支青白江以3∶7比例分水，河宽25—40米。锦水河流经曲水村，成为村庄的南部边界线，与青白江大河一南一北"八"字形相对而过。1949年以前的锦水河弯弯曲曲，流经当前曲水村5社、6社、7社、8社，附近田地灌溉便利。但锦水河河床较高、河岸低，在雨季河道易因水流变向。

因地势地形的影响，两河之水流入村庄，形成大小不一的河渠，村民将之统一称为毛沟河。据村民介绍，村内流域较长、灌溉面积广的河渠根据方位分为两支。一条为北支毛沟河，从青白江河流出，自北向东南经流曲水村北部大部分田地，再次汇入青白江河。一条为南支毛沟河，从锦水河流出，自西向东流经曲水村南部大部分田地，再次汇入锦水河。南北支毛沟河河道最宽处有七八米，最窄处也有两三米宽。除此之外，村内各处还有许许多多更小的小河流或是沟渠。以胡家碾为例。青白江水从野鸡湾流入村庄之后，在村内形成两条河流。其中一条流经村民陈玉贵经营的胡家碾油房，成为陈氏水碾运转的水动力，也作为村民生产灌溉之水，而后

---

① 光绪《新繁乡土志》卷七（1907），刻本。
② 四川省新都县志编撰委员会编：《新都县志》，四川人民出版社1994年版，第385、386页。

流入邻村——石云村；另一条小河流弯弯曲曲，向南流经村庄田地，最后汇入锦水河。

2. 层层嵌套的系统化水利网。灌溉的有效实现，基于系统地水利网络。四川水利建设从战国时期李冰治水开始，到清朝当地已经形成"大堰套小堰、小堰分沟渠"的系统化嵌套式水利网，见图2—1。

曲水村灌溉之堰分为大堰和小堰。大堰以从江河中取水为主要功能。始建于秦昭王末年的都江堰灌溉着成都平原万顷农田，是曲水村水利系统的总堰，也是最大的水堰。在建设之前，岷江从岷山出，从成都平原西侧向南流经，形成地上悬江，水患严重，侵扰民生。都江堰的修建根治了岷江水患，改变了当地的生态环境，使成都平原成为沃野千里的天府之国。曲水村"水旱随人"也由此开始。

根据历史资料，光绪《新繁县乡土志（卷七）》记载，与曲水村灌溉直接相关的大堰有火烧堰、任家堰和常乐堰。位于三县交界处的火烧堰在新繁县西北向二十五里，堰堤约高五尺、长八十丈、宽一丈八尺，是新繁县田地灌溉总堰。即新繁境内青白江、锦水河河道上的所有堰渠之水全部经由火烧堰流出。同时，火烧堰也是新都、汉州、彭县和金堂四县的重要水利，其修建与管理由五县政府共同协商承担，属于"官堰"，曲水村村民只需例行水费上交，并不直接参与。任家堰位于新繁县西北二十三里，青白江水在邻县郫县进入，并流向任家堰，下分小堰三道，灌溉高宁乡部分田地。曲水村内少量农户属于该灌区。青白江河道上的常乐堰，位于新繁县的西北二十二里，在连封桥西，青白江南岸，引青白江水灌溉。按旧区划，进水口在高宁乡锦水村，灌溉高宁、清白、竹友等数个乡镇，为曲水村最为主要的灌溉大堰。

青白江水从大堰流下后，并未流经村内所有耕地，而是继续沿着河道向东南流去。因此，要实现灌溉，曲水村村民还必须建设小堰来进行拦截，将一部分水分流。曲水村内发挥引流功能的堰头数量甚多，也长年有变。其中常乐堰河道下的毛沟河、高堰子、野鸡湾等地均建有分水堰，且属于规模相对较大的堰头。除此之外，村内还有大量小型水堰。

沟渠是整个水利系统的末梢。曲水村村民因共同需求挖建公沟，将水从堰头中引出，最后在田地旁挖建细沟使水流入田中。由此形成总堰储水—大堰取水—小堰分水—沟渠输水的完整水利系统。

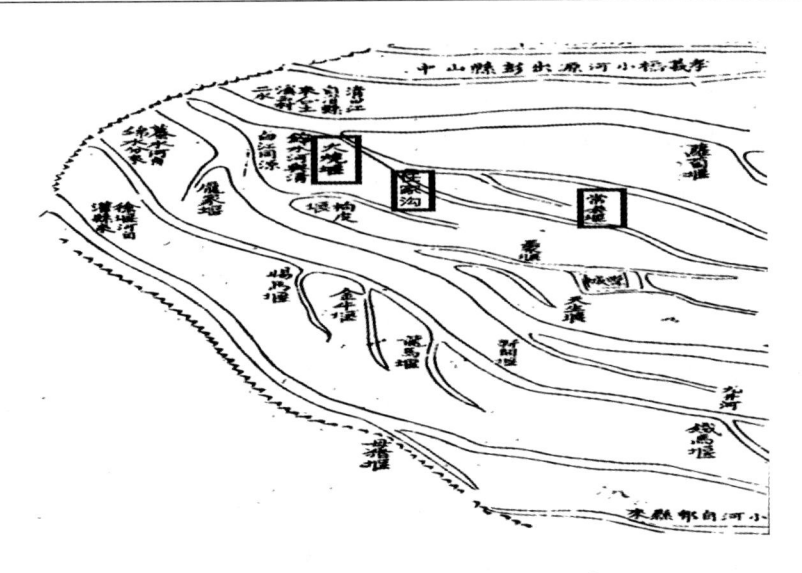

图2—1 同治时期新繁县内主水道图①

总的来说，位于"天府之国"的曲水村，湿润的亚热带气候、发达的水系、平坦的平坝地形地貌、肥沃的土壤，为农作物生产提供了客观自然条件，四通八达的交通网以及完备的水利网为农业生产经营和生活带来了便利，为人们的生存之需和社会发展提供了强有力的保障。

二 稻作生产与家户经营

传统时期，曲水村村民以农为业，以水稻为主要生产作物，形成稻作生产体系，并呈现出以家户为经营单位，精耕细作、自给自足小农经济特点。

（一）以水稻种植为主的农业生产

我国以稻谷、小麦为主要粮食作物，且自古以来，形成了"南有水稻，北有小麦，各自为食"的饮食习惯。即南方农业生产稻作为主，北方小麦为主。四川省成都平原位于秦岭—淮河以南，属于南方区域，但特殊地理环境下，曲水村与江西、广东、福建等其他南方各地不同，当地既可种水稻，又可种植小麦，且两种作物均是一年一熟。曲水村基本上家家户户每年都会种植水稻和小麦，但并未形成稻麦一体的耕作体系，村民仍

---

① 图片来源于同治《新繁县志》卷二（1907），刻本。

是以水稻种植为主，小麦仅是少量种植。究其原因，在于当地的经济社会环境、自然环境以及两种作物产量的差距。

对于曲水村以水稻种植为主，村民彭宁忠老人表示："以前的地都要种水稻，不种没得吃，不种没得田种。""不种没得吃"在于因南方以米为主食的饮食习惯，且亚热带湿润性气候具有水稻种植的优势条件，产量较高。"不种没得田种"是因为传统时期，尤其在民国后期，社会动荡，市场上物资紧缺，大米是当地市场上主要的交易物之一。加之，国民政府过度发行纸币导致严重的通货膨胀，物价甚至一日一变、一日数变，出现"提米喝茶，以物易物"的怪象。当地市场买卖不以法币而主要以大米为交易中介。地主以稻谷为租也成为必然。作为佃耕的农户，若是不种植水稻，便难以完成交租任务，土地出租者则可终止租佃关系。因而，长期以来，曲水村内水稻种植面积基本稳定，耕种者均以水稻种植为主。

"麦子收一石，秧窝孬一半"则是传统时期曲水村村民不愿种小麦的主要因素。受限于地理自然条件和小麦种子品种质量，小麦产量低，且对土地耗损大。《新都县志》记载，传统时期，当地小麦品种为须须麦和光头麦两种，不耐肥、易倒，加之传统时期生产技术落后，对当地流行的小麦"火烟色"无法防治，导致小麦产量较为低下，亩均产量在150斤至250斤左右。且小麦种植会耗损土地的肥力，进而将影响来年其他作物的产量。因而，村民不愿过多耕种，仅会拿出少量土地种植，以作为过年过节磨粉做面使用。当然在小麦市场价格上涨之时，耕种面积会有所增加。如在民国三十年（1941）秋播前，每石小麦价格上涨，种植面积增长。但"通常小春油菜约占总耕地统计的四成，以苕子为主的绿肥饲料占三至四成，其他作为占二至三成"，"大春，水稻面积占90%以上"①。因而，曲水村传统时期农业生产仍属于稻作体系，水稻是当地唯一的主食。

（二）以家户为基本经营单位

便利的自然地理环境，使当地一个全劳动力②便可以单独完成犁地、育秧、插秧、割稻、打谷等所有稻作生产程序。彭宁忠老人介绍，传统时

---

① 四川省新都县志编撰委员会编：《新都县志》，四川人民出版社1994年版，第318页。
② 百度百科将全劳动力的定义为"指体力强，能从事轻、重体力劳动的人"。而在当地，传统时期村民对全劳动力有更为具体明确的界定。一般只有身体健康，年龄在17岁—60岁的男性劳动力才是全劳动力，女性、老人、孩童则根据身体状况最多折算为半个劳动力。

期稻作耕种中犁地最耗费体力和时间,一般需两个人合作,一人牵引黄牛,一人在后执犁,一天犁地2—3亩。如果是一人犁地,则一天能完成一亩左右。在育秧上,一人一天能完成的田亩数为2—3亩。插秧比育秧需花费更多时间,如果既要从秧苗田中拔苗,又要插秧,一个全劳动力一天做活慢可完成0.5亩,做活快可做完0.8亩;如果只需插秧则大致可完成0.6—1亩。稻作日常管理中的薅秧、施肥、灌水、排水等工作,一亩地一个全劳动半天内可做好。九十月份,稻谷成熟,农民割稻打谷,一人一天可完成0.5—0.7亩的量。整体来说,一个全劳动力一年可独自经营四五亩田地,见表2—3。

表2—3　　　　　　　　稻作生产环节上劳动力消耗①

生产环节	人数
犁地	一般为两人合作,一天犁地2—3亩;一个全劳动力一天犁地一亩左右
育秧	一人一天2—3亩
插秧	拔苗、秧苗同时进行,一人一天能完成0.5—0.8亩;只插秧,一人一天可完成0.6—1亩
管理	一亩地的薅秧、施肥、藻水、排水一人可在半天内均可完成
割稻打谷	一人一天可以完成0.5—0.7亩地

另外,根据田野调查统计,民国时期曲水村一半左右的家庭属于人口为6人左右的核心家庭②,均具有一定的劳动力数量。而在土地上,曲水村人均土地不足1.55亩,户均土地为9亩左右。但因当时土地私有,家庭的土地占有状况不一,村中大部分家户的户均土地不足9亩,人均土地也在1亩以下。结合来看,民国时期的曲水村一个全劳动力一年可以独自经营四五亩田地,按照户均9亩田地计算,每户也只需有两个全劳动力就可以基本完成家庭田地的所有耕种工作。而在核心家庭中,全劳动往往在两个及以上。根据以上分析可知,曲水村大多农户具有单家独户经营的能力。

传统时期,曲水村农户不仅基本具有单家独户经营生产的能力,而且无论是自耕农户还是佃户均具有自主经营的权力。佃客通过租约,缴纳租

---

① 来自彭宁忠老人的访谈。
② 核心家庭是指出一对夫妇及未婚子女(无论有无血缘关系)组成的家庭。

金从土地所有者手中获取土地的生产经营权。此时地主只关心佃户是否按时、按量缴纳租金，并不干涉佃户的具体经营。佃客可以自行决策土地作物种植、田地的管理，以及除租金外土地其他收入的支配等。自耕农对其所有土地的经营权更加完整、更加独立。当自耕地为小家庭从大家庭分家中得来时，小家庭可随意使用土地，只在出售以及典当之时，一般而言需要提前告知健在的父母，征求父母的意见，以表尊重，因为此类土地属于祖业。故而，即使父母不同意，小家庭仍有决策权。若土地为小家庭自我购买，则该土地与父母无关，可完全自行决策。

第三节 村庄社会结构与居住格局

大到一个国家，小至一个地区、一个村落的社会结构都是在地理环境、生产经营、社会文化、政治等多重因素的综合影响下产生。居住格局则是社会结构关系的重要外在体现。在曲水村，相邻而居的个体家户形成院落，单个或数个相邻的院落组成了聚落，14个聚落便构成了整个自然村落。家户、院子、聚落是曲水村村民在不同层面上的社会生活单元。

一 家户层面：单家独户与松散小家族

自编户齐民以来，家户成为我国最小的集体单元，也是传统时期曲水村的最小组织单元。从曲水村内住户之间的家庭关系来看，曲水村不是地域与血缘一体的宗族村庄，村内无整体认同高、集体行动强的宗族，也没有具有强大凝聚力的大家族，村民或是单家独户或是几户组成的小家族。

曲水村是一个经历多次政策移民所形成的大村庄，居住于此的村民从宗族母体分裂出来，又经历二次、三次甚至更多的分裂。黄大文一家便是因家族分裂而迁徙到曲水村。其先祖献公带着家人从湖北搬迁到四川后，3个妻子先后生养18个儿子，由小家户变为一定规模的小家族。随着家庭人口的快速增加，献公所占有的土地难以满足家庭需要，于是以分家的方式将大家庭分为18个小家庭。并因土地购置，18个儿子分散到各地，重新安居。其中一子在曲水村购地，并落居于此。村民欧华明一家同样因土地购置，从族人集中居住的什邡市搬迁到成都市曲水村，而其在村内包括整个高宁乡均无与之同宗同门的欧氏族人。造成血缘群体二次分裂的另一个主要原因为自然灾害。村民宋贵清所属宋氏一族曾集中居住在曲水村村内，因族人田地大多位于河边，水涝自然灾害较为频繁而远迁他地。宋贵清一家以经商为主，又在当地开有店铺而留居。此外，曲水村内刘氏、驼氏、郑氏等经历多次分裂迁移之后，都是单家独自户，与其他村民之间无近亲关系。在一次次的宗族分裂下，曲水村逐渐形成董、彭、叶、黄、姚、付、欧、史、雷、乔、冯、夏、周、骆、焦、甘、肖、游、宋、胡、刘等多个小家族组成的杂居村庄。

宗祠是宗族文化建筑，宗祠的规模设施则是宗族力量强弱的重要表现。传统时期，新繁县内建有祠堂的多为政治上有势力、经济上富有的大家族。如与曲水村相邻的石云村，在村内建有黄氏祠堂。黄氏在高宁乡内属于大族，也为石云村第一大姓，村内族人知识分子多，并有族人在地方政府任官，一族十分有声望。而曲水村村内无宗祠，包括十多户族人共居于此，且族内有富裕地主、富农的董氏一族。也未曾考虑在曲水村内建设祠堂。对此，董氏族人董宗谱表示原因有二：一是"都是分散的地主，没有人组织"；二是在外县董氏有大宗祠，没有必要再在曲水村建祠。村内大多数村民也是类似情况，所属宗族的祠堂建设地多在族人入川后，族人最为集聚，并得到发展的村庄。如黄大文一族在献公入川，虽有族人不断迁出，但世代繁衍，人口规模不断增加，定居地依然是族人的聚居地。献公去世之后，族人便在此处建设祠堂供奉之。村民刘庆明一族祠堂在县内新民乡东林村，彭宁忠、刘德华宗族的祠堂均在彭县，宋贵清一族祠堂在郫县，黄大文等村民其宗族的祠堂也在外县。但这些宗祠均与曲水村具有一定的地理距离。另外，村内一些村民如叶绪全、姚建述、陈世永等人，在村内外均无宗祠，其原因除族小，也因宗族无足够的钱财支撑，而只能简单以埋葬先人的祖坟作为祭祀先祖的地点。村内无宗祠，也反映出曲水村是由小家族、小家户所组成的杂姓村庄。

曲水村由松散小家庭组成，而且以人口规模较小的核心家庭为主。根据历史资料记载，1949年高宁乡共有1069户，其中农业人口5593人。[①]即高宁乡农村家户人口规模为5.23人。关于曲水村，无具体人口档案资料记载，加之村民的高度流动性，要还原统计整个村庄人口状况难以实

[①] 新都县高宁乡志编撰领导小组编：《高宁乡志》，1984年版，第46页。

现，但从一个小聚落亦可反映整体。胡家碾小聚落住户居住集中，且除数户迁居，大部分原居民仍有后代在村中居住，加之老人较多，仍可详细统计到1949年以前聚落内住户基本情况。

胡家碾28户，共166人，户均5.93人，即村内家庭类型多为核心家庭，而这正是迁徙的结果，"小家庭有利于迁徙，另一方面是迁徙拆散了大家庭"①。如前文所介绍的黄大文一家，以及胡家碾内村民刘德华一家，均是在迁徙中从大家庭中分离出来。"湖北填四川的时候，刘家祖先5兄弟从外省过来，现在是5大房。我们这里的祖先，经过曲水村的时候，脚受伤了，走不了，于是就定居在了这里，其他4个兄弟就继续走。"同时，小家庭也是农户利益追求的必然。"树大分叉，人大分家"，村民以树木的自然成长下树干与树枝关系形象地比喻分家的必然。在当地村民看来，当孩子长大成家，各自有所利益追求，家庭内部矛盾多，分家是减少亲人矛盾的主要途径；分家也是不少农户减轻家庭负担，增强成员自力更生能力，激发成员发展的重要途径。分家之后，大家庭分为数个小家庭，小家庭之间为亲戚关系，而不再是一家人。每个新的小家庭各自为生，都具有完全的独立性。

"规模小、凝聚力弱"也是曲水村小家族显在的外在特点。规模上，与姚建述一家为同一家族的农户仅有3户，村内小家族规模较大的为董氏、彭氏和宋氏，三者均有一、二十户，仍属于中小规模。而且曲水村村内的小家族是松散的，不同于强内聚力的宗族，也非部分学者所描述的"规模小，内部十分团结"的户族和小亲族。②据叶绪强、叶绪全介绍，叶家湾的叶氏在曲水村内是规模中等偏上，共有11户，但除每年举办一次集体性活动——清明祭祖，无其他集体性的公共事务。也就是说，在清明节祭祀、子女婚嫁、春节拜年等之时，曲水村同一小亲族的成员之间保持着相互往来，尤其是清明节之时，被看作是"一家人"集体祭祀先人。

---

① 王笛：《跨出封闭的世界——长江上游区域社会研究1644—1911》，中华书局2001年版，第82页。
② "户族"指血缘关系较近的同宗家庭的联合体，与宗族下的"房"相类似；小亲族指具有血缘关系的五服内成员所构成小群体。参见贺雪峰《乡村治理区域差异的研究视角与进路》，《社会学辑刊》2006年第1期。罗兴佐：《农民行动单位与村庄类型》，《中国农村观察》2006年第3期。

但除此之外,这种集体内聚性主要体现在曲水村村民"观念上",而未转化为现实的"行动上"上。在日常经济、政治、文化生活之中小亲族集体性行为甚少,而是以家户为单位各自行动。比如经济上各自生产经营,家户自行交粮纳税,亲族不能代表家户对外交往或处理任何家庭的事务。因而,家户是传统时期曲水村最为基本的集体单元。

二 院子层面:杂居或小族聚居

"院子"或"院落"是当地口头语言,并不仅指居住在一个庭院的家户,也是对曲水村村民小聚居的住处的称呼。院子组成有的为单家独户居住的庭院,有些则包括紧挨着的数个庭院。按住户户数多寡情况,村民简单将住户数量少的院子称为"小院子",住户数量相对多的则为"大院子"。由于在历史上,当地人口流动较为频繁,"院子"的名字并非是正式的,常常根据当时该处居住的住户姓氏命名,如"董家院子""叶家院子""宋家院子""陈家院子"等,以方便日常地理位置的确认与交流。同时,院名也不是固定不变的,而是根据当前院子内居住人员的主要姓氏变更。当各姓氏住户数量相当,则以其中最早居住的住户姓氏取名。

一个院落农户的数量一般为1—10户不等。居住在同一院子内的多户农户之间一般为以下两种关系情况:租种同一地主土地的佃户或互为亲族关系。而且在不同关系之下,农民之间住房的方位、界线等方面也存在一定差异。其中同一家门、亲戚、朋友关系的村民常居住在同一个院子内,无亲故者则常常分散在几大院落之中,在院落内又以关系亲疏形成不同的小院子,以及不同的位置方位排列。在关系发生变化之后,居住等情况也随之变动。下以胡家碾内六个院子为例,一一列举。

1. 姚家院子:住户为姚氏与黄氏,共2户。曲水村内大部分村民因租佃土地入村,并在租佃关系的延续下成为村内稳定长居的住户。姚建述一家因租佃土地,从外村搬入地主在曲水村斑竹林所建设的房屋,随后再次因土地租佃变更,又从斑竹林迁到胡家碾,并居住在新租土地所有者提供的住房。黄育成与姚建述两家为姻亲关系,姚家经济较好,将部分租佃的田地转租给黄氏,同时分与其数间房屋使用。因而,两家房屋相连,姚家坐北朝南,黄家则是坐西朝东,与姚家同使用一个院坝、一条出行道,在院坝中间以林盘相隔。

2. 彭家院子：住户为彭氏、郑氏、刘氏、吴氏、驮氏、杨氏7姓8户。其中2户彭姓为伯侄关系，彭光远为侄子，彭帮别为大伯，两家房屋以几棵大树相隔。方位上，彭光远的房间朝向是坐北朝南，彭帮别的房屋则为东南朝向；两家的出门路口也不同，彭帮别房门口为路，彭光远家则为后门西北方向，且各自有自己的院坝。杨家明一家与彭邦别家相邻而居。彭光远房屋左边为刘氏，中间以林盘相隔；右边为姚氏，两家房屋紧挨，但不共路。刘氏与吴少庭两家房屋紧挨着，以房墙为界，共用一个院坝。郑氏因与董华云为姻亲关系，曾在后者家居住，但两家相处不恰，于是郑氏从董家院子搬迁到彭家院子，并向彭帮别租房居住。驮氏早已绝户，无从考察。

3. 叶家院子：住户为叶氏与魏氏，共4户。初始叶氏一家五口因租种雷振文的田地而从曲水村内叶家湾搬入雷氏在新农乡所修建的房屋。而后，雷氏将胡家碾内田地、房屋全部卖与叶氏，并搬离出胡家碾，叶氏迁入。之后叶氏分家成3户，其中叶代生与叶代河两户仍留居胡家碾。叶明方与叶代生、叶代河之间则是同族不同房的家门关系。魏天明与叶明方之间为姻亲关系，在叶明方迁入之后，经其介绍在当地买地并迁入。4户共同使用一个院坝，并围着院坝建房而居。

4. 湖广陈家院子：居住着欧氏与陈氏，共6户。在胡家碾内有两个陈家院子，两者虽同姓但不同族，同族的陈氏各自又分别集聚在一个小院坝内。陈万清、陈世骏、陈万应、陈万英4户同属一族，居住在同一院子，并以族人来源将自己院子取名"湖广陈家院子"，另一陈氏居住地则为"广东陈家院子"。湖广陈家院子两户欧氏为兄弟关系，在同一个院坝，斜对门而居，中间则隔着小林盘。而两家与所有陈氏农户均不同门，也不相互对门。以欧华贵家为中心方向，农户欧华贵家门朝东南方，在其前面为陈万清家，房屋方向一致，中间间隔中等林盘；其右上方与之隔着一个林盘小道的住户为陈世骏与陈万应两户，两者共同使用同一院子；其左方位为房门朝西北农户陈万英家，两家方面相背，且中间以中等林盘相隔。

5. 广东陈家院子：居住着陈氏两户。陈玉新和陈玉贵为亲兄弟，分家之后各自立户，但仍居于同一房内，使用同一院坝。

6. 董家院子：7户董氏亲族聚居之地。董家院子是胡家碾聚落内族门规模最大的院子，住户全部为董氏同一家门的族人，并分居于4个小院子。其中董华云家、董玉先单家独户，董光德、董光华两兄弟共居一个院坝，剩下3户为三兄弟，也同居于一个院坝。4个院子正门基本朝向为南方，但各不相同，有东南、西南等不同方位，且各个院子之间以林盘相隔。

从胡家碾聚落院子内住户之间的关系来看，有血缘关系者、亲缘关系者、租佃关系者等。在房屋布局上，当地居民亲者聚居，但仍以杂居为主。整体而言，传统时期曲水村的院子是以地缘关系为核心的小规模的集体单元。

三 聚落层面：比邻院子的聚集地

从土地买卖、土地租佃关系来看，当地居民均因利而来。在自然环境下，曲水村村民各自散居在耕种的土地附近。而且传统以来，曲水村村民单家独户基本可以完成农作生产，具有一定的经济独立性。但因经济、社会生活上需要互相往来，村民结伴而居，形成了胡家碾、张家碾、野鸡湾、高堰梁等小聚落。董家院子、姚家斑竹，叶家湾等则是血亲发展所形成的自然聚落。聚落是曲水村农户生产、生活的基本活动区域。曲水村农户的农田基本在居住地附近，因此聚落也是农户的主要经济活动区域；在日常的生产、生活上以聚落农户为互帮互助对象，不分关系亲疏，一般都会相互往来，而在聚落外，一般只与亲族、朋友往来。

从单元结构来看，聚落由一个个院子相聚而成，各个院子之间距离相近，比邻而居。仍以胡家碾聚落为例，虽传统时期的道路弯弯曲曲，但以健康成年人脚程计算，十多分钟便可将整个聚落居住区绕一圈。聚落的分布情况则如图2—2所示。胡家碾聚落内部包括了6大院子：湖广陈家院子、姚家院子、彭家院子、叶家院子、广东陈家院子和董家院子，湖广陈家院子与彭家院子以一块6分左右的田地相隔；彭家院子、姚家院子和叶家院子3个院子紧挨着，相互之间以小林盘、屋檐或者排水沟为界；叶家院子、姚家院子与（广东）陈家院子也以田相隔，董家院子与叶家院子则以数米宽水沟相隔。

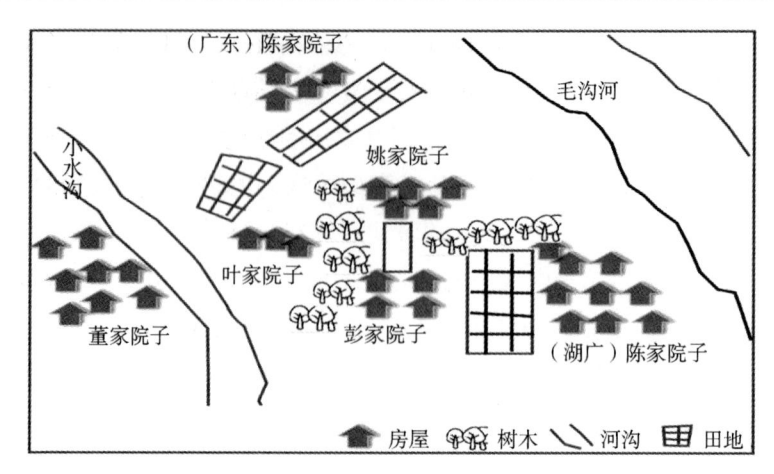

图2—2　胡家碾内院落分布简图①

四　村庄层面：散居的聚落集体

"村庄的命名反映了村民的价值和希望、忌讳和诉求、习惯和传统"②，在曹锦清等人看来，通过对村名的研究，可以揭示村落社会的深层结构。曲水村由14小聚落所组成，包括小台湾、花药寺、赵家盐店、高堰梁、野鸡湾、张家碾、谭家巷子、叶家湾、龚家埂子、胡家碾、双石桥、姚家斑竹林、石灰洞子。其命名或是基于客观自然，或以姓氏，或是两者结合。各聚落的分布及相对位置如图2—3所示：地理形态上，各聚落农田相连，聚集而居。但从居民的具体房屋分布来看，聚落之间是相互分离的，呈现出大散居的居住格局。这一格局的形成主要受到自然地理环境、农作生产因素、土地制度以及社会竞争三方面因素影响。

1. 客观因素：自然地理与稻作生产。水、田、房是一个村庄外在的呈现，也是居住形态的基本组成要素。"水田沿水而设置，房屋随着水田而建设"是水、田、房在曲水村内的地理分布结构。而形成此地理组合方式，则在于传统时期的农耕生产。一方面，利于灌溉，田沿水置。在稻作社会，水资源是水稻耕作不可缺少、无法替代的基本生产要素。水稻种植中，首先需要足量的水对土地进行灌溉，才能完成秧苗插种，而后需要

---

① 根据胡明英、彭宁忠、董宗谱、叶绪强等受访老人的讲述绘制。
② 曹锦清、张乐天、陈中亚：《当代浙北乡村的社会文化变迁》，上海人民出版社2014年版，第5页。

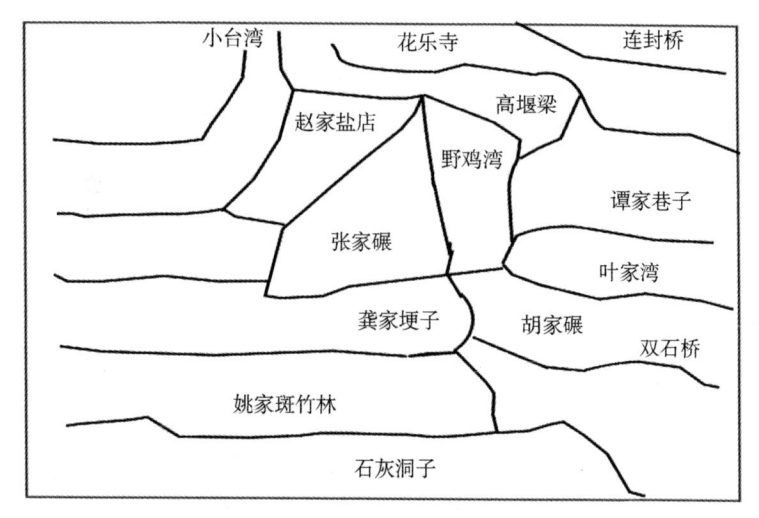

图 2—3　曲水村内小聚落大致分布①

一直保持足量的水分以保障秧苗生长所需，此时水是否充足决定了稻田的产量。在传统社会，水源的地理位置还在很大程度上决定了当地土地的功能，即土地作为旱地还是水田使用。基于此，人们优先选择在江河、小溪等水道附近开辟耕地。这些田地不用担心稻田无水灌溉，同时水道即为水路，灌溉便利，能为稻作生产节约大量的时间和精力。另一方面，便于生产，房随田安。传统时期将房屋建在农田附近，不仅是土地使用经营者的选择，也是土地所有者的选择。对于耕种者而言，随田建房，农业生产"省时、省力"。传统社会，稻谷是曲水村村民生存之物，稻作耕种关乎一家的温饱，也影响着一个家庭的经济，稻作生产对村民而言十分重要。同时，水稻生产不仅需要完成育苗、插秧、割稻打谷这些稻作生产的基本程序，在此期间村民还必须时刻关注田地内水量，水过多需要排水、水少需要添水，还需除杂草、防虫患等，任何环节的缺少或失误都会影响水稻的生产。精耕细作的水稻耕作，使村民需不断地往返于田间与住处，为减少往返的时间，方便水稻种植，大部分农民将房屋搭建在自家田地附近。对于土地出租者而言，这是收租的保障。传统时期，曲水村村内的田地为少数富有之人所掌握，比如村内胡家碾内的二十多户农户土地的所有权基本为董华云以及黄军长所属。董华云居住在村内，黄军长居住在成都市

---

① 根据叶绪全、宋贵清、彭宁忠、姚建述等受访者讲述绘制。

里，两者均不亲自进行土地耕种，而将田租种给其他农户，以收取租金。"住房都有，是地主的。光是田，没得院场，就没得人租，都要给房子。"正如村民姚建述所言，租田农户一般为无地无房的穷困者，需要土地所有者提供房屋居住或者提供房屋建设用地。土地所有者则会将其土质最差的那块土地用来建房，且为保障自己每年能及时收到规定租金额，希望农民更好地耕种，也会主动将房屋建设在田地不远处。

2. 关键因素：土地私有及家户经营。曲水村内水、田、房的分布并不直接决定村落大散居形成，传统时期田地私人拥有，小块经营则是推动散居格局形成的关键因素。田地私有下，村民只能在各自所有或者租种的田地内建房居住，租种同一出租者土地的村民部分就近居住在同一院落内。而旧时，曲水村村内田地以出租为主，且大多数为小规模租地，耕种者多而散。加之传统稻作生产村民对水、田、房位置选择，自然形成分散居住的格局。

3. 其他因素：社会竞争。社会竞争进一步促成了曲水村分散格局的形成。随着土地不断开垦出来，有限的土地和不断增长的人口之间的矛盾不断加剧，此时人与自然的竞争变为人与人之间的竞争。在传统时期，农民要在竞争中取得胜利，最为重要的便是人口，因而往往大家族胜出，小家族或者单户则被排挤。受到排挤的弱者，最终离开，寻求新的生活之地，各自形成一个互相分离的聚落。在大家族内部之间也存在着这样的竞争。比如叶家湾原名"俞家湾"，最早为数户俞氏居住在此，形成家族小聚落。之后叶氏因买田来到此地，两姓共居。叶氏虽为后来者，但是人口繁衍快，人口数量不断增加，人丁更为旺盛，常受欺压的俞氏族人陆续搬走，叶家成为该处唯一的姓氏。而后村民在日常中常以叶家湾称呼该区域。俞氏全部搬走之后，叶氏内部族人之间的竞争加剧，竞争中处于弱势的族人也大多选择迁出。其中叶绪全一家便是在竞争中从俞家湾聚落搬出，与其他人组成新聚落——胡家碾。

"大散居、小聚居"是曲水村整体居住格局，也是曲水村社会结构的外在体现。家户、院子是农民最为紧密的集体单元，聚落次之，而村庄作为集体单元，凝聚力相对最弱。

第四节　村庄区位与市场交往

"在传统社会中，自然环境和交通条件是影响社会发展和生产力布局的主导因素……人们的生活、社会经济结构以及习俗习惯，往往在很大程度上受环境的支配。"① 传统时期，曲水村的自然环境决定了以家户为生产单位的稻作生产，形成了"大散居、小聚居"的居住格局；曲水村地处交通枢纽的区位条件和市场发展，在空间扩大了曲水村民的交往空间，却加剧了生活上的分离。

一　交通枢纽中的村庄

曲水村位于三县交界之处，是成都市对外交通的枢纽区，在传统时期具有明显的地理优越性。特殊的地理位置、便利的交通，使传统时期的曲水村具有开放性特征。

（一）地处经济走廊枢纽区

成都市位于四川省中部，因自然地理环境优越，历史上为蜀国的都城，自古以来商业发达，在秦汉时期成都便成为全国大都市。随着唐朝时期的经济与文化大发展，成都成为全国四大城市之一。而后宋朝时期，经济的大发展下出现世界上最早的纸币，更是使成都一跃成为全国首屈一指的大都市。在经济的带动下，"蜀道难"的交通现状随之改变。

曲水村位于成都市中心的西北方位，距离约31公里，处于成都市行政管辖范围的边缘区域，以传统交通条件来说有一定的距离，受市中心政治经济、文化的影响相对较小。但远离成都市区的曲水村，正处于成都与彭州经济走廊交通枢纽区中。曲水村至新繁在秦朝设县以来，一直属于其辖区范围。新繁地境虽小，但为丰腴之地，全境土地平旷、物产丰富、人烟繁盛，故而古以"繁"为当地之名，并享有"川西碧玉"之美誉。名人荟萃，商贾云集。从图2—4光绪年间《新繁县乡土志》中所绘制的《新繁统辖地域图》可看到，曲水村位于新繁县的西北边界区（中心黑色

---

① 王笛：《跨出封闭的世界——长江上游区域社会研究1644—1911》，中华书局2001年版，第14页。

圈起为新繁县中心，左上角五星标志区域为曲水村），与新繁县经济、行政中心区相距八九公里；北与彭县隔江而望，以桥相连；南与郫县土壤相接。曲水村位于成都、郫县、彭州、新都四个城市构成的"菱形"结构中心点。且自古以来，曲水村离郫、彭两县的经济、行政中心的距离更近，因而也是曲水村村民经济、社会往来的重要区域。同时，高宁是曲水村所在乡镇，是成都历代南北通行的主要要道。曲水村位于高宁乡的西部地区，与乡镇中心相距1.5公里，从村中出发，经过宁河村，再渡过锦水河便是高宁乡政府旧址。

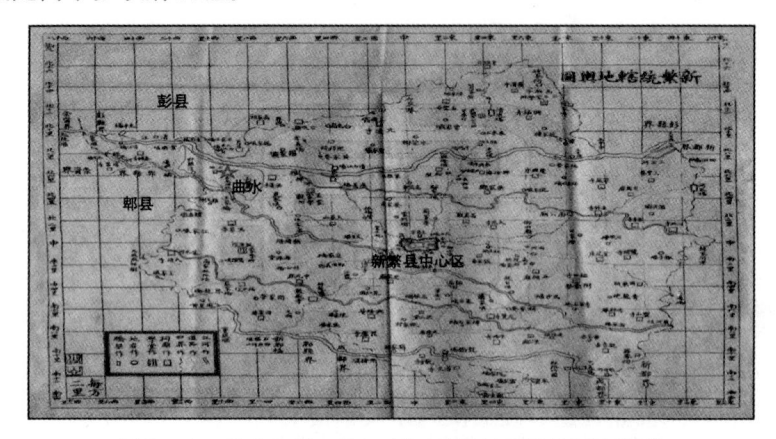

图2—4 曲水与繁、郫、彭三县的地理位置示意图①

(二) 交通条件便利

曲水村位于历史悠久的新繁古镇区域内，1949年以前，成彭公路便穿越新繁镇，县内22个集镇均有公路相通，且有数个水运码头。曲水村村民外出交通较为便利。民国时期，高宁乡内有两条重要的公路，为四川省南北交通的主要要道。一条为郫县—三道埝—马街—锦江河—连封桥—濛阳。其中锦江桥—连封桥为高宁乡内路段，也是彭县通往成都的南道。连封桥则在曲水村内，此条公路从村庄北面穿行而过。另一条通往成都的路线为彭县观口经隆丰场—连封桥—锦江桥—邓家背桥—新郫桥—太和场—犀浦—成都。曲水村内路段，路面约2米，是重要的商业要道，关口的焦煤、天彭的烧酒等都需通过曲水村运往成都，四川

---

① 图片出自光绪《新繁县乡土志》(1907)，刻本。

东南地区的橘子、食盐也需要通过此路线到达彭县山区。

水运也是传统时期物资，尤其是大宗物资的主要通道。青白江是当地唯一的水路航道。县志记载，青白江自高宁乡公毅火烧堰流入新都县境，之后流经曲水村，再经高宁其他村庄，以及县内利济、清白、清流、新农、新民、河屯等乡，其航道全长117公里，在现新都境内航道长33公里，除本地商船，还有约30艘外地商船。① 在曲水村村内未设渡口，但在邻村——公毅村便有个小渡口，且两村之间相距不远。就近的兴隆堰与王中寺渡两大渡口则在相邻乡镇新农乡与清流乡境内，通过渡口村民上行可经彭县、郫县至灌县，下行经广汉向阳场、三水至赵镇。

传统时期，曲水村不仅外出交通便利，交通工具更是丰富多样。随着道路基础设施的不断完善，以及经济发展的需要，国民政府于民国十七年（1928）在新都北门设置车站，办理新都到成都的客运和货运，单程票价为银元5角。居民需求增长之下，车站通行地域进一步扩展，最旺时期，可通往金堂和广汉。民国三十年（1941）前后，四川省公路局交通第二集团（以下简称交二团）始有木炭汽车，在川陕和成彭两条公路上运营，路过新繁县内捎带乘客和办理货运。曲水村位于成彭公路线上，在汽车乘坐上具有一定的地理优势。在新繁场镇、临县的马街这些较大的场镇上均开设了轿铺，一般在县内各地，也可达附近各县。黄包车和鸡公车是当地出行的主要代步工具和运输工具。黄包车原称东洋车，普遍使用是成赵、成彭两条马路建成之后。"鸡公车就是木头做的木椅子，然后一根木棍绑在后面，人在后面推着走。"② 因而，鸡公车即可推人又可推货。同时鸡公车的下盘为三个小轮子，受道路条件的限制很少，可任意推行于各种小道上。在价格上，从曲水村中到新繁街单程需一两升米，相较汽车、轿子、黄包车，价格最为便宜。鸡公车成为民国时期曲水村，以及整个新繁、新都、郫县等地普遍使用的交通工具。

---

① 四川省新都县志编撰委员会编《新都县志》，四川人民出版社1994年版，第519、537页。

② 来自董宗谱老人的访谈。

二 集市活动中的农民

正是由于所处行政区域的商业发展，以及其优越的地理位置和交通条件，曲水村呈现出很强的开放性、流动性特征。一方面，外村村民可以进出村庄。在村庄的大大小小道路上，常常有外村行人经过，在周边场镇集期更是人来人往。另一方面，这也在一定程度上促进了村民与村外社会的往来。对于曲水村村民而言，畅通的道路与多样化的交通工具带来了出行的便利，优越的交通位置还为曲水村村民生存发展提供了更多选择，不少村民以交通运输作为家庭的副业经营。在曲水村村内，小商小贩、耕种一定数量田地的家庭均购有鸡公车，在农闲之时便以推鸡公车为业，以增加家庭收入。以推黄包车为业的曲水村村民相对不多。因其运营模式为店家提供面包车，面包车工缴纳5斗到1担米的押金，并每天再交2升左右的租车费。为确保收入，面包车工人一般都必须专职，每天在场镇等待客人。①

曲水村村民活跃的集市活动，还在于传统小农家户生产经营的限度。为维持生存，曲水村村民在保障农业生产之外，多余的家庭劳动力或是外出务工，或是在从事手工业，或是经商，务农劳动力在农闲之时也多兼以他职。农工或农商结合是曲水村最为常见的家庭经营方式。而当地发达的市场为农民提供了更多、更丰富的选择。

（一）集市圈

施坚雅根据市场的规模以及在交换体系中的主要功能，将四川省内的集市分为基层市场、中间市场和中心市场。② 以此分类为标准，曲水村民常前往的集市集中于基层市场和中间市场。

一是基层市场。民国十八年（1929）高宁乡始有正规集市——高宁

---

① 来自王天应老人的访谈。
② 参阅［美］施坚雅《中国农村的市场和社会结构》，史建云、徐秀丽译，中国社会科学出版社1998年版。其对四川省的农村市场进行研究，并提出基层市场、中间市场和中心市场的分类和三个术语。基层市场指能满足农民家庭所有正常的贸易需要的一种农村市场，家庭自产的物品通常在此出售，家庭需要不自产的物品通常在此购买。中间市场是在商品和劳务向上下两方的垂直流动中都处于中间地位的市场。中心市场为高高层次的集市，通常在流通网络中处于战略性地位，有重要的批发职能。

场，后又建有公毅场，均属于基础性集市。

（1）高宁场。日常，曲水村村民多以"王家船"称呼高宁场。因初始高宁乡内无正式集市，一王氏商人以船为地，将从外地购置而来的东西运到乡内进行贩卖，吸引了大量乡民。又因人群聚集，来自隔壁乡镇的商人们、家有余物的农户们、推鸡公车者、黄包车者纷纷入场。基于此，民国十八年（1929），政府在人们买卖聚集处开发正规集市，并命名为"高宁场"。建场后固定商户不多，仅有10余间铺面，经营的商品有杂货、土布、茶馆、饭馆、旅店、肉店、中药铺之类，场上设有农副土特产品市场，仅有少许外地商贩在此贩运。主要农副产品和一些生产生活资料还是需到外地去销售或者购买。高宁场在曲水村东南面，直线距离约2公里，是距离曲水村村庄最近的场镇，为村民最常去的场镇。曲水村村民向东北出发，沿着锦水河下游方向步行，便可到达。两者距离不远，但乡村小道弯弯曲曲，步行也要花费一个多小时。

（2）公毅场。民国二十七年（1938），在公毅村建有公毅场，进一步方便了曲水村村民生活。公毅场在曲水村的西面，距离3公里左右，是乡内第二个场镇。村民步行前往公毅场的时长也在一个半小时左右。公毅场每日7点开门，正式开市，晚上五六点关门闭市。场内总共两条街道，有1家当铺、2家米铺、数家豆腐房和酒厂，开设3个茶馆和酒家、1间杂货店、1家香铺。但公毅场镇仅比高宁场稍微大一些，仍不能满足村民的需求，比如在场镇内也没有农民耕地所需的牛。

二是中间市场。与基层市场相比，中间市场上的买卖交易能够满足农民日常生产生活的需求，高人流量也能使农户有效地将农副产品贩卖出。

（1）新繁场。新繁场为曲水村所属县的县级场镇，在曲水村东南向，与之相距约七八公里，相距较远。但是与高宁场、公毅场不同的是，从曲水村通往新繁全程为公路，道路较为笔直，路况也较好。因此，相距距离是前两者的数倍，但步行到新繁场的时间并未过多增加，近3个小时可到达。且新繁场作为县中心场镇，场镇十分繁华，物品品类更加齐全，村民在需要之时也会去往。场内分为东、南、西三个大市，内部共设有16个贸易市场，民国时期粮油大市和"仓飞"交易最为繁盛，曾为四川省棕丝编织品的集散地。史料记载，民国二十六年（1937）新繁场镇共有710

户商户，民国三十八年（1949）总商户达898户，且在规模上少者经营资本为数石，多者达到500石。① 每次场期，场内分上、中、下三场。上午10时，主要在南市进行牛的交易。正中午12点左右转入比南市大的东市，每日油、粮食的交易额可达数百担，高峰期可达到千余担。在前两场中没有卖完的货品，或是没有购得的人转移到下午2点开市的西市。每年的"六月六"新繁场开蒜市，两个月内每日开市，各地客商纷纷涌入，每日成交量可达万斤。在新繁场，每日有数百个来自县内外的油粮商贩周旋其间，专门为他人量米的斗纪也有近百人。

（2）青白江场。在新繁县东北15里的青白江场，南达县城，北通彭县。青白江场在曲水村的东北面，相距约10里，曲水村民步行到该场镇需两个多小时。该场镇的发展主要依托地理优势。青白江场在青白江大河的北岸，处于青白江水运航线的必经渡口旁，人流量多，货流量丰富。

（3）太平场。大平场位于彭州，是曲水村临县的县级集市。该场镇位于曲水村的西北方向，两者相距7公里，村民经村内连封桥到彭州，再经过数村到达太平场，或是先向西行至公毅村渡口，坐船到太平场。两条路线时长相当，都在三个小时左右。太平场是曲水村村民赶场场镇中少有的商品齐全的集市，且最为重要的是场中设有牛市。耕牛是农民生产的重要工具，也是最昂贵的工具，大部分人有需求而购置不起，与其他生产工具、农副产品相比销售对象有限，唯有大集镇才有。

（4）马街场。位于郫县古城镇中心的马街场，是该县重要的大场镇。曲水村与郫县地界相接，马街在村的西南面，两地相距约3公里。从曲水村向西出发，穿越村庄，渡过锦水河便进入郫县，再往西前行便可抵达马街。场镇上猪市、米市、鸡鸭市、菜市等都有，商铺类型丰富。且每年农历六月初六还会举办朝会，大量的铁匠、木匠制作的农具进入马街场，开展农具专卖。同时，每年在柚子成熟的时候，开办柚子节。

（二）赶场

每个集市都有固定的开市时间，即集市的场期。高宁场与公毅场作为民国时期乡内仅有的两个场镇，按照农历日期，每逢单号高宁场开市，每逢双号公毅场开市，相互错开，以满足人民赶场需求。乡外的新繁场、马

---

① 新都县新繁镇志编撰领导小组编：《新繁镇志》1984年版，第39、40页。

第二章 缺失血缘之根的小农经济村庄

街场逢农历双号赶场，太平场、青白江场逢单号赶场，即每月农历日期尾号为2、4、6、8是公毅场、新繁场合马街场的赶集日，尾号1、3、5、7、9的日期是高宁场、太平场、青白江场赶集日。

图2—5 曲水村集市圈①

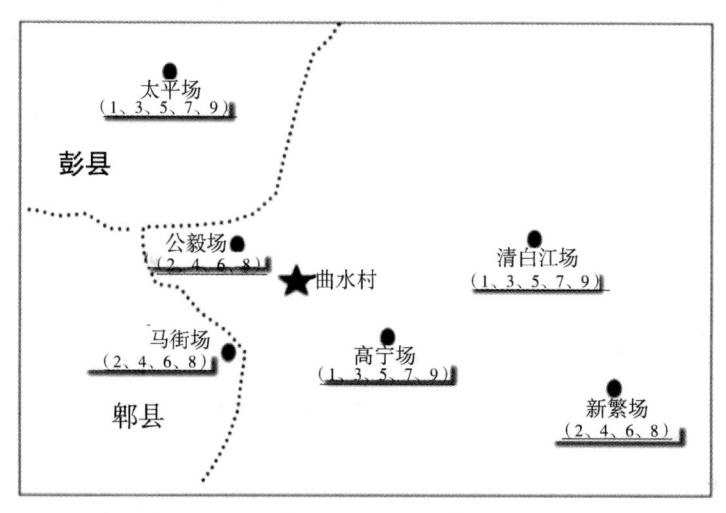

从图2—5曲水村集市圈也可看出，曲水村村民在8公里内可以去往6个场镇，每日都有场镇开市。单日高宁场是村民的唯一选择，到双日，在曲水周边5个集市同时开市，村民因需求不同而前往不同的集市。一是距离远近考虑。曲水村与5个场镇的距离不一，大部分村民优先选择距离较近的公毅场和马街场，较远的太平场与新繁场村民赶场较少。二是市场买卖需要。各个市场有大小之分，供给的货物有所差异。比如农户需要卖牛或者买牛，必须去马街场或者新繁场。另外，一般集市越大，买卖人员更多，为卖出更多商品或是买到更便宜的物品，则村民也会先考虑这两个场镇。如刘德华的哥哥常将从郫县收购的白菜，挑往新繁场。因为新繁场位于县中心，离郫县远，白菜的价格更高。三是亲戚关系。比如王天应父亲因贩卖牛而选择有牛市的太平场，贩卖地则优先马街，因其亲戚在马街场上开店。四是朋友聚集。不少村民买好所需物品或者卖完货后，也常去茶馆喝个茶，与朋友聊聊天，在无特殊情况下，往往优先选择朋友聚集的

---

① 根据叶绪全、赵钟云、董宗谱、彭光远、刘德华等老人的访谈绘制。图中数字为各集市场期，具体阐述见下文。

集市。

同时，集市的密集也为曲水村村民出售自产农副产品、手工艺品提供了多个市场，为村民的买卖提供了更多的选择，为村民提供了"挑挑"、商贩、开店等经营方式，为推鸡公车、做工等劳动力提供了市场。

赶场在传统时期即曲水村村民生活的一部分。赶场频率整体很高，对于农民个体而言，不同村民有所差异。其中务农者农闲赶场，卖物买需。一般村民赶场主要是将家中吃不完的米、鸡蛋等农副产品，以及所制作的手工艺品带到街上去卖，然后买回家中所缺，主要以此补贴家用与满足家需。但其经济的主要来源还是农业生产。因而每年忙碌的插秧季以及收割谷子的4月、5月、8月和9月，曲水村民大部分忙于农作生产，赶场的频率相对较少，在其余空闲时间相对宽裕的月份，村民赶场的频率较高。

经商者逢场赶，贩卖商品。在某一场镇有商铺的店家，其赶场的频率整体与该场镇的集期一致。而流动性的摆摊者、"挑挑"则在曲水村邻近的数个场镇中轮换赶场，或是出售物品，或是打探买卖信息。如王天应父亲为牛贩子，从市场上买小牛养大卖出去，或是从价格较低的场镇购买后卖到价格高的场镇，经常到茶馆赶耍场，打听各地牛的行情。另外，在买卖中充当介绍人和担保者的"行夫"逢场必赶，以打探信息，挣取介绍费。

第五节 国家治理中的曲水村

传统时期"皇权不下县"，远离皇权中心的曲水村与国家之间的联系十分有限。在南方宗族村庄常以血缘宗族共同体与国家交往，华北地区村庄常以关系紧密地缘共同体——村落应对国家，而在曲水村，人们更多是单家独户各自面对国家的事务。

一 家户与国家治理

"赋税征收是乡村和国家之间的主要交叉点。"[①] 国家在农村的主要功

---

① 朱新山：《试论传统乡村社会结构及其解体》，《上海大学学报》（社会科学版）2010年第5期。

能是收税，其原因在于"赋税是官僚、教士和宫廷的生活源泉，一句话，它（赋税）是行政权整个机构的生活源泉"①。即传统国家治理中，国家与广泛乡村之间的联结是以维持国家机器运转为出发点和根本目的，通过税费征收获取资金是最为基础和重要的。其次则是通过征兵强化国家武器。

（一）以家户为单位的赋税征收

赋税是传统国家政权对乡村的需求，也是其在基层最为基础和重要的治理内容。但大多曲水村民并不清楚国家税费的具体情况。村民根据税费的承担者将所有的国家税费分为两大类：一种为地主承担的税费；另一种为佃农承担的税费。具体来看，当地田地的公粮税、契税的责任为土地所有者，其他田地的杂税则均由耕种者承担。因而，灌溉水费由佃户缴纳，佃户拒交的情况下，政府定责不会追究土地所有者，只问责佃户。在具体面对国家的税费征收之时，曲水村也是各家各户自行缴纳自己的责任费用。如公粮税缴纳有两种方式：一种方式为耕种土地的农户自行将税交到指定地点；另一种方式仅应用于佃户，其只需每年按时将田地租金交给地主，再由地主上缴，此时实质上公粮税已经包含在地租之中，实质也是佃户所缴纳。也就是说，国家以家户为单位进行税费收取，同时曲水村村民以家户为单位与国家发生联系。但要注意此"户"在当地指小家户，而非扩大的大家庭。为明确各户的税费责任，尤其是田地相关的税务，曲水村村民在分家之时常在分家契约书上详细清楚地写明各家所分配到的田地，包括田地位置、数量、税务等。分家之后，便各自按照契约承担所分得田地的税务。在无法完成税赋的情况下，一些农民只能以逃跑的方式来躲避。曲水村村民罗光荣曾租地十多亩，因各种因素而交不起税费和租金，在将稻谷收割并出售之后，半夜偷偷地带着一家人搬到外地。以此躲避田地税费以及土地租金。而此对于罗光荣来说，也属于无奈之策。一是偷搬意味着其租田时所付押金无法拿回；二是人多地少，要到外地重新租种田地并非易事。抗税更多的是村民对税费金额或缴纳方式不满。如黄大文一家，认为水费应由堰长垫付，而非用水户，同时垫付周期过长。对于

---

① 卡尔·马克思：《路易·波拿巴的雾月十八日》，冯适译，江苏人民出版社2011年版，第127页。

逃税、抗税行为，民国政府则常采取关押户主的方式，逼迫其家人补齐税费。

（二）以家户为单位的兵役

在义务兵役中，家户也是基本责任单位。当一个农户家庭中，三兄弟均符合条件，且被抽中出兵一人之时，保甲长并不干涉具体人选，由各家庭自己决定，且常由当家人（家长）指定。村民黄大文介绍，"潘广云是我姐姑婆的儿子，家里被抽到兵役时都结婚生了娃娃，但老汉去世，后妈当家，后妈也有3个儿子，4个派一个，就让他去"。还有少数一些家庭以抽签的方式来决定，"抽到谁就由谁去"。

连年战争下，兵员需大量补充，而逃兵现象严重，加之人口流动大，保甲人口统计不精准，征兵量远远不足。新繁又位于四川省南北交通主道上，军队过往频繁，运输物质之时，常常不分对象，直接沿途抓壮丁。1949年刘庆明的哥哥如往常一样，用鸡公车从彭县贩购蔬菜去往新繁场镇，在途中被民国党军队抓走。甚至还出现过军队直接闯入村民家中抓人的现象。为此，曲水村村民避兵役如避瘟疫，以各种方式躲避兵役，逃兵役现象十分普遍。曲水村村民逃避兵役的方式主要有买壮丁、自残、分家、读书、逃跑等，且也以家庭为单位。

（1）富者买丁，穷人卖丁。壮丁买卖是村民躲避兵役最主要的方式，中签者不愿服兵役，可在押兵之时，将买丁钱交给押兵者，或者将钱给保长，保长买好壮丁，也称为"保丁"；或是自己买丁，直接代替。买壮丁者多为有一定经济基础者，因为买丁需要支付一大笔资金，贫穷者无法承担。如杨传安父辈四兄弟，被抽中之后，便向保长保丁；而杜世明的哥哥、郑吉伍的弟弟被抽中后均因家中无钱买丁，最后只能服役。有买方需求，便有卖方市场。曲水村中，名为兰秀发者，为家中独子，一家人最初租种连封桥的桥公田，因交不起租导致租佃关系被解除，转而到马街卖豆腐，但仍供养不起一个家庭，1946年其父亲将其卖给他人做壮丁。

（2）自残逃兵役。为求免服役，自伤眼睛或是砍断食指的事情也时有发生。邻村公毅村村民饶会云被抓入军营，之后趁守卫不备，将自己的食指咬掉一节，最后被毒打一顿，赶出军营。为阻止此类事情的发生，政府将故意损坏身体逃逸兵役的行为定为妨害兵役罪，处以五年以下的徒刑。

（3）逃跑。一是在被征入营之前，逃跑到他处。二是到入军之后，从国民党军队中逃出。如上文提到的兰秀发，在卖入国民党军队之后逃了出来并加入共产党军队。以及邻村郑良富，因舍不得家中的孩子，偷偷从军营中逃出，回到村里。逃跑者被政府抓回均会受到严惩，但政府未发现则平安无事。同时，村民宋贵清表示，逃兵役者回到家中被当地村民发现之后，"不会有人去说，保甲长也不会管，只要你跑得出"。

（4）读书深造。民国时期，政府对于教育事业十分重视，对于符合条件，考上高中及以上学校，并在就读者，可免征兵役。为此，曲水村内具有一定经济基础又不想儿子被征兵的村民，大多会想尽办法让其儿子入学。

（5）分家避免兵役。抽丁标准以户为单位，"三丁抽一，五丁抽二"，通过分家，一户变为多户，人口分散，可避免抽丁或是少抽丁。如一个农户生有三子，且条件都达到征兵要求，那么需抽一个人当兵，而要是在征兵之前，分为三个家庭，那么每个家庭只有一个符合标准的劳动力，就可以免除兵役。而这也是民国末期，曲水村村内几乎无大家庭的重要原因之一。

面对深重的国家税费，缴纳、逃税、抗税等方式应对行为，以及在兵役中，曲水村村民按规履行或是逃避，呈现出的均是单个农户与国家的直接纵向联系，如国家以家户为单位征兵收税，村民以小家户面对和承担，而非以族老、乡绅或是村长等作为中间代表，间接发生联系。

二　村庄与国家治理

国家与曲水村村民之间的纵向治理之中，以家户为基本和主要单位，而以村庄共同体或是其他组织群体与国家发生联系甚少，且常发生在特殊时期。

民国三十七年（1948）的夏秋之交，当地气候反常，秋收之初遭遇雷雨天气，田中稻谷多被淹没，造成全县普遍减收，佃户纷纷向政府请求减租。政府提出处理方案建议："租谷每担择未四斗五升米，佃户不愿择未缴租者，准其以黄谷缴纳。"但当单户或是少数农户因减收或是其他原因而陷入交不起的困境时，村民仍需自行直接面对。

在面对沉重的劳役之时，曲水村村民以分家、逃跑、自残等家户个体方式来应对或是服从，以组织团体、宗族或是村庄为单位集体应对甚少。曲水村村民真正以群体形式反抗国家掠夺和剥削，根据史料记载仅在民国时期发生过一次。民国三十三年（1944），国民政府在高宁乡内四处拉丁，在各保内频繁派款。村民们的生活日益艰苦，人心惶惶。公毅村和曲水村村民周春阳、马仲清、宋和三人号召村中青壮年组成"青年团"，公然到乡公所反对乡政府拉丁派款。乡政府采取暴力手段，直接抓人，最后青年团中两人被抓入牢中。这引起更多村民的不满与愤怒，数百村民聚集起来，手持锄头、扁担等到乡内围攻乡长、乡保长，提出放人的要求，否则将其所有房屋烧毁。迫于村民人多势众，最后政府将两人放出，事件得以平息。在此之后，一段时间内，当地拉丁派款也有所减少。①

第六节　小结：缺乏内聚力的外向松散型村庄

"农民不是完全自主的个体。他们的活动范围决定于、受制于社会环境与传统。"② 移民迁居的历史造成曲水村村民之间缺乏血缘关系；便利的水利和自然环境、分散式的居住形式、商品经济的发展和发达的市场等使村民之间地缘关系紧密度不高，形成村庄内部较为疏远，外部联系较为密切的生态基础。整体而言，村庄形成的历史、客观的地理自然，以及民国时期的经济、社会、政治共同构成并型塑了曲水村的传统社会，并呈现出分散性、开放性特征。曲水村是一个缺乏内聚力的外向松散型村庄。

一是缺乏血缘的无根村庄。"大体上说来，血缘社会是稳定的，缺乏变动；变动大的社会，也就不易形成血缘社会。"③ 人口的大迁移，破坏了宗族的结构。在第一次迁移热潮中，人们离开了宗族母体，以湖南、湖北、广西、广东、山西等地迁入曲水村，在人地矛盾日益加剧、分配不均的经济社会大背景下，人们租佃变动而再次流动。这些与宗族母体分离的人们就如汪洋中无根浮萍，各自随水漂流，曲水村就像是这些浮萍暂时休

---

① 新都县高宁乡志编撰领导小组编：《高宁乡志》，1984年版，第17页。
② ［美］裴宜理：《华北的叛乱者与革命者 1845—1945》，池子华、刘平译，商务印书馆 2007年版，第49页。
③ 费孝通：《乡土中国》，上海人民出版社 2005年版，第65页。

息的港口。不稳定、高流动所型塑的曲水村是一个缺失血缘之根的集合体。

二是地缘关系松散的村庄。长期以来,中国村落被认为内部农民之间关系紧密,外部以村落为单位相互隔离、孤立。南方地区基于血缘关系,形成宗族共同体;"北方地区由于战乱频繁,自然条件恶劣,农民的生产能力普遍不高,有超越家户互助合作的积极性,形成村庄共同体"[①]。位于成都平原地区的曲水村,随着都江堰建设,岷江水患被克服,当地生态高度稳定,农民以农田耕种之便建立住房,形成分散的居住格局,在同一耕种区内的农户相互分离。如果说生态和农耕导致了曲水村村民在地理空间上的分离,那么四川成都平原地区较高的商品化经济则加剧了农户之间生活上的分离。通过市场购买交换的方式基本能满足曲水村农户家庭的需求,弥补了单家独户所存在的生活和心理欠缺,也相应地减小了农户个体对村庄集体的依赖。村庄农户之间的关系是较为松散的。同时,活跃的市场发展使农民与村落外界之间存在着广泛的联系,形成密切地关系。传统时期的曲水村"有村无名",传统成都平原村庄也已不是严格意义上的"村庄"。

[①] 徐勇:《中国家户制传统与农村发展道路——以俄国、印度的村社传统为参照》,《中国社会科学》2013 年第 8 期。

第三章　传统小农的生产性横向联结与治理

一切人类生存的第一前提是能够生活，第一个历史活动就是生产满足生活的物质资料。① 小农户农耕生产是中国传统社会的主轴线。深刻了解小农经济生产行为特征和内在机制是认识传统中国社会及其治理的基础。马克思曾指出："他们进行生产的地盘，即小块土地，不容许在耕作时进行分工、应用科学，因而也就没有多种多样的发展，没有各种不同的才能，没有丰富的社会关系。"② 即在马克思看来，生产条件相当、生产方式相同的小农经济生产不需分工合作，每个家庭通过与自然交换可基本实现自给自足，因而小农不需与社会发生经济往来。在此情况下，农民只是与大自然进行交换，由此形成家户的封闭性，并导致小农社会的封闭与隔离，对公共治理的冷漠。但是，土地独立占有事实上不等于完全独立经营。家户之间人口劳动力与土地数量的不均、对水利设施的共同需求等，使农民之间普遍存在生产互助、合作，及其为实现合作供给所内含的社会自我治理。尽管以黄宗智、内山雅生、清水胜光等为代表的华北农村研究者认为小农在经济生产上有着丰富的合作，但是这种合作对农民的社会关系产生何种影响，农民如何借助此种社会关系对农村社会进行有效治理等问题则缺乏深入研究。基于此，本章将从曲水村村民日常经济生产经营行为入手，考察农民经济联结形态以及以此为基础形成的社会治理的内在机制和形态。

---

① 《马克思恩格斯选集》第1卷，人民出版社2012年版，第158页。
② ［德］卡尔·马克思：《路易·波拿巴的雾月十八日》，冯适译，江苏人民出版社2011年版，第122页。

第一节 小农的横向生产联结形态

生产是人类创造自己所需、维系自身生存所必须从事的活动。受限于特定的客观社会历史环境，以及个体家庭主客观因素，合作成为必然。在传统时期的曲水村，村民在农业生产和市场经济活动中与外界发生了丰富的社会联系，并形成一种惯行治理。

一 农业生产中的联结

土地是农业生产最为基本的要素，传统时期农民土地占有情况决定了曲水村农业生产以自耕为主。传统时期，曲水村整个村庄的田地数量无资料记载，但从一个小聚落亦可反映整体情况。以胡家碾小聚落为例，表3—1显示，民国末期胡家碾内20户农户的耕地面积共为188.30亩，其中农户拥有产权的自有耕地为95.60亩，占总耕地的50.77%，租佃耕地数为95.60亩，占总耕地的49.23%。即胡家碾农户的田地来源自有与租佃基本各占一半。而从家户分配来看，8户为自耕农，7户为半自耕半租佃户，4户为佃户，1户为无地农民。也就是说，当地以自耕农、半自耕农为主。

表3—1　　　　曲水村胡家碾聚落农户土地占有情况①　　　　单位：人，亩

家户	人口	自有田		租佃田	耕种总数	人均耕地
		数量	人均			
姚建述	6	4	0.67	17	21	3.5
黄育成	5	0	0	5	5	1
彭帮别	4	7.6	1.9	0	7.6	1.9
郑世明	5	0	0	3	3	0.6
吴少庭	8	1	0.13	0	1	0.13
魏天明	6	7	1.17	0	7	1.17
叶明方	5	3.8	0.76	15.7	19.5	3.9

---

① 根据2016年6月7日—8月16日在曲水村内的田野调查整理，受访者为民国时期聚落内住户的当事人或是其后代。聚落住户，驳氏：彭兴远、叶代生、刘玉明、陈万英、董恩元、董宗强、董宗顺，因记忆缺失或已无后人，而未做统计。

续表

家户	人口	自有田		租佃田	耕种总数	人均耕地
		数量	人均			
叶代河	5	0	0	22	22	4.4
董华云	5	35	7	0	35	7
董光德	7	3	0.43	4	7	1
董玉先	3	3	1	2	5	1.67
董光华	8	3	0.36	4	7	0.88
陈万清	7	5	0.71	0	5	0.71
陈万骏	8	1.2	0.15	3	4.2	0.53
陈万应	6	0	0	2	2	0.33
杨家明	16	14	0.88	15	29	1.81
欧华贵	2	1.5	0.75	0	1.5	0.75
欧华明	3	1.5	0.5	0	1.5	0.5
陈玉新	4	0	0	0	0	0
陈玉贵	6	5	0.83	0	5	0.83
总计	119	95.60	0.80	92.70	188.30	1.58

曲水村农户大多拥有自耕地，且当地沃土肥田、气候适耕等便利的耕种条件使农作生产能够以家户为单位进行，但传统家户农业生产的能力限度使合作生产成为必然。传统时期，全国生产技术水平低下，整体而言，农业生产处于"靠天吃饭"的状态。而且受限于作物周期对耕种时间的要求，土地和劳动力的不均，以及农作物生产对水资源的需求，劳动生产工具的落后等因素的影响，在实际生产中仍面临着各种家户所无法完成的事务，需要家庭之外的力量，并常以互助合作来解决。具体来看，曲水村村民在农业生产上的合作主要有"换活路""伙耕"以及建立农村合作社。

（一）"换活路"

众所周知，农业生产分为农忙时期和农闲时期。在稻作生产中，插秧和割稻的时间要求，导致在短时间内需要大量劳动力。在劳动力集中需求集中时，若是土地与劳动力不均便会出现劳动力不足的现象。从调研来看，传统时期曲水村大多数农户存在此问题。

基于高宁乡便利的农耕自然条件，一亩田地的水稻种植工作一个全劳动力便可以完成。但1949年高宁乡共有1069户，其中农业人口5593人。[①] 即高宁乡农村家户人口规模为5.23人。也就是说，夫妻两人及其未婚孩子的核心家庭是曲水村的主要家庭类型。这类家庭的劳动力基本在4个以内，并大多数不足4人。农业生产存在大量劳动力缺口。我们再以胡家碾为例，聚焦曲水村土地与人口分配，同样存在严重劳动力分配不均问题。表3—1显示，20户农户的人均耕地面积为1.58亩，其中10户农户人均耕地在1亩及以上，而此处人口数包括非劳动力数量，显然绝大多数农户劳动力不能满足自家耕地生产所需求的最低限度劳动力。

为解决农忙时期，劳动力不足问题，当地形成了广泛的合作劳动，并称之为"换活路"。换活路与"换工"同义，指代"你先帮我，我再帮你"的合作生产行为。换活路首先要确定合作对象。曲水村村民换活路以邻里为主。而且在具体对象选择上，村民一般遵循以下两个原则。一是关系亲密的邻近者。曲水村村民常以就近居住的邻里，以及耕地相邻的田邻为先，而不是考虑关系更为亲密的亲戚。因为当地大散居居住格局下大多农户与亲戚之间居住地相隔较远，换活路中双方每日往来耽搁时间，若是在对方家中居住则常常会出现住房不足问题，总而言之，存在诸多的不便。只有在与亲戚的地理邻近的情况下，才会优先考虑。为此，"以前就都是甲里面一个院子、隔壁院子的人。大家年年换工，都知道了，习惯了，到了时候大家都自己就会互相约"。根据村民张开秀的讲述，地缘关系紧密的院子是当地的主要活路交换圈。二是除距离上就近原则，家庭劳动力情况也是村民换活路对象选择的参考因素。因传统裹足文化，插秧、割稻、犁地等大部分需要体力和速度的事务女性都无法完成或是效率过低，为此，这类活常以男性劳动力进行交换。其他事务上换活路则基本不分男女，且不会过于计较男女整体干活的效率，但必须是全劳动力。非全劳动力的小孩、老人也常不在活路交换的人员内。因而只有小孩、妇女、老人，而无全劳动力的家庭，大多数农户从时间、劳力对等上考虑不愿与

---

① 新都县高宁乡志编撰领导小组编：《高宁乡志》，1984年版，第46页。

其换活路，除非对方是亲戚，从照顾亲友的情感上才会同意。

确定对象后，村民采取顺序商量、事前告知、同劳做活的基本程序开展生产合作。首先，开始正式一起劳作之前，需要提前告之做事的时间。一般至少要在做事的前一天去通知互换活路的农户，因为在农忙时期每家每户都很忙碌，如果不提前通知，则可能会遇到对方已经出门做事的情况。在邀约之时，确定好时间还会先告诉对方做什么活、要带上什么工具、具体几点开始。换活路做事前都会提前把工具交代好，由来做工的人带着工具去主家，家中没有此工具，则要跟主家商量，要么自己去借，要么由主家出，或者主家去借好。镰刀、箩筐等小型工具，曲水村家家户户都会有，换活路的人一般会带上自家的工具，使用坏了由自己承担，与主家无关。使用主家的工具，坏了也不需要换活路的人赔，由主家自己承担。主家没有某种大型工具，向换活路者借，一般不会收钱，但主家去借的时候，还是会带个礼上门，或者当年过年过节送点东西作为谢礼。在使用的时候，不管哪个人使用，出现损坏均由主家修缮，修不好则由主家赔偿。

当地换活路期间，在哪户做工，便由哪户提供饮食，并以"换工半天吃一餐，换工一天吃两顿"为基本原则。主家得准备酒、肉进行招待，就算是很穷的农户，换活路期间的饭菜也至少要比自家平时的伙食稍好一些。尤其是在薅秧子、割稻打谷、插秧子三种活上换工，除了正常的早、中、晚三餐，上午十点左右加餐提供稀饭和酒，下午加餐则要看情况。村民黄大文介绍："打谷子，到了4点左右只打了3挑谷子，就只提供茶水，如果有6挑，就得准备稀饭和酒。"另外，当一个家庭中男性、女性劳动力都参与换活路，一般早上出门前提前为家中的老人、小孩准备好当日中午和晚上的饭菜。也就是说，主家只为参与做工的劳动力提供免费食物，而换活路者没有出工的其他家人则不供给。

换活路作为补充劳动力的一种方法，在曲水村比较普遍，并由上可知，曲水村换活路中形成的联结具有以下特点：一是换活路不是组织性的活动，且不以村落集体为单位，只是三四户农户之间的个别合作生产关系。二是方便做工是换活路的必要条件，因而对象范围内不限定于同族之间、亲戚之间，也不限定于同村落村民之间，而是以关系较好的地邻（包括就近居住的房邻和耕地相近的地邻）为对象。

（二）伙耕

在生产工具上，基本性农具包括铁锹、锄头、镰刀、砍刀、扁担、箩筐、背篓、木桶、晒垫、簸箕、竹筛、蘸耙等，这些农具曲水村村民家家户户均通过自制或是购买方式备有。但犁耙、耕牛、风播机、拌桶等作为农业生场所需的大型农具，大多农户有需求却无经济能力购买，只能借用或是合买。其中合买耕牛在曲水村最具有代表性。

农业生产中，将田地犁成一块块平整的小土块是稻作生产中不可或缺的准备工作，此时耕牛是重要的劳力，耕牛也是传统时期当地农耕最为贵重的生产农具。在传统时期，依靠耕牛犁地的曲水村民根据自身需求采取请牛犁地、借牛耕种、养牛自耕三种方法。

其中请牛犁地是一种市场化行为，多发生于田地数量少、劳动力不足的家庭。借用耕牛也有发生，但因耕牛在传统时期的贵重性，借用耕牛并不普遍。在曲水村有两种情况。一是如黄育成与独家购买耕牛的姚建述家为关系十分紧密的姻亲，同时也是邻居，为救济黄家，姚家转租田给他，同时免费借用耕牛给其使用。二是找地主借牛犁地。甘玉成家土地承租于周氏，用牛之时，常向周氏借用，并以负责帮周氏做事作为偿还。另外，其二哥在一地主家做长工，给地主家犁完地之后，也会向其借用，但不是每次都能借到。

自养耕牛成为曲水村村民解决犁地问题的主要方式。此时，在曲水村出现两种情况：单家独户喂养、多户合伙喂养。但因购买与饲养费用过高，单家独户饲养耕牛的农户在曲水村村内较少。根据村民宋贵清介绍，"三四年的牛算是好牛，要卖三四担米。再养一两年的口子牛，就像人长到小伙子的时候，要贵些，至少5担米，最贵的能卖到十几担的。牛老了就差一点，也要2担米"。可见，耕牛的市场价格高，日常饲养还需消费食物、耗费时间精力。大部分村民无力购买并饲养。另外，善于计算的村民认为，买牛并不一定最划算。黄大文表示："一头牛一年要吃十几亩的草，田少还不如请人来耕。"故而，单家独户养牛多为耕田数量在20亩左右的田多者。据统计，在现今13队居住的村民，传统时期仅张家、周家、康家以及杜家4户单家独户各自饲养耕牛，其中张家为富农、周家与康家为中农，杜家虽为贫农，但租种了近20亩田地。同时，在胡家碾29户农户中，只有田地数目分别为35亩、29亩、22亩、21亩的董华云、杨家明、叶代河以及姚建述4户单家独户饲养耕牛。

合伙养牛成为曲水村普通农户的最佳选择。如村民张开秀其娘家曾租地40亩，自家饲养了一头耕牛，但嫁入曲水村之后，夫家田数为十多亩，独户喂养耕牛费用较高，故而与采取合买耕牛的方式解决耕地问题。合养耕牛在当地称为"伙耕"。在合养对象选择上，村民往往以与之关系亲密的亲戚、邻里为主。如张开秀家的合养对象为其丈夫四兄弟，黄大文家的合养对象为与其家关系亲密的邻居。以关系亲密者为合养对象在于牛为贵重物品，邻里相熟，可以相互信任；同时合养的牛为共同使用，比邻相居者更为方便。除此之外，不同的合作方式，对于合养耕牛者的田地有不同的要求。采取"一人一腿"①平摊伙养耕牛费用的村民黄大文介绍："一人一腿养牛还要考虑大家的田，田数差太多一般不会一起买。因为田少的人不划算，买牛要花钱，喂牛还是要花时间，耕田的时候还是要加点粮食去，田少养牛不如租牛。牛一起买，使用上差太多，容易起矛盾。"且据其介绍，为减少矛盾，黄大文家与董氏、刘氏虽然合买耕牛，但是犁地所需的配套农具犁、耙则是各家自己购买。即均摊合养主要为关系亲密、田数相当的农户所采取的耕牛调剂方式。

但田地数目差距较大的农户之间伙养耕牛的情况在曲水村也并不少见。村民郑世明与周氏的伙养便是一个很好的例子。郑世明与周氏为邻里关系，两家之间仅以一个小林盘相隔，其中郑氏家中田地3亩多，周氏耕田10多亩，两者田地相差10亩左右，却曾共同购买和喂养一头耕牛。对于生产力存在很大差距的农户之间合养耕牛，日本学者内山雅生将这看作村落共同体中的一种对贫穷者的救济机制，认为是"为维持作为生活空间的'共同体'式的集团，也许有必要保持包括资助其成员生活下去的传统的温情主义机能的存在"②。但从曲水村来看，更多的是相互之间的理性选择。村民郑世明表示，选择与田地相差10多亩的周氏合伙养牛首先是"大家都需要"，其次是"本身认识、熟悉，都是租同一个地主的

---

① "一人一腿"当地农民解释为"牛有四条腿，一人分一条"，是当地对平摊合伙买牛、养牛的形象概况，并非限定四人合养，其主要指合伙人平摊耕牛的费用，同时均等地拥有耕牛的使用权。

② ［日］内山雅生：《二十世纪华北农村社会经济研究》，李恩民、邢丽荃译，中国社会科学出版社2001年版，第135页。

地，在一个院子住，田也在一块儿，相比别人更方便"。对于周氏而言，本身家庭租种田地数量较多，接近大多单家独户养牛的家庭，对耕牛的需求大，但作为经济中等偏下的佃户，耕牛购买负担过重，与田地少的郑世明合作能在确保其家使用的同时，减少一定的费用。在此之外，还能通过出租耕牛获取一定收益，对其也是一举三得的选择。

可见，伙养耕牛是曲水村劳动力补充方式，也是家户小农在农业生产上的一种合作形式。与换活路相比，伙养耕牛的情况相对要少，但也较为普遍。且曲水村耕牛伙耕的特点如下：一是伙养耕牛不是村庄规范性组织活动，只是数户农户之间的个别性生产合作。二是相互信任、关系亲密是伙养耕牛的必要条件。对象范围虽然没有限定同族、亲友或是同村，但是从曲水村的实际情况来看，伙养者均是相互熟悉，且多为同村或邻近居住的亲戚、邻里。除此之外，整体而言，曲水村合伙养牛者并没有对田地数量有所限定，相对于换活路以田地数量相当者为对象，伙养既有田地相当者，也有数量差别较大者，但是合作方式存在差异。

总而言之，曲水村民的换活路、伙耕，虽然没有形成固定的、规范性的组织，也没有形成村一级的组织，仅仅局限于数户农户之间，但这些是曲水村民自我维持和强化农业生产的有效方式之一，也是小农个体之间经济合作的重要体现。

（三）农村合作社：生产资金联结

受自然气候影响的农业生产，常因自然灾害而歉收甚至颗粒无收，传统小农经济基础普遍薄弱。买卖田地无力支付，租种田地押金不足，购买耕牛资金不够等情况下，也常产生借贷需求。因此，在政府的号召下，民国二十八年（1939）高宁乡成立了农村合作社，并在公毅场以及锦江桥分别设置支点。合作社吸收社会资金，个人通过股份认购成为社员，并限定发放贷款给社员，以解决农民买猪买肥、购买耕牛等农业生产的资金需求。在当地每家每户均能加入农村合作社。以家长为代表，购买一定数额的股份便可成为社员。资料记载，民国三十四年（1945），高宁乡合作社每股股份为10元，每一社员最低需持股50股。高宁场支点入股数达100多户，公毅场入股49户。[①] 每个合作社支点实行各自管理，分别由股民

---

① 四川省新都县志编撰委员会编：《新都县志》，四川人民出版社1994年版，第687页。

选择3人担任支点的理事，组成管理机构，管理合作社支点的存款使用，社员入社、退社、借款、还款等所有相关事由。

合作社的资金来源比较广，有各保甲的公款、商户的闲款、社员认购股权的资金以及村内社会与非社会的存款资金。存款分为定期与活期，利息分别为8厘和6厘。合作社所得资金主要以放贷给社员，以用于购买种子、肥料、农具、毛猪，修缮水碾等农业生产有关的项目。为保障社员的生产贷款，在每年的春耕之前，合作社需向新繁县政府部门提出申请，批准之后到县合作金库立据取款。社员均有权向合作社借贷，但需在合作社向县政府申请资金之前，先向合作社提出申请。一般只要是借钱用于农业生产，均可通过。社员所借贷到的资金，贷款期限最短两个月，最长一年。利率则按政府统一规定，合作金库贷给合作社月息8.9厘，合作社贷给社员1分2厘或是1分3厘，远低于民间农户之间以及高利贷的利息。贷款发放之后，农户被发现贷款并发用于农业生产或是逾期不还，合作社便会要求限期收回并加收租息，情节轻重者则可能将强制被退社。秋收之后，合作社将收集到的还款，按照合作金库利息归还到新繁县内。

可见，农村合作社是当地农户的共同需求，在政府的推动下形成了合作，使共同利益者形成经济联结，意在促进农业发展。从其性质来看，农村合作社是民间社会组织，是农民之间横向经济联结的表现。而在具体的运行中，新繁县政府实际掌管着农村合作社资金及其使用的决定权，也是国家与农户之间的纵向联结。同时，由于合作社对农户的联结缺乏有机整合，入社的人多为联保主任、保长和富裕农户，需要贷款的贫困农民则常因不足股份而无法成为社员，无贷款权。曲水村仅有数户农户加入合作社。同时，普通农户入社之后，常被合作社以"信用不足"为由拒绝农户的贷款申请。加之，管理者的私利和算计，合作社变成村民口中的"骗钱社""整人社"，普通社员纷纷退社，导致联合起来的农户再次分散，高宁乡内的合作社支点相继解散，以失败而告终。

无论是伙养耕牛、换活路，还是以失败而告终的农村合作社都表明，在农业生产中曲水村村民之间、与外村相关村民之间存在一定的联结合作。也就是说，以家户为单位自给自足的传统小农经济，在农业生产上并不是完全的分散经营，小农经济农业生产分散与集合并行。

二 集市活动中的联结

小农生产只能满足家庭部分需要,之外仍需通过市场交换来实现。对于传统小农与市场的关系,有学者从交换的角度提出,市场中的小农之间是孤立的、隔离的,只存在纵向性交换关系,即农户→村庄小市→基层市场→中间市场→中心①,忽视了市场中交换之外,小农市场经营的横向关系。施坚雅将标准市场作为一个单元,"重点关注该体系对农民自身以及农民与其他群体间所产生的社会意义",并认为市场中的每个成员之间均或多或少地发生联系,"这样,市场对传统中国产生了整合的意义"②。曲水村村民如施坚雅所述,在市场活动中与村庄外界发生了丰富的联系,且为实现市场经营形成形式多样化的社会合作关系。

(一) 小农自足能力与市场需求

小农经济具有较高的自给自足性,但正如费孝通所说,如果将自给自足界定为"不用和别人交换来满足经济生活",那么"除了鲁宾孙之外没有可说是自给的人了"③。小农的自给自足是有限的。低下的土地利用边际,以及承重的土地租金和国家税费,大部分家户的农耕生产不能给予曲水村村民温饱以上的报酬。加之生产技术水平低下、土地占有不均、人地矛盾等因素,传统时期曲水村大部分农户家庭面临着土地生产不能满足人口消费需求的难题。

具体以曲水村内胡家碾聚落内农户土地生产和消费需求分析来看。《新繁县乡土志》记载:"合老幼平均统计每人岁一石为率。"④村民也表示,传统时期老人一年的粮食消费量为400多斤(一石),常在田头劳作的中壮年农民消耗量更大,至少需要500斤。在新都县志资料中记载,民国二十四年(1935)新繁水田亩产稻(旧制)二石一斗,民国二十六年(1937)水稻亩产旧制二石至二石二斗(一石谷280斤),民国二十九年

---

① 卢昌军、邓大才:《从"以业为商"到"以农为市"——社会化小农的市场维度考察》,《华中师范大学学报》(人文社会科学版) 2007年第4期。
② [美]施坚雅:《中国农村的市场和社会结构》,史建云、徐秀丽译,中国社会科学出版社1998年版,第31、32页。
③ 费孝通:《乡土中国》,上海世纪出版集团2011年版,第191页。
④ 光绪《新繁镇乡土志》卷十(1907),刻本。

(1940) 为每市亩产谷四石四斗（每市石110—122市斤）。① 按照各时期计量制将单位统一换算为斤，民国二十四年、二十六年、二十九年当地亩产产量分别为588斤、560—616斤和484—536.8斤。以此可知，民国时期，曲水村田地的粮食产量整体在400斤以上、700斤以内。因而，一亩耕地的水稻生产量是曲水村村民维持基本生存所需的基本土地量。

但土地私有制度下，耕地大量掌握在少数富裕农户手中，绝大多数农户家庭的土地产出无法满足家庭生存需要。前文表3—1数据显示，在民国末期，曲水村胡家碾聚落20户农户自有田地共95.60亩，户均4.78亩，人均0.80亩，即人均占有耕地量不足一亩。同时，传统时期耕地占有不均现象严重。在胡家碾聚落，董华云一家人均自有地达7亩，彭帮别、魏天明、董玉先3户人均自有地在1—2亩内，其余16户人均自耕地都不足1亩。从总耕地数来看，胡家碾所有农户自耕地加上租种土地共有188.30亩，人均1.58亩，超过了1亩。原因在于自耕地不足的情况下，为满足生存需求，农户向多地农户租佃土地。此时租用者需向土地所有者支付昂贵的租金。整体而言，当地一等田（油砂田）的租金为两担谷（一季田粮食产量为四五挑），二等田一担八九谷（田地产量为三四挑），三等田一担五六担。对于当时的租金，村民叶绪全进一步表示，"一亩好田打四五百斤的谷子，把租一交了，就剩下个底底，第二道种小麦才能（全部）算自己的"。然而，土地也是有限资源。传统时期，政府过多的税费，进一步加剧曲水村的人地矛盾。如民国末期宋贵清一家三口共拥有8亩自耕地，但仍表示耕地无法满足家庭生活。"家里8亩田交完这些（税费）还不够吃，还要去找到吃，要去外面做工、推鸡公车。三口人，10田都不够吃。"为此，在租佃土地的情况下，农户需要数倍的田地才能满足一个人的生存需求，对于一个家庭而言，更是需要大量的土地。

传统时期的中国，到底人均多少耕地才能实现自给自足？不少国内外学者对此进行了推算。美国学家贝克认为，中国南方2.5英亩是维持一家五口每年最低生存消费粮食的指标，即人均3亩多；罗尔纲将衣、行、住等加入计算，建构"温饱常数"指标，计算出人均4亩左右才能维持最

---

① 四川省新都县志编撰委员会编：《新都县志》，四川人民出版社1994年版，第320页。

低生活。① 也就是说，4亩左右是传统小农维持最低生活所需田地量。以罗尔纲的研究结果为标准，曲水村胡家碾聚落仅有叶代河（人均4.4亩）和董华云（人均7亩）两户农户完全能够以农田耕种维持最低生存标准，姚建述（人均3.5亩）和叶明方（人均3.9亩）两户接近生存线，其他16户农户的田地占有量均在生存线下。

可见，传统时期曲水村大多数村民仅依靠耕地难以维持生活。这使部分劳动力不得不离开土地，走出村庄，进入市场，通过市场经营来增加收入，以此维持生存和实现发展。而且，在市场经济活动中，曲水村村民或是基于获取更高的利益，或是单户无法完成，也形成多样化的市场合作。

（二）市场中同行竞争性的合作

自古以来，新繁县市场经济活跃，曲水村村民的经济活动交往以村外集市为核心。在集市中，同行者们是相互竞争者。因而其一般不会相约去赶场，不会相互告知什么时去赶场、赶哪个场、自己定的价格是多少等。牛、米、猪等物品有专门的集区，在集区内商贩所卖都为同类性质物品，摆摊者按照先来后到的原则，在指定区域内各自挑选其认为最为有利的位置。而在菜市以及其他非完全同性的商品区，商贩则会相互避开，比如卖鸡蛋者与另一户卖鸡蛋者中间间隔数家卖其他物品者，以此保证各自生意。但同行之间，因共同的经济发展需要又有合作的需求，并在当地出现了商会、同行帮会以及松散的类组织——"班子"。在这些组织中，成员们既是竞争者，又是合作者。

1. 活路班子：劳动力组团。"做活路"是曲水村村民弥补农业生产不足的重要经营方式，人们在做活路中共同合作，形成类似帮会的小型、非正式的社会组织，当地将此类形式组织称为"班子"。比如常做活路的农户，按照工作事务内容组成"插秧班""打谷子班"等，统称"活路班"，推鸡公车的农户组成"鸡公车班"，部分木匠、铁匠等手艺者也会组成此类班子。活路班子形成的根本原因在于共同的利益追求。如王天应主动找人组成鸡公车班，因其在彭县的一个亲戚做碾油生意，长期需要运送油，而王天应一人无法完成，于是介绍同行一起工作，形成了活路

---

① 罗尔纲：《太平天国前的人口压迫问题》，《中国社会经济史集刊》1949年第8卷第1期。

班子。

在劳动力市场上，零散的、互不相熟的做工者，因一个共同的业务临时组成"班子"十分普遍。临时性班子在曲水村主要有两种组成方式，一是主家通过市场雇用数个做工者，组成班子。二是主家先将人手需求告知其所熟悉的做工者，而后由其召集人员并组成班子。

固定的活路班子成员少则五六个，多则一二十个。在成员的选择上，常以近邻、熟人为先。王天应号召组成的鸡公车班就是一个很好的实例。据其介绍，"最早的时候是我自己组织的，就是自己看看附近有哪些人在推（鸡公车），再问问附近自己熟的，有劳动能力的人愿不愿去，愿意一起就自各先准备好车和笼子。初始王天应组成的鸡公车班共8人，其中王三伯与王天应为同村同家门关系，吴寿星、李光庭、李天星、潘贵友、王炳章、郑光继则均是其同村的邻里。班子的日常运作简单，集体活动多为临时性的。常是成员临时接到某个大生意，独自无法完成，便叫上班子内成员，相互合作、互相帮忙共同完成。当自己的生意较多之时，也优先将其无法完成的转给班子成员。只有某个单子所需的人数多于班子的人数，或是其他成员无法参加之时，才会介绍给班子外的人员。但相互介绍生意之时，无论是揽头还是其他成员均不会从中挣取中间钱。"对此，王天应表示："以前大家挣碗饭吃，都是贫困农民，不会带礼物，只是在感情上感谢你。今天我喊你，明天你喊我，大家都是一起帮忙，只要是喊个人、说个话，不是耽误什么事就不能要钱。如果要钱，以后大家有事喊你时也要给，一样的。揽头也不是专门做中间人的，也是自己主要做的一门活。"

曲水村村民以班子形成经济合作，在频繁的集体活动中增加了相互之间的经济往来，强化了相互之间的利益关系。成员之间的长期经济关系往来，还可能会扩展到社会关系，或是进一步深化相互之间的社会关系。如在成为班子成员之后，王天应与郑光继的关系日益亲密，王天应大儿子出生之后，郑光继主动提出认其大儿子为干儿子，两家形成拟血亲关系。

但我们不可忽视，班子是一种经济合作行为，对象是同一职业者，在同一市场中他们有合作，但更多地时候是竞争者，并以自己利益为前提。在日常生活中，成员自己能够完成的生意，并不会将其分与其他成员，合作只是在其能力之外，自己不能挣取情况下的相互让利。

2. 同行组建帮（公）会。"帮会"在当地也称为"行会""帮会"。

随着商业的发展，行业增加，各行业中同一行业的商者为发展、竞争，保护同行同业的共同利益，便联合起来组成"帮会"，以规范同行成员行为。要求组织成员在政府规定范围内经营，保持有序竞争，防止同行恶性竞争为帮会组织基本职能。据《新繁乡镇志》记载，民国十九年（1930）"帮会"改为"公会"，每个组织内设主席1人；民国二十五年（1936）增设常委4人；民国二十八年（1939），各同业公会改设理事长1人，常务理事4人，监事3人；民国三十七年（1948），同业公会理事人员增到32个人。① 同业公会理事人员数量不断增加，这意味着当地同行公会的规模不断壮大。要成为公会成员，首先必须从事该行业，同时经理事会同意，并缴纳一定的会费。曲水村所在高宁乡的高宁场、公毅场为小集市，商户少，故而未成立正式的帮会组织，曲水村集市圈中大型的新繁场、马街场、太平场则均成立了各类帮会。民国初期，在新繁场便成立了纸帮、靴鞋帮、棉花帮、茶叶帮、旅业帮、粮帮等18个帮会。到民国三十七年（1948），发展到32个帮会。在各场镇经营的曲水村村民则大多加入了相应的帮会。

在每一个帮会所管辖的场镇范围内，其对同行业经营人数规模具有一定的控制权。人们要进入场镇经营就必须获得帮会颁发的"通行证"，即首先要成为帮会的会员。曲水村村民刘德华曾在马街场学习理发，向其教授技术的师傅便是当地罗祖会（理发公会）的管事。据其介绍："在街上摆个生意，不通过帮会是摆不起。所有理发的人都要先到罗祖会报道，要先经过我师傅同意。如果没有报道（并经过）同意，把店开了，（罗祖会的人）就可以把他的东西直接搬走。如果是到街上找事做，报道帮会后，（帮会）就会介绍（工作），这也是不要钱的。"但是，一个市场的需求是有一定规模限度的，为保障本地理发者的既有利益，集市上的帮会常常对外部人员采取排挤的措施，甚至不让成员之外的人进入当地市场。成员对帮会外同行者的一致排斥，保障了共同的利益，最终以此保障自己的利益。在帮会内部，成员相互竞争本集市市场。

除上述半组织化、组织化的同行合作外，同行之间还存在着其他互惠互利的松散合作方式。村民刘德华在太平场学徒结束之后，回到曲水村，

---

① 《中国地方志集成——四川府县志辑》（12），巴蜀书社出版1992年版，第37—38页。

并找到在高宁场开设理发铺的黄仁富，提出搭伙合作。刘德华自备理发工具，在黄仁富开设的理发铺中接客，理发费各自收取。作为回报，刘德华需免费帮黄仁富教其徒弟理发，而此期间，徒弟理发所挣取的钱全部归黄仁富。刘德华认为，此合作是各取所需，其从中获得了经营的经验和经济收入，对黄仁富而言，多了一个免费的教学帮手。但在这互利合作中，为争取更多收益，双方各自暗地争抢客人。两年之后，刘德华有了一定的积蓄，并掌握一定的经验和客源，于是提出单干，两人的合作就此结束，从合伙者变为竞争者。

（三）非同行之间互助式合作

同行之间在客源分享、协同做工等方面进行合作，不同行业的农户之间也存在着合作。传统时期，集市经营活动中非同行的合作主要发生在商铺与摊贩之间。因在场镇中除了固定的店铺，以及小部分固定的摊位，大部分村民都是流动性随机摊位，且实行"先来先选"原则。在场镇中，位置的好坏对交易起着重要的作用，为确保每日有个好的摊位，一些摊贩便与有固定店面的商家商议，让商家预留店铺前的空地。为此，摆摊户会给店家一定的租金，形成租赁关系，日常将所卖物品送些许给店主，店主家红白喜事也要主动去上个礼物，作为人情。也有固定商户直接在店内提供场地给摆摊者。上文所提到的村民刘德华，在与黄仁富拆伙之后，先是在高宁场摆流动摊做生意。因摊位流动存在诸多不便，也难积累熟客，生意不佳。而此时，集市中一茶铺主动免费给刘德华一张桌子作为理发使用，由此吸引部分理发客人到茶铺喝茶，同时也解决了刘德华的摊位问题。

固定商户与流动摊户之间的合作多为非组织性、随意的互惠合作，这也是当地不同行业者互助合作的特征。唯一的组织性合作为新繁县商会，其是新繁县内不同行业的商人共同组织，维护会员合法权益、促进县工商业发展为宗旨的社会组织。清政府制定《商会法》规定，"各县级各市场得设立商会，繁盛之区镇也得单独或者联合设立分会"。经济繁盛的新繁县在早期也设立了半官方性质的商务分会，在民国三年（1914）改名为新繁县商会。商会组织常设机构由会长和会董21人组成，会长1人，会董20人。组织人员由全县行会代表投票选举产生，会长选举之时，县政府机关派人员监督，办理批准手续之后才能任职，但组织成员均不领取国家的薪俸。对人们的市场经济行为进行规范和管理是商会最为主要的职能。在新都区档案馆资料中，记载着这样一个故事。县内某个店铺老板怀疑店员有偷盗行为，将其告官，在其他人证的证明之下，店员被判无罪。但次日店员偷偷离职。店主仍有疑点，认定该店员为盗贼，窃取了其财物，但自己找寻店员无果，于是向商会提出申请，请求商会帮助其重新核对，以追回被盗钱财。

> 兹将申请人之原文反正及对照人之铁证约有点列下：
> 1. 对照人未有盗窃行为何不将其所存工资请求给付收清言明离店，而恰于申请人被盗之次晨因店中及街坊人言啧啧，伊竟悄然不告而去。是何居心可想而知。2. 对照人偷走之后，申请人几向同业人明其故并求诸方寻其对照人之落点何处，更向保甲及警局备案。如对造人无有盗窃行为，回繁后何不向申请人索取工资，更不向申请人咨询嫌疑，是此更足显然无疑。3. 自对照偷走，至回县约计数月。几经经纪人从中斡旋更证王绍诚和叶式福从中维持说：对造人使允诺记录在巷警局有案可查。4. 申请人借王文、盛园之像具，虽由介绍人代借，但责任仍在申请人，若对造并未偷窃，则又何能代申请人赔偿归还。5. 申请人被盗之后即已投明，保甲耿国勘验属实。6. 如贼是外来者，何以门扇未损，并无窃踪线索。若是另一店员则店中人均工作如故，独对造一人悄然私逃。①

除处理市场上的争端之外，新繁商会的基本职能还包括调解县内行会之间、商户之间的矛盾，规范市场交易行为，保障市场有序运行，组织大型的庙会与集会等。另外，作为商业管理机构的新繁县商会，是在政府的要求下成立。政府主导商会形成，首先基于其需要。新繁县政府将商会当作其经济事务的"助手"，协助政府进行工商管理、执行政府的政策法令成为商会基本职能和主要工作事项。可见，商会与政府之间关系密切，但其性质上仍属于民间团体，因其成立、管理运行由民众自行处理，政府并不直接参与，见表3—2。

---

① 案例来源于四川省成都市新都区档案馆，档案目录号为159—10—105。

表 3—2　　　　　　　　市场经营中的组织性联结

组织名称	地域规模	组织管理者	组织主要职能
商会	新繁县	会长与会董 21 人	统筹和促进本县的经济贸易、调解经济纠纷、执行或协助政府经济工作
帮会	集市、场镇	董事会 32 人	保护帮会成员的利益
活路班子	本村落及邻村	1 个班头或揽头	合作做工、分享客源

曲水村村民因市场经营合作而与外界发生了丰富的联系。同时，这些合作在地域规模范围、合作方式以及联结程度有所差别。商会、帮会、活路班子三个民间团体的地域规模从县、场镇到村落呈依次缩小的状态，但三种组织的内部成员之间联结度随着组织地理范围的缩小而依次增加。具体来看，新繁县商会作为新繁县市场经济中重要组织管理机构，与曲水村村民也有一定相关性，但是由于新繁商会所在地在新繁县城内，与曲水村地理距离近 30 公里，加之其作为整个县城经济发展的总统筹组织，其活动与曲水村农户个体之间几乎无直接联系。因而，大多数曲水村村民并不知晓这一组织的存在，知晓者因基本未参与过商会活动，也认为商会与之无关，曲水村农户与村外农户之间以新繁县商会为载体的经济联结十分微弱。帮会是集市同行共同市场的保护者，与成员利益息息相关，但组织活动并不直接产生利益，是以市场准入机制实现成员的间接利益，成员之间是一种"身份"合作，相互之间在日常生活中直接往来并不频繁。整体而言，帮会成员之间的经济联结较为紧密。活路班子的成员之间是最为直接可见的利益关系，这种利益的实现常常需要面对面地共同活动，因而联结的紧密度最高。这些显示，在传统的集市联结中，经济利益的直接相关性越高，村民的合作紧密度越高。

第二节　小农经济生产中的横向治理

传统小农经济生产和市场经营活动中，曲水村村民以户为基本单位，在家庭之外与他人发生了多样的合作行为，以解决生产中所遇困难，满足生产需要。这些联结并非是偶发性的行为，而是当地农民经济生产的惯行，并在其运行中体现出了不同的治理规则与治理方式。

一 互助式联结与对等协商型治理

农业生产中换活路、伙耕的横向联结，以及市场中活路班子型的横向联结，内容、目的不同，但均是一种直接互助获利的经济联结，其形成和有效运行的基础特征、内在机制具有一致性。

（一）亲者、近者组成的互助式联结

在曲水村换活路合作是人力劳动力的互助合作，其以同一院子为单位，也就是毗邻而居的近邻；伙耕养牛则是村民之间在农耕畜力上的互助，同样以同一院子为基础单位，扩展到附近院子作为合作对象的选择地理范围，再以关系亲密者优先。活路班子则打破地理界线，不局限于本院、邻院，常超出院子，以村落为单位，但合作者也是关系较为亲密者，如近邻、朋友、熟人等。整体来看，曲水村内农民在经济生产中的互助式联结是关系亲密、比邻而居的农户之间的互助合作。

（二）以对等分配为联结治理基本原则

当地联结活动的有效形成并持续下去，依靠的是农户所共同认可的基本原则：以家户为单位的对等分配，即支出与获益对等。

在换活路中，对等分配即为对等换工，以农户的话语来讲为"你家出工两个，之后我家也出两个工"。具体换活路的计算，曲水村只计算换活路之人力，工具不在计算之中。一是算人力的工作时间，工作一天算为一个工，半天就是半个工。二是按人头算工，一个人一天就算是一个工，出两个人就是两个工。主家按此统计，并在之后将每户所出的工补上。在实际中操作中，如果农户 A 的田少，只花了 1 天的时间便完成。而农户 B 的田多，用时 2 天，那么农户 A 帮农户 B 做 1 天的活，换工就算结束。剩下 1 天的活如果农户 B 需要农户 A 继续帮忙，那么此时的行为属于雇工范围，农户 B 需要向农户 A 支付 1 天的劳务费，一般一天 1 升米。当地将此行为称为"多工补米（钱）"。当然，也有因关系亲密，一方提出免费帮忙，另一方也会同意。但当地多个村民表示，免费帮忙的时间一般不会超过半天，如果超出半天，主家还是会主动给些许钱作为报酬。也为此，在寻找换活路对象之时，村民一般还会考虑双方的田地数量，数量相当者常相互换活路。"多工补米（钱）"则是劳动力协同关系向市场雇用关系转变的体现，更是显现出当地换活路的合理计算。日本学者福武直提出，传统换工形态"是以非合理的亲密协作感情为前提而开始兴起的，因此不易发展到既算计又有合理倾向的进步"①。而曲水村的换活路对等原则是"既算计又有情感倾向"，如其开始兴起不以亲密情感为前提，而以方便做工，满足自家生产为必要条件，情感的亲密度是在其后的选择性考量。在换活路上，要求同工同时，等量受益。

  伙耕的对等原则表现在耕牛的出资与使用相对等。具体来看，"一人一腿"式伙养下，费用平均摊派，在使用上则也均等。黄大文与他人的伙养就是如此。据其介绍，其父亲当家之时，共有13亩耕地，极需耕牛，但自己供养不起一头牛，于是黄大文的父亲与居于同村的干兄弟董氏"一人两腿"，各自出资一半合买耕牛。之后，与黄大文家比邻而居的刘寿安主动要求加入合养，在征得黄大文和董氏两家同意之后，刘氏交上购牛花费的三分之一，并由黄家与董家均分。以此，两家合养的耕牛变成三家所有。除平摊购买费用外，日常耕牛饲养也采取平均摊派的方式：轮流喂养＋谁使用谁喂养。黄大文与董氏、刘氏三家按照一家一个月的规则轮流饲养；但在耕牛使用期间，则是"哪家把牛牵出去干活，哪家就要喂饱"。在耕牛使用上，黄、董、刘三家还涉及牛的出租。"牛的钱算是牛的钱，要三家分，人工的钱，谁去给人家耕就给谁。"②并且在出租之前，都是要先征得三家同意才可。在出租期间，耕牛生病、受伤等，一般由三家平摊费用。要是在未经过共同同意的情况下，有人将牛出租，且出现牛生病或受伤现象，则出租费仍三家平分，但治疗费用由出租决定者全部承担。当耕牛年老无法耕种，常出售或作为食品食用，此时具体选择哪种处理方式也需合养人共同决定。不管决定如何，也是以均分为原则，或是平分出售而得的钱，或是将屠杀的牛平分为数份，合养人各得一份。

  在曲水村，差额式伙养和"一人一腿"的均等式伙养存在一些差异，平摊伙养在耕牛的购买、喂养、出售上均采取均分的方式，使用上平等商议，而差额伙养在耕牛的购买、喂养和出售上合养人各占不等比例份额，

---

  ① ［日］福武直：《福武直著作集》第9卷，东京大学出版会1976年版，第461页。转自［日］内山雅生《二十世纪华北农村社会经济研究》，李恩民、邢丽荃译，中国社会科学出版社2001年版，第126页。

  ② 来自黄大文老人的访谈。

在使用上往往出资最多、份额最高者享有更多的支配权。但其内在运行的逻辑是一致的，即耕牛购买、喂养等的费用支出与其对耕牛的使用对等，出资多者使用多，出资少者使用少，平均出资平均使用。如郑世明介绍："他家（周氏）田多，有十几亩，（购买耕牛）付的钱多。我家田只有三亩多，出的钱就少一点。卖的时候按照买时的出钱比例，他家多得，我家少得。"另外，郑世明表示，因为周氏的耕田多，使用频率高，故而牛由周氏喂养，其家则只需在使用的时候喂养。

活路班子成员集体劳作的资金收入并不均分，而是按照"多劳多得，谁干活谁挣钱"的对等原则。即成员根据各自的工作情况，获取所得工资。如王天应介绍，鸡公车班从宋家油碾到新繁镇，一趟一车可挣取2升米，成员分别走了3、4、5、6趟，那么按趟次计算，其各自的工资为6、8、10、12升米。在工资结算上，由主家决定，工作完成之后，主家直接分给各个成员，也有主家将成员的所有工资发给揽头一人，而后其他人找揽头领取。除上述互相介绍生意之外，因传统时期社会动荡，偶尔会遇到抢劫，成员也常结伴出行。当成员遇到困难，互相提供一定帮助。比如出现成员的鸡公车损坏，其他成员则会帮忙完成货物运送，或者将车借给其使用。但是遇到成员运输期间将货物损害，则各自负责，不会一并承担。

（三）联结治理方式：平等协商

换活路、活路班子、伙耕具体联结活动中，均有组织者、领头人，但是组织者与成员之间、其他成员相互之间身份平等、权力平等，并用协商的方式处理合作事务。下面以各类联结活动一一具体分析。

一是在换活路中，无固定组织者，当在哪家做事，那么哪户农户便成为主家，对事务具有安排权。同时在换工工作期间，主家同样必须全程参与。张开秀表示："换工是互相帮忙，忙不过来一起做，主家必须有人在田里干活。不然就算是请工（市场雇工）了。"而且，主家与其他换活路者干同等量甚至更多的活，而不能因主家身份而减轻事务。在具体的工作开展中，成员之间采取协商的方式作决策。如同一天内两家农户均想开工，那么由两家先商量好，无法协商时，则上午去一户做活路，下午去另一个户田中劳作。换活路的具体事务，由当天的主家来安排，成员根据安排做事，当安排不合理，有成员提出，则相互商量。

二是伙耕之时，在每年农耕集中用牛期间，当地依照"哪家要用就直接去牵牛，谁家先腾出田谁家就先用。同时腾出来，两家那天都想用，则相互商量"。即"谁先谁用，共同商议"的规则。同时，在小型农具调剂中，借用十分常见，但在耕牛借用上，有人愿意借，也有如黄大文，与合买耕牛的董、刘两家共同商量并作出约定：耕牛仅供三家使用，其他任何人均不能借用。

三是活路班子，不管是临时性的还是固定的均有组织者，在当地称为"班长"或是"揽头"。村民赵尚云介绍，临时性的班子由一人为班长，并作为组织领导。"（主家）请了5个人做事，5个人说话，就不统一，不统一就不好办事，还是要选个人做领导，他们自己选出来的，也可以是主家点个人。"但因该组织的临时性，随着活动任务完成，班长身份随之结束。固定性的活路班子成员关系则相对固定，是相互之间长期共同做工的关系。但活路班子仍是一个松散的组织。成员进入组织不需交费，也无特殊的程序，且以"自由结合"为原则，内部成员随时可以退出。因活路班子组织规模小，其内部组织架构也十分简单，无常设机构，一人为"班长"或是"揽头"，其他人为一般成员。班长或揽头常直接默认为组织发起人，或是集体推选客源好、能力强者。如王天应16岁开始推鸡公车，到18岁之时，有两年的工资经验，同时积累了固定的客源，才组织班子，成为揽头。班长、揽头的主要职责为介绍生意给成员，在班子集体劳作之时指挥督查。对于班长所介绍的生意，成员愿意便可参加，不愿意参加，也不会强制。班长、揽头的职责任务也非强制性的，因而并无工资报酬。且王天应表示，"那时都是图点吃的，他是个班长，就是一起去街上吃个饭、喝个酒，就是吃一点儿。"

二 市场式联结与均等强制型治理

（一）陌生人组成的交易式联结

在传统农村社会，土地制度的禁锢、交通的闭塞等因素影响下，农村农民的熟人范围内有地域上的限制。"中国乡土社区的单位是村落"，即村落是小农的熟人地理范围圈。① 而新繁商会、各行帮会、高宁乡农村合作社等因经济活动而形成的组织，成员范围均超出了单个村落。如新繁商

---

① 费孝通：《乡土中国》，上海世纪出版集团2007年版，第9页。

会的办事地点设置在新繁县内场镇,并以县为单位,在县域内从事市场经营者均有机会成为组织成员;各行帮会成员不限行政单位和居住单位,而是以市场为单位,为同一集市上从事同一行业者;高宁乡农村合作社则以乡为基本单位,按规定购买一顶股份者即成为会员。这些组织规模较大,分散于乡镇、县域内的成员之间大多是相互陌生的。而且在这些联结中,成员相互之间的行为活动因市场经营而产生,与市场交易有一定相同性,因而本书将其定义为市场式的联结,但又不是纯市场的买与卖关系。

(二) 以均等权益为联结治理基本原则

在新繁商会、各行帮会、高宁乡农村合作社这些联结性组织中,组织中的每个成员所能获得到的利益不等,但是均能享受到组织的服务,且所享有服务的机会是均等的。商会的每个成员在县内经营的合法权益会予以保护;帮会所有成员享有在场镇自由经营的权利,享受帮会直接和间接的保护;在农村合作社,每位成员按照所购股份可以获得相应的贷款。但是在受益之前,每位成员也必须要履行组织所规定的义务。加入商会的成员需遵循商会所规定的规章制度,帮会成员需缴纳会费,服从帮会的合理管理;农村合作社成员必须购股,为合作社注入资金才能成为会员,同时需遵守规定,将借贷资金用于农业生产,不能挪为他用。

(三) 治理方式具有一定强制性

不同于换活路、伙耕、活路班子的自愿、平等协商式治理,商会、帮会、农村合作社的治理则具有一定的强制性。如商会和帮会强制同行经营者遵循帮会规定,同时对非成员以打压的方式实施软性禁止经营。而且,这三个组织类的横向联结,属于民间自我治理的社会组织,出于曲水村村民与其他广大外村村民的经济生产需求,但并非自然生成,而是在国家政府主导下形成。同时,政府虽不干涉具体运作,但强制性要求商会、帮会及农村合作社为其服务,如由商会及帮会需协助当地政府向商户征收营业税费。

第三节 小结

自汉代小农经济就是中国传统经济社会的代名词,被视为中国传统的DNA。何为小农经济?遵循马克思恩格斯的小农经济理论,小农经济通常指"生产资料私有制经济之上,以家庭为单位,完全或者主要依靠家庭成员的劳动,独立经营小规模农业,以满足自身消费需要为主的个体经济和佃农小经济"[①]。分散、封闭、自足是传统小农经济的基本特征。但小农经济是落后的,小农生产效益具有天生的不足。为此,现实中传统中国的小农大多无法实现完全的自给自足,而是形成对其他农户的依赖,农村也并不是如法国小农般相互独立而分散的"马铃薯"。

曲水村的历史也显示,即使在地形平坦、土壤肥沃、气候适宜的长江流域平原区,在农业生产上掌握着土地所有权和经营权的传统小农,多数无法实现独立生产经营,需要通过换活路、伙养耕牛、资金合作等形式,解决农业生产经营过程中的劳动力配置、公共资源供给、生产资金不足等问题。这些事实说明,以家户为单位、小土地经营的小农经济生产并非是分散的、孤立的,农业生产合作联结广泛且普遍存在于乡村社会。同时,在传统时期的市场经济活动历史中,曲水村小农也与外界形成了班子、帮会、商会等多样化的普遍性合作。曲水村村民的经济联结形态表明,在"皇权不下县"的传统时期,小农经济社会生活中几乎不见国家,国家只关心税费征收。对于农村经济社会生活整体实行"放任主义"的无为和少为,国家与农民之间缺乏纵向联结。农户之间却存在着丰富的横向经济联结和联结治理。

在曲水村农民丰富的横向经济联结中,还体现出了传统时期小农社会关系及其经济自主治理形式的不同关系。以农为主业的经济生产,和大散居的居住格局,使曲水村农民之间的农作经营中的往来以聚落为基本单位,以邻里而非亲友为联结对象。小农经济的脆弱、土地占比的不均,以及特殊交通位置,大量农户加入市场经营活动。在市场经营中,农民之间的联结对象更加丰富,地域范围超村落、跨乡镇。这些经济生活中的社会联结及其治理,基于农民自身需求所形成,缘于利益,并主要依靠人情、道德等软约束维系运行,更具有自主和自律性。

[①] 陈岱孙主编:《中国经济百科全书》(上册),中国经济出版社1991年版,第191页。

第四章　传统小农的生活性横向联结与治理

马克思主义经典理论所论述的小农形态是特定历史条件的产物。这种对小农社会生活形态的经典概况事实上具有较大的局限性，特别是在应用于东方社会的传统中国时。如徐勇教授发现，"中国农业社会里的农民为了应对艰苦的环境，必须寻求社会支持"[①]。但是，在长期的理论研究过程中，小农的社会联结往往被血缘联结、地缘联结所代替。有学者将传统宗族社会形容为"国权不下县，县下唯宗族"[②]。平野义太郎、清水盛光等日本学者认为，中国村落中的共同关系是以自然形成的亲和感情为基础产生的。本章试图通过对曲水村村民社会生活联结的真实形态进行分析，深挖小农社会内在治理机制。

第一节　小农的个体化生活互动形态

小农生活上的有效横向治理关键在于联结关系的形成，而联结关系尤其是有组织的集体性合作是建立在个体小农日常互动的基础之上。传统时期曲水村村民之间社会生活互动主要体现在人情往来、文娱交往、节日互动以及共同信仰活动之中。

一　人情往来

中国传统小农社会，在经济上大部分农户处于生存线上下浮动的状

[①] 徐勇：《农民理性的扩张："中国奇迹"的创造主体分析——对既有理论的挑战及新的分析进路的提出》，《中国社会科学》2010年第1期。

[②] 秦晖：《传统十论》，东方出版社2014年版，第8页。

态，其生存需要社会的合作，而绝对的理性算计很难形成集体合作，此时"安全第一"和"互惠"成为小农经济行为的基本准则，且"互惠这条道德原则渗透于农民生活乃至整个社会生活之中"①。而传统小农的互惠实现常不可避免出现时间差，在"给予—回报"之中，往往是先对他人施以帮助和保护，使他人因此而长久地感激并设法回报，以此形成了人情往来。总而言之，人情往来是传统时期曲水村村民维持生活不可或缺的互动行为。

传统时期曲水村村民的人情往来并不频繁，并主要发生在亲友、近邻之间。大多人情往来需要送礼，对于处于生存线附近的小农而言，是一种负担、压力，因而村民本身不愿有过多的人情往来，相互之间的人情往来主要发生在红白喜事、过年过节之时，而且主要发生在亲戚、邻里以及好友之间。其中往来频率最高的为近亲和邻居，并受到地理距离的影响。相近而居的亲戚，不管是什么人情活动，双方均要互相往来。而相居较远的亲戚，不管两者亲密程度高还是低，则要根据以往的人情来往情况来决定。陌生人、普通村民、一般的朋友之间基本无人情往来。而对于佃客而言，还有一个重要的人情，便是要去赶地主的人情。

关系亲疏决定了人情往来者的行为差异。在各类人情往来中，尤其是红白喜事办宴之时，往往"亲戚、朋友用请，是代表一种礼貌。邻居则不用请自己会来，大家都习惯了"②。在红喜事③上，对于邻居，主家在平日聊天或是提前一日到邻里家中说一声便可，且不管邀请与否，到当日邻居都会主动来赶礼。但要是对方是辈分高的亲戚，就算住得近，主家还是需以礼相请。作为关系亲密的姑姨母舅、兄弟姐妹，以及同家门的族人，一般主家上门请其参加，以表示双方关系的亲密。双方为朋友关系，居住近者同样不请自来，住得远者，主家则需上门邀请。而受邀请者，一般均会参加。在白喜事上的邀请即主家报丧。在曲水村，同一个甲内的农户均需报丧，包括相隔而居、非一个甲的邻里也需要正式报丧，保内及附近居住的亲戚、族人也是必须报丧的对象，居住远的亲戚也要通知。与丧者为

---

① ［美］詹姆斯·C. 斯科特：《农民的道义经济学：东南亚的反叛与生产》，程立显、刘建等译，译林出版社2013年版，第215页。
② 来自闵文凤老人的访谈。
③ 红喜事是喜庆的事，包括结婚、做寿、孩子出生等，白喜事指丧事。

一般朋友关系者，则不需报丧。所有主家报丧通知的亲戚、朋友、邻里、同家门的人都要吊丧，未报丧的朋友、村民如果愿意也可以来参加。另外，当死者家为佃户，且与地主家同村或者邻村就近居住，作为礼仪，需向其报丧，但地主来不来，则要看两家之间的关系。如黄育成老人表示，"住得近的地主还是会参加，因为有往来，还是有点感情的。在外村，住得远的地主不会参加。我们家租的田是黄军长的，他在成都，知都不知道，怎么会来"。

受邀请之人参加活动时均要给主家送上贺礼。但送谁多，送谁少，村民总结为"两看"：一看亲不亲，二看家务情况好不好。即亲者礼高，家境情况好者礼高，反之亦之。曲水村村民闵文凤介绍，传统时期送礼一般不直接送钱而是以物品为主，且"亲戚（数量）多一点，质量好一点；邻居少一点、差一点"。即近亲所送的礼最多最好，远亲则常与邻居差不多。且在送礼之时，往往只有近亲与好友会咨询主家缺少什么东西，避免重复，以能更好地满足主家的需要。邻居、朋友、远亲则按当地的习俗都送些吃的食物、一般日常常用的物品。另外，主家普通朋友所赠礼品的金额、数量与主家的近亲相比，普遍要低；与一般的亲戚、近邻则大致相当、相差不大；与主家是十分要好的朋友，则其礼金与近亲相比，高低不准。当主家为其所租佃土地的主人，作为佃户，其送给主家的礼金金额要比送给邻居多一些，以此表达对老板的尊敬。

人情往来，有来则有往，主家必须在适当的时候将礼还给对方。因而，对于贺客送上的礼物，主家均要请人来将送礼者的姓名以及所送礼物情况登记到礼单上，对于他人的帮忙牢记在心里，以便了解谁帮了多少忙、谁来送了礼、各自送了多少，待送礼者办红白喜事之时，就要把礼给送回去，对方帮过忙则需主动提供帮助。如此有往有来，形成人情往来。在还礼的数量上，多送就多还，少送就少还。具体还多少，村民则一般先要翻看上次红白喜事相互往来上所登记的礼单，查看主家之前给自己送了多少礼。一般而言，都是要在此基础上增加礼钱，以表示尊重，具体添加多少各家则根据自己情况以及当年整体村庄礼数考虑。比如当年普通邻里、村民之间送礼的礼钱上涨，那么必须以此为最低的还礼数；要是价格降低了，则还是要在原来收礼的数量上稍微增加，而不能降。因为还礼比之前送礼还少，原送礼者则会不高兴，认为其看不起自己或对自家有意见，进而影响两家关系。但普通农户之间"不送礼,就不会来吃。如果是邻居不送礼,红白喜事上的人情往来以后就断了,但日常其他生产生活中还是会保持来往,(平时)还是会来往,但是人情不往来。住得远一点的远亲,不送礼了,那以后都不会来往了"①,即相互之间的人情关系就此断裂。另外,亲戚、朋友的往来往往只维持两三代,随着代际交替,亲友之间的人情关系也会自然淡化,往来慢慢减少,直至互不往来。还有一种人情断裂的情况,双方因利益矛盾发生较大冲突,事后两家日常还交往,则人情关系也会自然接续,若长期互不交往,人情关系自然解除。

另外,传统时期的人情往来中还存在着一对特殊关系群体——佃客、长工与老板(地主)。作为佃客、长工一般都会主动给办红白喜事的老板送礼,而老板是否还人情则要分情况。一般来说,"小老板"② 会去还礼,因为其需要跟佃户、长工维系较好关的关系,担心关系未处好,对方偷藏谷子、破坏耕地等行为,而导致更大的损失。而"大老板"一般不会还礼,因对其而言佃户是几乎毫无影响的小人物,不需往来。可见,人情往来是一种基于互惠的互动行为。

二 闲暇娱乐中的交往

休闲娱乐是曲水村民在忙碌之外的社会活动。在娱乐时间、场所、娱乐活动、娱乐对象上,不同村民各有选择,并在娱乐活动中形成不同的关系,呈现出不同的行为。

(一) 坐茶馆③

由于四川省以盆地地形为主,又处于亚热带气候区,雾天多,夏季湿润多雨,整体气候潮湿,因此有益于排汗排湿的"喝茶"成为农民日常休闲的重要活动之一。甚至"去口子上茶馆吃茶"成为当地熟人相遇时的主要招呼用语。"坐茶馆"的行为活动范围与集市圈密切相关。曲水村村民大多在村内茶铺及场镇街上坐茶馆,尤其家庭经济条件

---

① 来自宋贵清老人的访谈。
② 当地将少量土地出租者称为"小老板",以上中农、富农为主;"大老板"则是大规模土地出租者,主要为地主。
③ 当地方言,指在茶馆喝茶、聊天、打牌等。

相对富裕，经常"赶耍场"①的村民，一到集期便常常直接去往场镇坐茶馆。如村民戴盛和介绍，其爷爷在继承到300多亩的田地之后，每日均要到常去的场镇，请自己的朋友喝茶，与朋友一起打牌。除此之外，无事可做，有足够的时间玩乐的老人，以及以中介为职业的经纪人也常来赶耍场，到场镇坐茶馆，前者为找人聊天、下棋、打牌等以打发时间，后者主要为打探消息。"赶卖场"的村民则大多数在结束买卖事务之后，也会到场镇上的茶馆中喝茶、聊天。因而，曲水村民坐茶馆的范围由村内扩展到高宁场、太平场、青白江场、新繁场、马街场、公毅场6个集市。

茶馆内常常摆放数张方桌和板凳供客人饮茶，而客人并非随意就座。因此，"能玩得一起""摆龙门阵②能摆到一起"是曲水村村民选择同桌喝茶者的基本条件。"在茶馆、幺店子中喝茶聊天的坐在一片，打牌的坐在另外一片玩牌。"③ 在年龄上，老人常与老人一桌，年轻人跟年轻人一桌，在没有人一起的时候才会拼在一起，原因则是同年龄段之间有共同话语，易于交流。同时，具有共同社会地位的村民往往联系更为紧密。一般而言，身份、财富差异大者日常基本不交往。但身份地位不等的人，可以一起进茶馆，村内的保长、地主、老板也会与普通村民同桌喝茶聊天。这正也体现出了茶馆作为公共空间，对社会各阶层的包容性。但在新繁场、马街场和青白江大型场镇中，茶馆分为多个等级，常是有钱人一起到上等茶店中喝茶，而穷者集中于简陋的茶馆中。

经常在同茶馆喝茶、玩乐的茶客逐渐相熟，成为熟人，而同桌喝茶的茶客关系更加密切，久而久之形成一个个娱乐"小团体"。小团体成员在日常喝茶之时不会提前约定，而常是各自按照自己的时间从自家出发，前往同一个茶馆。后到者会自然而然地坐到先到者所在桌子，并一起喝茶、玩耍。到午饭之时，则先后独自回家，或是顺路者相约而归。

在茶馆喝茶也是村民建立社会联结网络的重要途径之一。一是熟人相互"转转喝"。茶铺是村民的公共场所，喝茶是其娱乐方式。当店内喝茶

---

① 当地将在集期当日到集市、场镇上进行交换，或者玩耍的行为称为"赶场"。曲水村村民以交换商品为主要目的的赶场行为称为"赶卖场"，在场镇不买卖物品，以玩耍娱乐，打发时间为主的赶场行为称为"赶耍场"。
② 来自宋贵清老人的访谈。
③ 摆龙门阵为当地方言，指闲聊。

者均是陌生人的情况下，常是各自付费；遇到自己认识但不相熟的村民，一般在后者进店时，先到者会说"我请你喝个茶"，但是对方一般会拒绝。因为，前者多为客套话。而常在一起喝茶的熟人，则多以大家轮流付钱为主，村民称此为"互相转着走"或是"转转喝"。付款时，一般都会相互争着付钱，而收钱者则会记着这次谁付款，下次就收取另一个人的钱，到最后基本是轮流付款。而且在这长期的坐茶馆互动中，小团体们的交往常从喝茶、聊天、下棋等娱乐活动，扩大到红白喜事相互送礼恭贺，日常遇到急事相互帮忙。二是向有权势者"敬茶"。对于茶铺的经营者而言，收取茶费是家庭收入来源，为此秉承着"生意归生意，关系归关系"的观点，不管是陌生人，还是一般的亲戚、朋友均是按统一标准收取茶费，而无优惠价格。对于乡长、保长、舵把子等有权势的人，有些店主会予以免费，但大多店主还是按一样的标准收取。但此时一般也无须他们亲自付款，在茶馆中喝茶的其他村民会主动争着为他们付款，当地将此行为称为"敬茶"。付茶费者以此表达对权势者的尊敬。同时，因为付茶钱相当于送礼，希望通过此方式与之建立人情关系，以后有事可找其帮忙。

（二）"摆龙门阵"

"摆龙门阵"是四川省的方言用词，指聊天，是农民相互交流情感和信息的重要方式。因旧时，农村社会日常娱乐活动不多，加之曲水村村民普遍无过多的娱乐消费能力，闲暇时期村民常相互将自己看到、听到，以及亲身经历的事情说出来给大家讨论，从而摆龙门阵成为村民最普遍的娱乐方式。在曲水村，村民摆龙门阵的地点不限，随时随地均可三三两两聚集在一起闲聊，包括家中屋内、林盘院坝、田间、路边、茶馆、幺店子等。根据地点，村民还将摆龙门阵分为两种基本方式。

一种是私密型的串门聊天。旧时，曲水村村民常聚在茶馆摆龙门阵，或是在田地头、赶场时遇到相互聊天，而少有到家中串门。在当地"串门"仅指到农户家中聊天的方式，是摆龙门阵的一种形式。但曲水村村民串门聊天的情况较少。对此，村民赵尚云给出的解释是，"串门是必须要一起耍，人家家里的人都要去做事，没时间去陪你，你去是影响人家做事"。因而，有重要事情需要商量的时候，串门才会发生。且这些事情多为求助、诉苦、说媒、互惠性交换、恩怨矛盾调解等，与自己相关的私密之事。

另一种为公开化的摆龙门阵。为满足建房、做家具、农具等需求，曲水村民常在自家房前屋后种植树木或是竹子，形成一个个小林盘，多个小林盘相连则成了大林盘。在闲暇之时，尤其是闷热夏日的晚上，附近居住的居民则常聚集在林盘下乘凉，或是闲聊或是打牌等。林盘是曲水村村民摆龙门阵最重要的公共活动场所。除此之外，村内外的幺店子、茶馆也均是村民摆龙门阵的主要场所。这些场所为半公开或是公开化的公共空间，基本不限制进入者，但是在聊天对象上，村民还是以熟人为主。其中在院坝中聊天的多为居住在附近的邻里，茶馆、幺店子等地一起摆龙门阵者多为相熟的亲友、茶友、牌友。熟人之间聊天内容常常十分广泛，不仅会聊奇人异事、他人家事，也会讨论和商讨家中的事务。但一般富裕者不愿与普通村民过多地聊天，因害怕他人知晓其家中财富情况，更担心在聊天之时向其借钱。在完全开放的经营性场所，也有外村人参与聊天。但聊天之时，对于不认识的外村人、不相熟的本村村民，村民则会更加谨慎，不会聊自己家中的具体情况，以免听者有心。

（三）打牌

打牌是传统时期曲水村村民三大休闲方式之一。作为消磨时间的娱乐方式，打牌也是多数普通农户的选择。整体上，打牌者还是以有钱的富裕者居多，因为有闲钱，也有更多的闲暇时间。未成年者不允许打牌，中老年人闲暇时间多，玩牌的人相对也多些。打牌属于多人共同娱乐的活动，日常一起玩的人以居住在附近、相互熟悉的邻里、亲友为主。有提前约好牌友，也有到茶馆、店铺中相遇之后临时起意，随意组局。但一般而言，富裕者更愿意与富裕者一起打牌，穷者则与穷人玩牌。富裕者不愿与穷者玩牌，一是怕穷人出不起钱而赖账；二是村民常说的"有钱人看不起没钱的穷人"，不愿与穷者往来。但村民也指出，传统时期，曲水村中有钱或有权之人仅有数人，遇到玩牌缺人，还是会与普通村民一起。

三 节日中的互动

传统节日中，受家庭经济基础影响，大部分村民与亲戚之间的节日往来并不频繁。在有所往来的少数节日中，往来对象、礼节也各不相同。

(一) 春节上坟与拜年

春节是曲水村最为热闹和隆重的节日，从每年的腊月二十四到正月十五。春节中，祭祀家祖、家人聚餐、亲友拜年是家家户户都要进行的三大活动，也是曲水村村民与他人互动的主要活动。

其中，上坟祭祀先人是旧时小年中的习俗，也是同血缘近亲者每年相聚之时。小年上坟只祭祀四代内直系血亲，同一家门、同一宗族共同先祖的坟墓则不在此祭祀活动之列。

上坟期间，还会组织家人聚餐。此时家人不仅指小家庭概念上同吃同住的家人，还包括分家出去的儿子和出嫁的女儿。若是父母与儿子已经分家，在大年三十当日，儿子会到父亲家中聚餐。由父母出钱买菜，儿媳来帮忙准备饭菜。生活贫穷的儿子可以不带礼物过去，家境较好的儿子则还会带上礼物。第二天即大年初一，父母则要去儿子家聚餐，按照儿子大小，一年去一个儿子家吃饭。父母已经去世，兄弟已分家，则兄弟两家各自在自己家中吃饭。

春节对于村民而言，也是一场亲友往来相聚的节日，亲友相互上门拜年，联络感情。传统时期，曲水村村民大年初一开始拜年，根据当地习俗，第一天只能在村中串门拜年，且仅为村中居住的亲戚和家门，同时还有一定的先后顺序安排。先到辈分高的亲戚家拜年，而后去同辈或低辈但经济富裕的亲戚家拜年，最后再到其他辈分相同或小于自己家的亲戚、同村亲戚家门串门拜年，基本不需带礼物，相互间简单的拜年，坐下喝茶、闲聊片刻，而后离开。且一般在一天内要将村中亲戚拜访完。大年初二开始，村内邻里、朋友以及村外的亲友之间便可以相互拜年。此时谁先谁后则无规定。待家里基本没有客人之后，便可以回娘家拜年，且一般夫妻俩需一同过去。夫妻俩常带着面、猪肉、糕点上门，娘家则主要以水果、糕点等作为回礼，且所回礼物价值跟所收到礼物价值整体上差不多。到村外其他亲戚家拜年之时，也会带上一份礼物，主家同样需回礼，送礼和回礼的类型与回娘家时基本一致。可见，拜年中的人情往来以基本持平为多，一方亲戚过来拜年，作为亲戚也要找个日子上门回拜；一方亲戚拜年送了礼物，另一方回拜之时，便会带来基本等值的物品。同时，作为佃客的农户，每年还要给地主拜年送礼，但过年期间回家过年的长工无须特意给主家去拜年，回到主家做事时也无须送礼。除以上情况外，日常往来不多的村民之间不会串门拜年，对于村内保长、地主等，无特殊关系的村民一般也不会特意去拜年。

另外，每年过年期间，在与曲水相邻的郫县三道堰还会举办抢鸭子活动，因为距离近，也有不少村民会前往。去参加活动的村民，一是看热闹者；二是要参与抢鸭子者。看热闹者一般不会相约而去，家人同去为主，少有村民会约上几个常一起玩的人。参与抢鸭子活动的人则基本是三五成群。因为成年男性报名即可免费参加，抢得鸭子者可获得丰厚的奖金，参与者众多，而鸭子十只左右，竞争激烈，因抢夺甚至还会出现吵架、打架现象。为此，村民常与亲友三五成队，十人成群，合作抢鸭，获得的奖金则平分或是直接在场镇上共同用完。

(二) 端午、中秋、雨水三节女婿送节

送节也是当地的一个节日中的习俗，是姻亲关系者之间的主要互动活动。即在节庆中，子女给父母，女婿给丈人、丈母娘送礼。

按当地习俗，女婿在端午节要送上咸鸭蛋、粽子、肉、小点心等。具体数量上，贫穷者少，富裕者则送得多。女方娘家则需以一把雨伞、一件给女婿准备的新衣服作为回礼。另外，回礼只给头一次来送节的新女婿，儿子、老女婿则无回礼。

在中秋节，女儿和女婿至少要给女方父母送上两封麻子饼，每封放置8个或10个。父母则要给新女婿回礼，旧女婿就不需给了。当地中秋节回礼不回物品，而是给予"打发钱"。钱的多少则要看女婿所送东西送礼多不多、贵不贵，多就多打发一些，少则少打发一点，不偏不倚。因为打发过多，与之一起居住的儿子、儿媳会抱怨，打发得少则女儿、女婿会不高兴。

雨水节的时间为每年农历雨水节气日，随着雨水的降落，气温的回升，春回大地，预示着新一年农耕即将开始。在曲水，雨水节回娘家是当地习俗。出嫁的女儿纷纷带上礼物回娘家拜望父母。小木椅、大圈椅是必不可少的礼品，且还会在椅子靠把上缠上一圈红带子，以表示喜庆，亦称为"接寿"，祝愿岳父岳母长命百岁。一般还会带上一两个罐子，里面放上猪肉以及桃子、枣子等，以感谢父母的养育之恩。孝顺的、有钱的女儿还会给老人带点钱或者米。父母则不能让女儿、女婿所带来装食物的罐子空着带回去，会在每个罐子里放上1斤红豆、4斤糯米，以及其他小吃等。

在端午、中秋、雨水三节中，女儿与女婿回门送节当日均会在父母家吃上一顿，此时父母一般还会喊上附近居住的儿子。食材一般由父母购置，厨房做事者则多为来吃饭的儿媳。要是父母家境贫穷、身体不好，则由一起居住的儿子来招待；如果父母为分家的几个儿子轮流赡养，那么儿子轮着招待。在座位安排上，除基本的"男女不同桌，男女不同凳"等基本原则外。送节新女婿在此时属于贵客，需要坐上座。"有个亲戚家里，新女婿回门没有坐上上席，把桌子都给掀了呢！"村民董宗谱表示，出现此现象的原因在于新女婿第一年送节，是对女方娘家表示感谢，上席之位则代表着丈人、丈母娘一家对他认可和尊重。若无新女婿，则一家人按照辈分和年龄排座。端午当日吃完饭后，当天或是第二天分家或嫁出的子女各自回家。

(三) 清明节同宗祭祖

清明节是人们祭祀先祖的节日，也是曲水村村民与同宗族人相聚之时。从家中分离出去的成员，日常基本不一起祭拜，而是各自在自己家中祭祀，祈求先人保护自己现在的家庭，但在清明节，分家的家庭则会聚在一起，共同祭拜先祖。一些家户先一起在同家门的亲人家中对先人的牌位进行祭祀，再去往墓地祭祀；也有部分家户，仅去往墓地祭祀先人。参与祭拜的主要为男方三代内亲戚，且以男性成员为代表。分家兄弟、出嫁姐妹须集体祭祀而产生的消费，在不同情况下，支付者和支付方式均不同。据村民董宗谱介绍，所祭祀先人有数个儿子，且儿子之间居住地相距不远时，常采用儿子轮流承包办理祭祀物品以及当日的聚餐，其他人则不需支付任何费用，也无须带上礼物给承办者。第二种常见方式为先人的数个儿子合办，再平摊所需费用。作为祭祀对象外嫁的女儿，则不需摊派费用，但还是会给主家带上一两斤的肉，作为招待的回礼。

在清明，扩大小家庭集体墓祭的对象并没有具体的代际规定，只要坟墓还能够找到，且离居住地的距离在一定范围内，所有祖先坟墓均在祭拜之列。但村内大多数农户只知家中往上数三代内的先人墓地，往上第四代先人的坟墓保留完好的情况很少，往上第五代及以上先人的坟墓基本都找不到。因当地人只将直系血亲五代及以内亲人的墓地称为"自家的坟"。在墓祭之时，曲水村还有特殊的祭祀对象——与先人墓地相邻的墓主。在曲水村村民看来，这些比邻墓地所葬者是先人在阴间的邻居。因而，在祭祀先人之时，也会简单烧根香，烧些纸钱祭祀邻近墓地者，以希望阴间的邻里更好地对待自家先人。

清明既是扩大家庭集体祭祀之时，也是全族祭祀的时候，一般宗族会集体置办"清明会"。清明集体祭拜活动所覆盖的人口范围为同一血源、同一祖先信仰的族人。而以共同祖先为信仰的族人，常常分散在各地，因而没有绝对的地域范围，更多是以集体祭祀圈为划定依据。如陈世永所属的陈氏，随着世代繁衍和迁居，族人分布到全省甚至全国各地。受限于传统时期交通条件，共同参与每年祖先祭祀活动的族人以宗祠为基点，扩散到周边数个县乡，包括新繁、万安、彭州市、高宁乡、清白乡居住的陈氏。因而，对其而言，陈氏祖先的信仰圈在地域范围上限于以上县乡。黄大文其祖先的信仰圈同样以此划定，在地理上包括广汉、三河、新繁、马街。

清明祭祀是宗族内的大事，是族人每年一次的聚会，除非远迁，或是家中已无男性成员，其他所有族人均会参加。宋贵清一族的宋家祠堂在郫县的宋家林，与曲水村距离六七公里。每到清明节，不需族人通知，其父亲便会按惯例自行到宋家林参加祭祀活动。族人以户为参与单位，同时也是责任义务单位。但族人是否参加祭祀并无强制性的要求，不参加也不会予以处罚，农户具有绝对的自主权。比如，村民刘玉明、欧华贵迁入曲水村后，因与本族的宗祠、祖坟距离远，而不再参与本族的清明会。

由上可见，传统时期曲水村村民在重要节日中与外界发生的联结以近亲为主。端午、雨水节、中秋三个节日中，分家的儿子、一般亲戚之间均不会往来，作为姻亲关系的女婿则需要给其送礼。过年之时，属于近亲的亲戚，就近居住的朋友、家族都会互相串门，远亲则根据情况，距离远者基本不会相互拜年。清明节因祭祀，直系血亲、家门、家族之间则各自来往。但总体而言，近亲是节日往来的主要主体，亲属关系较远的家门、家族同族之间的往来较少，集中于清明节。

四 信仰活动中的互动

传统时期，曲水村村民普遍信仰神灵。以神灵为媒介，信徒们聚集在一起，形成多方面的联结。

因对神灵的信仰，人们广建庙宇，以供奉神灵。在高宁乡有石云寺、镇江寺、太辅寺、花药寺、阐教庵、观音堂和宁河寺7座具有一定规模的庙宇，见表4—1。其中曲水村内仅有1座，即花药寺。花药寺供奉着佛教所祭祀的众多神仙，包括四大天王、观世音菩萨、弥勒菩萨像等，是曲水村村民主要祭祀的寺庙。《高宁乡志》记载，花药寺在咸丰五年（1855）重建。花药寺的建设资金主要来自当官、有钱的乡绅和所有信奉佛教的信徒们的捐款。除此之外，村内还有数座小土地庙，供奉着掌管土地的土地神。土地庙主要为庙附近田地的耕种者共同出资修建而成，并为出资农户集体所有。也有富裕的农户独自出资在自家田地修建土地庙。

表4—1　　　　　　　　　高宁乡乡内寺庙情况①

教别	庙名	别称	庙址	修建时间	位持数（个）
道教	石云寺	洪道寺	石云村	—	—
	镇江寺	王爷寺	锦水村	—	2
佛教	太辅寺	张家寺	公毅村	—	3
	花药寺	—	曲水村	咸丰五年（1855）重建	2
	阐教庵	三道庵	石云村	—	3
	观音堂	—	新庞村	—	
	宁河寺	冯家寺	宁河村	乾隆四十三年（1778）	2

无论是富者还是贫者，传统时期人们普遍信仰鬼神，且庙宇祭拜频繁。相较而言，穷者多在神灵的诞辰、节日以及每月的初一、十五等重要日子到寺庙中上香，而富贵者不分日子，有空就去寺庙上香。如闵文凤老人介绍，其二娘便是如此，"二爸在她20岁的时候去世了，生的孩子也去世了，就剩二娘自己一个人。她自己觉得命不好，没有改嫁，就她自己一个人，没有事做，自己有50两银子，是娘家陪嫁过来的，丈

---

① 高宁乡志编撰领导小组编：《高宁乡志》，1984年版，第88页。

夫家也有钱,天天去烧香"①。

因共同的信仰,曲水村村民在祭祀神灵的活动中与外界发生广泛交往。村民去往附近寺庙道观上香,常是单独祭拜。要是去往较远地方上香,或是参加庙会活动、吃斋活动,一般会提前询问邻里,以及附近居住的好友是否同行。结伴同行的农户多为闲暇时间充裕,对神明十分信奉,且相熟的信徒。前文所讲到的闵文凤二娘,日常无须生产劳作,又十分信奉神灵,附近庙宇每有活动必会参与,并在活动中结识与之同样有时间、较为富裕、热衷于宗教活动的李三娘与彭大娘。三人常在寺庙活动中相遇,而后相互认识和熟悉,成为信仰活动的主要结伴者。

因神灵信仰而聚集的人们,在共同的信仰活动往来中熟悉,并将相互往来关系延续到生活中。闵文凤二娘与彭大娘在出嫁之前也是广济村人,与彭大娘从小相识但不相熟,因共同祭拜关系更加亲密。家居邻乡万安乡的李三娘与之则是在上香祭拜中相识,并且日益亲密。虽日常不会经常一起串门,但遇到庙宇举办活动,若其中一人知晓便会通知其余两人,并且相约一起过去。上香结束之后还经常到其中一人家中喝茶、聊天、吃饭等,赶场之时在街上遇到了,便一起聊一聊。红白喜事也是互相参加,并以朋友身份送上一份贺礼。

第二节 小农的合作化生活联结形态

一 日常事务的互助联结

曲水村村民的经济生产活动普遍存在着换活路、活路班子等互帮互助行为,在日常生活事务上的帮工行为更加丰富。这种帮工并非以市场交易为基础,而是一种纯粹的不记工账、不用给报酬,基于人情关系的帮忙,是村民在日常生活中遇到自己无法完成的事情之时经常采取的行为。在曲水村,这种帮工主要包括以下几类:第一,有事出门,请人帮忙照看一下家里的小孩、帮忙照看房子、喂养猪、牛等;第二,搭建房屋,请人帮

---

① 来自闵文凤老人的访谈。

忙；第三，无时间赶场，请人帮忙代买或是代卖物品；第四，在生产过程中，请人帮忙育秧、放水、排水、抢收稻谷；晒谷子、晒豆子等物品时，请人帮忙看着，防止鸡、鸭等偷食；遇到突然下雨请人帮忙收起。

　　这些帮工行为在曲水村时时发生、处处可见，已经内化为村民的生活习惯，并形成了"不请自帮""请而相帮""选择性帮忙"的不同帮工行为。作为主要的帮工者，邻里之间相互帮忙成为其日常最为基本、习以为常的生活往来，而且往往"不请自帮"。当一方需要帮忙之时，"只要见着邻居之时说一声'我家明天打谷子，今天你来帮我，后一些天我帮你'，就来了"。如闵文凤老人所述，双方只要简单说明需求，不需正式邀请。而且如果帮忙时间短，不需向帮工者支付任何费用，不需送礼，也不需提供饭菜招待。当所帮忙事务较多、时间长，请帮者则常会主动在帮忙期间请其吃饭。但这也非必须，且常常在农忙时期，各自忙碌，无时间准备饭菜招待之时，常常是各自回家就餐。当所请帮忙之人为熟人（不包括邻里），则一般需主家正式登门相请，尤其在重要的事情上，主家还需带上礼物，且事情忙完还常常要宴请以作为感谢。当请帮忙者为与之关系为一般的乡亲或是互不认识陌生人，村民则常根据对方的身份地位来选择是否帮忙。如果是村内的保甲长、富裕地主、有权势的乡绅需要帮忙，村民一般不会拒绝，以期日后得其帮助。另外，对方为地主之时，作为其佃户常常会主动为地主免费做帮工。对此，甘玉成老人表示："你租他的田，需要求他，怎么能不去呢？遇到地主跟亲戚家都有事，还要跟地主说一下情况，自己不去，但家里也要有人去帮忙做事。但基本上父亲还是去地主家，母亲去亲戚家帮忙。"

　　日常生活相互帮工者多为邻里、亲戚以及熟人，而且一般而言，先找本甲邻居帮忙，而不会先去找熟人帮忙。同时，村民姚建述也表示："亲戚、家门、邻居、耍得好的熟人，也要住得近的，远了也不会找，远了就不方便。"其家中日常生产生活需要帮忙，首先找的便是与之居住在同一院子内黄育成一家。可见，在日常帮工上，距离的远近、做事方便是对象选择上的首要要素，因此邻里是曲水村村民帮工最为主要的对象，村落是曲水村民的帮工圈。但并非所有的邻里之间均存在这相互性的帮工，一般而言，相互帮工多发生在经济水平一般或是偏下的普通村民之间，而地主、保长、富裕者与普通村民之间在帮工上并不是相互的，一般前者不会为穷者帮工，而穷者也一般不会主动请之帮忙做工。

二 红白喜事上的组织化联结

婚丧嫁娶几乎是每位曲水村村民人生中会经历的事情：婚事是村民成家以延续生命的一个重要程序，丧葬是生者对逝者的悼念、生者对死者尽孝道。在传宗接代、孝道祭祖、死者为大等传统思想的影响下，曲水村家家户户均十分重视。面对复杂的婚丧嫁娶礼俗，单家独户常常无法完成，故而常以互助合作的方式来实现。

（一）婚嫁中的互动与"相帮"

婚嫁是组成家庭的重要过程，也是村民与家庭外部世界发生社会关系，形成紧密联结的一种互动基础，并在婚嫁活动中形成"相帮"联结。

传统时期，曲水村位于新繁县、郫县以及彭县三县交界处，加之村民的集市圈涵盖三县，使村民的社会关系圈从村内向三县各地扩展。曲水村村民的婚嫁又常以熟人为纽带，婚嫁圈基本与熟人圈重合，因而分布在新繁、彭县和郫县三县境内。即村民婚嫁圈不限于村内或附近村庄，而是广布三县。如宋贵清的母亲、陈世宽的母亲、杨家明母亲以及姚建述的妻子均从彭县嫁入，姚建述的两个姐姐分别嫁到新繁县内清流乡和清白乡。当然也有不少村民是与同村或是石云、公毅、新庞等邻村村民结为夫妻。在这婚姻圈的形成中，熟人与亲戚发挥着关键作用，村中不少村民的婚事便是由亲戚、熟人所促成。如姚建述之妻是其表姑介绍，而其表姑与妻子为同村人；闵文凤的介绍人为其姑婆，其姑婆与之丈夫为邻里关系。整体而言，婚姻圈的地域范围，与农户的熟人圈范围基本一致。

在婚嫁置办中，熟人尤其是亲近的邻里是其重要的帮手。当地又将红白喜事上相互帮忙的行为称为"相帮"。相帮既不是市场雇佣关系，也不是劳力互换关系，同时也并非是社会组织，但其具体运行常常呈现出组织化。因相帮所帮之事为大事，故而在邀请之时必须正式。一般由主家家中的家长，或者是家长的父母亲等长者亲自上门相邀，以示尊重。曲水村村民所正式邀请的相帮对象一般限定于亲戚、熟人之间，而且是近居者，相距较远的亲友一般不会相帮。为此，曲水村民的相帮圈在地域上为村落，且以就近居住的亲戚为先，人手不足再找其他邻居。对此，村民闵文凤解释说，"办喜事要先喊亲戚，因为这些事情，亲戚本来就是要送礼的，也要做事。不会先请邻居，请邻居就好像是要人家的礼钱，不好"。另外，在婚嫁礼仪中，婚礼的主婚人为"叫礼人"只有男性才可担任，而且多为新郎亲戚中的老伯、姑舅等。新娘出嫁之时，也是由新娘方的男性亲戚背上轿，背轿者多为新娘的哥哥或弟弟。送嫁时，除女方父母，其他亲友均可送新娘到男方家，但其中新娘的舅舅则是必须过去参加当日的宴席。因而，曲水村村民婚嫁相帮以村落为基础范围圈，以邻里为主，再以亲者为先。

亲戚作为与主家关系最为紧密、最为重要的对象，同时在婚嫁活动中也是最受尊重的对象，并主要体现在婚宴酒席座位安排之上。根据当事人闵文凤老人介绍，其嫁入黄家之时，男方共摆了6桌酒席。其中屋内2桌，屋外4桌，每桌坐8人。如图4—1所示。其中，屋内两桌为上客，主要是女方送亲的亲戚，以及男方近亲，作为陪客。同时，按"男女不同、男左女右"的传统习俗，男女亲戚各安排为一桌。屋内左边为上桌，其中靠近屋内神位并与门相对的座位为上座，由女方舅舅、爷爷、大伯等近亲就座。该桌其他座位则由女方哥哥、姐夫等其他亲戚，男方作为陪客的姑爷、老伯等亲人随意就座。屋内右边女桌同样，

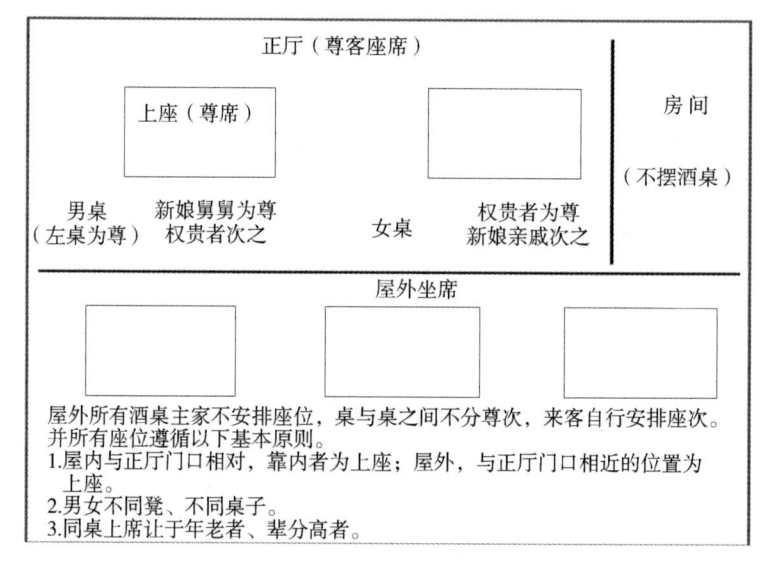

```
┌─────────────────────────────────────────────┬──────────┐
│            正厅（尊客座席）                   │          │
│  ┌──────────────┐      ┌──────────────┐    │  房间    │
│  │  上座（尊席） │      │              │    │          │
│  │              │      │              │    │(不摆酒桌)│
│  └──────────────┘      └──────────────┘    │          │
│  男桌  新娘舅舅为尊      权贵者为尊          │          │
│(左桌为尊) 权贵者次之  女桌 新娘亲戚次之      │          │
├─────────────────────────────────────────────┴──────────┤
│                    屋外坐席                             │
│  ┌────────┐    ┌────────┐    ┌────────┐                │
│  │        │    │        │    │        │                │
│  └────────┘    └────────┘    └────────┘                │
│                                                         │
│  屋外所有酒桌主家不安排座位，桌与桌之间不分尊次，来客自行│
│  安排座次。并所有座位遵循以下基本原则。                 │
│  1.屋内与正厅门相对，靠内者为上座；屋外，与正厅门口相近 │
│    的位置为上座。                                       │
│  2.男女不同凳、不同桌子。                               │
│  3.同桌上席让于年老者、辈分高者。                       │
└─────────────────────────────────────────────────────────┘
```

图 4—1　男方喜宴的座席排列①

---

① 根据闵文凤老人的讲述绘制。

女方舅妈、姐妹、姑婆等座上位，男方姑婆、嫂嫂等陪客。屋外的4桌酒席，主家则不安排座席，由客人随意自行决定，除基本的座席准则，无其他任何规矩。保甲长或其他当官者若来参加酒宴，也是上客，常安排在内屋，与女方舅舅同桌，且比一般亲戚更为尊，但是最为尊的位置还是由新娘的舅舅就座，因为"天上雷公，地上舅舅"，在婚宴上舅舅是最尊的客。

（二）丧葬中的互动与龙杆会

丧葬在当地称为"白喜事"，由于其突发性，以及传统丧葬礼俗中报丧、吊丧、哭丧、下葬等复杂程序，成为大多曲水村村民沉重且无法自我解决之事，由此在互动中产生了相帮、龙杆会等组织性联结。

1. 龙杆会抬棺下葬。龙杆会为老人去世后村民互相"抬方子"（抬棺材），同时帮忙请邻里协助操办丧事的民间社会组织。龙杆会的产生在于，传统时期曲水村村民大部分单家独户无法独立完成丧葬活动，需要家庭外的人员协助。具体来看，有以下三个原因。一是下葬需大量强壮劳动力。这是龙杆会出现最为关键的因素。按当地传统丧葬习俗，人过世之后，村民将以棺材为床，以墓地为房，因而丧家需在吉日将装有死者的棺材从家里抬到坟地下葬，且按当地习俗，在下葬之前还需要在村里绕一圈。而民国时期，村内最为简陋的棺材也要8个人共同合作才抬得起，家庭户均人口不到6人的曲水村村民单家独户难以满足此条件。另外，按当地风俗，抬丧者需为男性，且丧者五服内的族人不能参与。故而，必须有其他非亲戚关系农户的帮忙。二是办丧时间长、规模大，需大量人手。丧事是家庭大事，需要像红喜事一样置办酒席，除亲戚朋友，附近的邻居都会参加，办餐规模一般不低于喜事，且需连续办餐数天。因此需要一定量的劳动力帮忙处理丧葬招待。三是"喜事可以提前自己定日期，做好充分准备，人哪天去世谁也算不到"。村民黄大文表示，丧事在时间上具有不定性，加之人力的特殊要求，使固定的合作成为一种极大的需要。

曲水村村民普遍参与龙杆会组织，且在同一龙杆会组织中的成员不受行政区域限制，并由跨村落的关系亲密者组成。龙杆会的成立一般为有需求的某个村民提议，然后找到数户条件适合的农户，以自愿为原则，共同商议，约定形成办丧互帮的稳定合作者。以户为基本单位，按抬杠人数为基础，一般需要8户及以上条件合适农户参与。因老人、小孩体力不足，抬不起方子，女性则受习俗限制不允许参与，因而所谓"条件适合"指的是家中有男性全劳动力，且身体健康，能参与抬方子的中青年男性。且农户家内全劳动力越多，就越受欢迎。因为丧事在时间上的不确定性，还要考虑农户家中男性劳动力是否经常在村。在村内生产生活，外出做事少的村民成为优先考虑对象。基于成员资格条件特殊要求，曲水村龙杆会对成员在地域范围上不设限，并不限定在同个村落或者同保甲，跨甲、跨村、跨保的情况大量存在。如黄大文参与的龙杆会共 8 户，陈世远、陈代河 2 户为第 5 保同一甲，陈玉清为第 10 保第 9 甲，其余的 5 户都为第 10 保第 4 甲。虽居于不同保甲，但成员所在 3 个保甲的地理距离均在 1 公里内。即同一龙杆会中的参与者，多为地理上相距不远，关系亲密的亲戚、朋友。如图 4—2 所示，该龙杆会倡议人为胡云堂，其与陈玉清、陈万骏之间为"老庚"关系，即同年出生，关系较好而结拜为兄弟的拟血缘关系；与刘寿安、刘福安、刘福春、黄大文互为邻里，且刘氏成员均为同一家门亲戚；剩下陈万清与之无直接关系，但陈万清与陈万骏为兄弟。

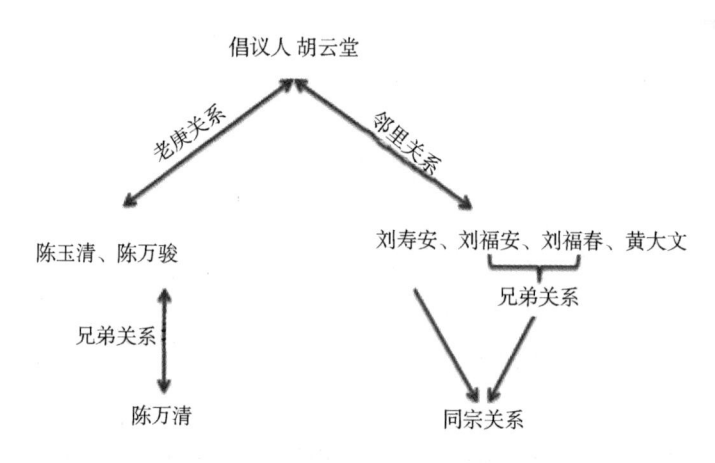

图 4—2　龙杆会组织成员关系①

2. 酒席置办请"相帮"。丧事称为"白喜事"，也是一个家庭中的大事，无论是富者还是穷人均会置办酒席，因而也要请相帮帮忙。因礼俗，丧事相帮与喜事相帮存在些许差异。一是在丧事上，请相帮更加正式，丧

---

① 根据黄大文老人讲述绘制。

家还必须请一名男性长者,由长者进屋内请人,而主家作为丧者的孝子则在门外跪请。二是丧事相帮者以邻里为主,而非亲戚。而且在红白喜事中的相帮者无身份地位差别,跨越身份地位、经济水平差距,凡是主家相请均会参与,除非对方有其他十分重要的事情。对此村民黄大文表示,"以前哪家人不会死人呢,再忙都要过去帮个忙。乡把头住的地主,跟其他人一样得帮忙,你请他来帮忙,他有事也要请我们去,都是一样的"。因为人手不足是家家户户存在的客观问题,而且在传统时期,白喜事中的抬棺下葬并不是能依靠市场购买解决的事情,故而请相帮不能推辞,村民也不会推辞。包括富裕的地主、有权势的保长和乡绅,只要其仍在村内居住,也需要出人员去帮忙,可以是其本人,也可以是儿孙、媳妇等其他家庭成员,或是所雇请的长年(长工)。

相帮属于曲水村村民之间劳动力上的联结,结合第三章,可知此类联结包括换活路、帮工、请相帮三种方式。三者不同于以市场交换为原则的雇工,均是一种互助性合作行为,但三者存在着明显的差异。首先,对象圈上,同院子居住的邻里是曲水村村民的换活路圈,帮工和请相帮则以村落为其对象范围,并且以亲戚、邻里为主。其次,在身份上,换活路双方以及帮工双方常是经济水平、社会地位相当的农户,请相帮行为中的双方则常跨越身份地位。再次,对象差异则主要因行为产生事由的区别,其中换活路多发生在农忙时期,以生产为先;帮工多发生在生活中,着急的小事优先邻里,事缓亲戚和邻里均可选择,大事则找有钱者、有权者帮忙;因红白喜事而请相帮,多为有人情往来的亲戚、邻里共同帮忙。最后,曲水村村民在具体的合作中,换活路的运行原则也不同于帮工和请相帮。换活路之时,劳动力对等互换是其基本准则,双方对劳动力要求数量、时间以及质量上大抵相同;请工和请相帮则基于均等的互助,双方之间并不要求对等的劳动力,而是在其需要之时,给予均等的帮忙。

虽然换活路、帮工、请相帮之间存在着差异,但三者都是传统时期曲水村村民为解决家户个体化劳动力困境而进行的社会联结,表明在生产生活中曲水村村民之间在劳力上存在着丰富而频繁的合作。而且在请相帮中,地主、乡绅等其本人可能不亲自帮忙,但其儿孙或是长工也要去帮忙。为什么非得给别人帮忙?村民们作出了非常经典的解释:四川人将换工称为做活路、换活路、求活路，可见"活"是为了"活自己"；"相帮，相互帮忙，帮助他人就是帮助自己"。个体化的小农通过帮忙与他人发生联结，通过帮助他人来解决家庭无法解决的重大事情，为此帮人即帮己，为人也为己，见表4—2。

表4—2　　曲水村村民换活路、帮工、请相帮、雇工的对比

类型	主要事由	主要对象	双方身份	对象范围圈	费用	基本原则
换活路	农忙	邻里	相当	院子	免费	对等互换：在劳动力时间、数量以及性质上要求基本相当，当一方劳动力超对方供给范围较多之时，换工变为雇工。
帮工	日常小事	亲戚邻里	相当	村落	免费	均等互助：数量和性质上并不等同，而是相互之间你来我往，均等提供帮助。
请相帮	红白喜事	亲戚邻里	不限	村落	免费	均等互助：数量和性质上并不等同，而是相互之间你来我往，均等提供帮助。
雇工	不限	不限	不限	市场圈	按市场收费	市场交换原则

三　生活困境中的联结合作

生活总是伴随困难与危险，脆弱的、处于生存线附近的中国传统小农常常无法独自面对，一旦遇到灾荒，或是生有重病、办理红白喜事、子女

入校教育之时，便会陷入困境。传统时期曲水村村民主要通过亲友相互救济和保护，同时也出现上会、丐帮等组织共同应对困难。

（一）亲、邻互救互助

对于个体农民而言，家庭是其最为主要的保护者。在家庭之外，亲戚、邻里之间互相保护。邻村锦水村王明章父亲去世，因经济贫困而办不起丧葬，其亲戚及邻里共同"化缘"，帮其办理丧事。曲水村村民宋贵清介绍，其同一个家门的亲戚也曾办不起丧葬，最后由与之就近居住的同一家门亲戚共同出钱解决。在曲水村内，当农户发生火灾，作为同族的亲戚，一般会主动免费提供吃住、送建房所需的材料、帮忙建造新房等。此时，邻里、亲友同样会主动提供这些帮助。如村民姚建述家曾遭火灾，房屋烧毁，院内有竹子的邻里同其亲戚一样，为其送上竹子，并帮忙修建房子。在出现洪水、火灾、断粮之时，邻里、亲友主动提供食物和住房之外，借用钱物也十分正常。癸亥年间，锦水河发大水，王家船被淹，部分房屋被大水冲垮。当时在王家船居住的闵文凤家也被淹，但未被冲毁，而与其相距半里的张先顺一家因位于坝头受到的冲击更为强烈，房屋被大水冲垮，屋内财物被水冲走。作为邻里的闵文凤一家为张先顺一家4口免费提供住所，直到其找到新房子居住。因此，亲戚、邻里是曲水村村民重要的社会保护供给者。

当遇到困难，村民选择帮忙的顺序上，一般是优先于近亲和往来较为密切的亲戚，而后是近邻。前者因为情感，后者则因为方便。其中亲戚包括以血缘为联结的扩大亲戚——家门，以及因婚姻而形成的姻亲。因分家、婚嫁而从原来家庭中出去另组成新的家庭者，当一方遇到困难之时，另一方一般会相互帮助。要是两家曾发生较大的纠纷矛盾，且相互之间不再往来，则当一方有困难之时，另一方不一定愿意提供帮助。另外，对于外嫁女儿，娘家也是其重要依靠。如在年老母亲的生活上，村民刘寿德曾存在苛待行为，在他人指责、教育无效的情况下，舅舅作为母亲的娘家代表，将刘寿德打了一顿，并警告他必须孝敬母亲。但外嫁女儿作为女性，非当家者，不能代表家庭作出决定，对于本家父母、兄弟的保护还需当家人来定夺。相较于分家儿子与父母之间，外嫁女儿与父母之间的保护要弱。

以上这种保护是相互的，是一种长期的人情往来。对于为自己提供保护的人，被保护者则需要对该亲戚以言语感谢，或是请之吃饭，而且当对方有事之时，需要主动去帮忙，以偿还对方提供保护的人情。而本应该给予保护而未能提供，则一般需要以言语向对方表示歉意。但是，作为请求保护者，对于对方能帮得上忙却有意推托的行为，虽不会采取暴力或找麻烦的方式来报复，且两家的人情往来一般也还是正常往来，但双方之间关系还是会受一定的影响，未得到保护的一方会心生怨恨，当日后对方寻求保护之时，就不一定会提供援助。

(二) 上会："先一起借给一个人用"

向亲朋借钱、民间高利借贷，以及组成上会是曲水村村民解决资金问题的主要方式。其中亲朋借钱常常发生在急用、所借数量少之时，因为"穷人的亲戚十个里八个也是穷的"①。而高利贷借贷，放贷者出于回款考虑，要有一定资产的人作担保才会放贷。为此，不是所有人能够借得到高利贷。另外，高利贷利息过高，农户不会轻易借，一般只有到"不借活不下去"的情况下才借，且常发生在地主提押加租之时。如佃农刘少青，因庄稼收成不好，交不清地租，地主从押金中扣除，但还是不够所欠租金，于是地主将田收回，并限期搬离地主提供的房屋。在此情况下，刘少青不得不借贷5石米，补齐欠租，剩余作为押金。为解决资金不足问题，当地出现了民间集资组织——上会。上会组织是曲水村村民为防患于未然，解决家中大额资金需求的主要方式。曲水村村民梅章成因需钱修房而加入上会，村民彭宁忠为日后子女婚嫁和教育入会。上会是以资金互助为目的的临时性组织，在村民看来，上会"相当于大家把谷子、钱拿出来，先一起借给一个人用，到时候慢慢还"②。

上会，简而言之，即在每年规定的时间，由一户作为收会者，其他参会者每户都要在每年收割完谷子之后，将规定数量的稻米（或钱）送到收会者的家里。并以此方式，每个成员轮流成为收会者。据彭宁忠介绍，当地请会上谷（钱）的周期分为半年和一年，其中一年的居多。每轮次具体哪一天由轮到收会的人确定，且一般在上次收会集合那天说好，到规定时间，其他成员就得按约定交谷（钱）过去。具体时间上，上谷会在

---

① 来自宋贵清老人的访谈。
② 来自彭宁忠老人的访谈。

每年稻谷收割完，且晾晒好的 9 月份。上钱会则常在每年年中的 6 月份，因为下半年红白喜事比较多，提前上会可方便大家使用。在请会顺序上，一般召集人有优先请会的资格，其他人则按照抽签所抽到的顺序排列，或是采取摇骰子的方式，按照所摇到的点数大小依次确定先后顺序。要是遇到某位成员当年急需，则可由其自行与当年收会者协商，得到同意后，两人便可以相互交换顺序，而后提前通知交谷（钱）的其他人，其他人的顺序则不变动。另外，彭宁忠强调，要是该农户在之前已做过收会人，此时大家则一般不愿跟其交换顺序。"大家都要谷子（钱），跟他换就要再轮一圈，10 户就要 5 年、10 年，时间太长了。谁也不愿意换。"

　　共同组会解决资金问题者多为邻近保甲的亲友、邻里。上会一般由一人先提出号召，一般当年或者这几年需要钱、粮的人会主动找人商量，"我们一起上个会，每年交 X 斤谷子（或 X 钱），你来不来"。下图彭宁忠一家参与的上谷会，由 9 户农户组成，其中 4 户与彭宁忠家为邻里关系，另外 2 户彭氏分别为其大伯和叔叔，董宗秀为其表妹。黄育成与陈玉昌为姻亲关系，叶绪清与叶绪强为兄弟。亲人、朋友和邻里是合作办会的主要人员选择。"以前的人今天还在这租田种，明天就去其他村了，万一拿着钱偷偷跑了，找都找不到。亲戚朋友都是可以相信的，不会水（失信）。"以自愿参与为原则，优先考虑亲戚朋友，再考虑邻里，并非彭宁忠所在上谷会的特殊情况，而是传统时期村民普遍遵循的原则，见图 4—3。

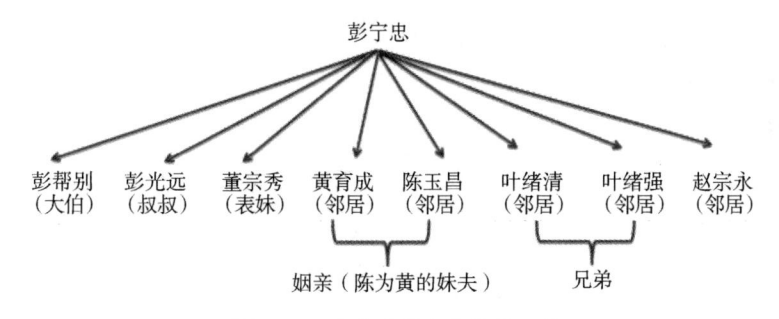

图 4—3　上会成员之间的关系①

　　因上会组织的成员除邻里之外，还包括亲戚、朋友，因此上会组织成员不一定同在保内或村内，跨村跨保的情况十分普遍。但在数量上，多在

---

① 来自彭宁忠老人的访谈。

十户左右，人数不会过多。因为上会按照按人轮流"请会"，先将资金交给一人的方式集资，一般成员越多，所能集到的资金金额越高，但是相应的轮流时间越长，对于排序到后面的农户而言，面临前人失信不上会的风险过大。

（三）丐帮乞讨

丐帮是特殊的群体组织，为了生存，组织起来，形成集体性自我保护。曲水村的连封桥为桥房结构，即在桥的主体之上加盖了如房屋一样的顶盖，可遮阳避雨，成为乞丐乞讨和夜宿之地。这些乞丐不仅有曲水村村民，还包括附近村庄，以及桥所连彭县的乞丐们。他们白天到处乞讨，晚上住宿在村内的连封大桥上下。且常二三十个乞丐聚集在一起，其中一人为"乞丐头"。遇到某家红白喜事置办酒席，乞丐们便相互通知，乞丐头带着乞丐们一起到主家门口，大声说几句祝贺的话语，当作"送礼"，而后向主家讨取食物。一两个乞丐讨食之时，有些主家不愿给，便会打发出去，但是面对人数众多的乞丐，主家常怕其闹事，而不敢怠慢，乞丐们便能在主家大吃一顿。

四　文化习俗中的联结合作

（一）舞灯班子

舞灯是当地庆贺新年的活动仪式，对大多数村民而言，属于观赏性和求吉利的娱乐活动，同时也是部分村民娱乐之余挣钱的方式。因而，具有共同爱好的村民聚集在一起组成舞灯班子，并推选出一人或数人作为组织领导者。

曲水村内的舞灯属于民间自发性娱乐活动，组织者也非保甲长。在每年腊月之前，组织成员共同用纸张、竹子等制作狮子、龙、猴子等各种动物形象的灯。到过年期间的夜里，从放置舞灯工具的组织成员家开始，随着吹打声舞动到达农户家门口时，舞灯者在其门口停留，屋内人则要打开门来迎接其到院内舞灯，灯头直接向主人拜个礼，说声"恭喜发财"，旁边围观的村民常会接话"红包拿来"，主家则都要给灯头封个红包，以讨得喜庆与吉利。舞灯者不会直奔有权势的保甲长家，或刻意首选富裕者，但是会优先考虑经过权贵者家的路线。且凡是经过权贵者家门必然要停下求赏钱，极度贫困的家户则会直接略过。另外，因为舞灯者除娱乐之外，更多地是以此挣钱，因而路线尽可能地将村庄所有家户都规划进去。当舞灯者到门口之时，一般农户均会开门迎接。一是因为旧时村民认为此能带来吉利；二是红包的金额可以自己决定，而不开门则显得吝啬，其他人常会以"狗的人，舞灯都关门"来笑话他，这是有损面子之事。为避开舞灯之人，不想出此钱者，只能早早把灯熄灭，装作家人已经休息，或是无人在家。舞灯之人也一般不会去关灯者家求赏。

（二）土地庙中打秧苗醮

神灵信仰也可能与农民的生产生活密切相关。在曲水村，打"秧苗醮"便是一场以信缘为纽带的联结活动。在没有农药的传统社会，秧苗生长过程中常遭虫患，为此人们组织起来，在每年五月初五前后请道士"打秧苗"，以祈求掌管土地和作物生长的土地神保佑秧苗不受虫害，健康生长。

传统时期，举办打秧苗醮以防治虫害在整个高宁乡十分普遍，并在组织单位上形成两种形式。一是以土地庙为中心，附近田地的村民自动聚集起来，举办秧苗醮活动。人们认为，一个土地庙的土地神只能保护一定范围的土地，范围外的农户上香祭拜也无效果，因而在这有效范围内的农户共同打醮，而范围外的农户则不参与。二是以保为单位举办。曲水村村内有多个土地庙，但是并不完全以土地庙为中心划分区域开展打醮活动，而是以保为单位，在保内最大的土地庙举办，并由保长担任该活动的组织者。保甲长在此活动中积极参与的原因在于，收取税费为保甲长主要的工作任务之一，而税费能否按时按量收取，取决于农户农作生产的收成。为减少日后收税困难，保、甲也期望保民有好的收成。同理，保内所有农户均有机会参与秧苗醮，按自愿原则，只要按时缴纳活动参与费即可参加。村民张开秀介绍，一般情况下从事农业生产的农户全部会参与，因为"（参与）只要出旗子钱，不贵。而且这都是好事，以前大家都相信"。不自耕而以收租为业的地主，在大部分情况下也会参加秧苗醮，因为他们也希望自己的土地能够丰收，以保障能有效收到租。于是，在每年五月初，曲水村的甲长们便会通知农户打醮时间及收费标准，并筹集资金。之后，组织人员统一购买黄、红、白、蓝、绿五个颜色的纸张和小木棍，并请人做成三角形的五色旗；购置米、菜、原料等，作为中午聚餐材料；买好香、纸、鞭炮、蜡烛，请好道士。

到定好的吉日，由道士先为土地神烧香点蜡做祭拜、念经作法，为旗子"打西风"。道士做完法之后，将旗子交给保长，保长按照之前登记情况统一分发给甲长，每个甲的农户再按照交的钱到甲长那里领取相应数量的旗子。由于打秧苗醮的重要性，在道士打醮之时，曲水村家家户户均会到场观看，大部分种地的农户还会自行带上香、纸，在道士做完法之后，给土地神上香祭拜。只有遇到要事无法参加，村民才会请邻居帮忙领取旗子。另外，为保障农户旗子数量供给，在准备之时一般会多做一些旗子。多出来的旗子，部分由村民以购买的方式获得，剩下部分则由保甲长处置。领到旗子之后，农户便立刻赶回自家的田里，争赶着把旗子插到自家田地的中央，怕慢了土地神会优先保佑其他人的田地。

（三）同乡会

因历史之故，新繁县大多数居民的先祖是在明清之时从湖北、湖南、江西、广东、陕西等外省迁徙而来。为联络乡谊，免受当地人及他省人的排挤与打压，旅居异地的同省之人相继以县为单位建立会馆，供奉祭拜神灵。这样以神明信仰为名义，将同省移入新繁境内的人们结合起来的会馆便成为同省移民者的地缘信仰活动中心。在民国末年，新繁县内共有4座会馆，湖广两地移民共建一座会馆，福建、江西、陕西三省移民各有一座。从祭祀的对象来看，湖广馆、福建馆、江西馆、陕西馆分别为蜀王、天后、许真君、三元君。

会馆建设以及活动组织的资金最初来源于同省移民的集资和捐赠，且各个会馆集资置办会产作为每年神会的费用。每年神会活动是同省移民定期的聚会活动，所有同省移入新繁或是本省其他县市的同省移民均可参加，外省移民则不在参与之列。但因同省地缘而形成的信仰在民国末期对曲水村村民的影响甚小，农户对会馆活动的参与不足，甚至从不参与。从原因来看，大致有两点。一是曲水村村民大多数只知其先祖在湖广填四川之时或是更早从外省迁入四川，但具体从何省而来并不清楚，无法判定其所属会馆。二是地缘信仰的共有经济基础瓦解。在民国时期，会馆的会产被政府强制管理，会田被政府侵占，会馆也被挪作他用。其中，江西馆作为新繁女子小学，湖广馆作为新繁县商会办公用地，福建馆和陕西馆成为粮食买卖大市场和扯谎坝①（较场口），见表4—3。

表4—3　　　　　　　　　新繁县场镇上的会馆

会馆名	祭祀对象
湖广馆	禹王
福建馆	天后
江西馆	许真君
陕西馆	三元君

第三节　小农生活中的横向治理

在传统时期，曲水村村民日常生活中的联结互动所形成的治理形态，从其内在运行的机制来看，包括长期互惠型的横向治理，以及基于乡土礼俗的横向治理。

一　基于长期互惠的横向治理

小农生活性的横向治理所解决的是村民日常生活中的事务，这些事务类型多样、有大有小，但合作互助是小农长期性的生活需求。为此，在生活中形成的是一种长期互惠的横向治理。

（一）"你来我往"的互惠治理

不同于经济生产上互助的帮工者们在合作之前分配好利益并直接获得相应的回报，在临时、松散的生活事务中，互助是作为一种人情先储存，获得帮助的一方欠下帮忙者一个人情，当日后对方需要时提供相应的帮助。曲水村村民在请人帮忙之时，也常常会说，"这次你先帮帮我，下次我帮你"。就算是对方没有言语上直白地表态，双方心里也各自清楚，"今天我帮你忙，明天你也得帮我忙"。

在曲水村，红白喜事相帮的长久维持和广泛参与便是依靠两方面的

---

① 抗日战争时期，国民政府迁往重庆，日军常派飞机轰炸成都。轰炸之后的无主空地，警察不管，政府不理，逐渐成为三教九流的聚集之地，好坏邪恶、真真假假，哄哄骗骗都在这些空坝坝里大显神通。当地将之称为"扯谎坝"。

"礼尚往来"。一方面，请相帮是村民之间的劳力帮忙行为，遵循着"你来我往"的原则。即当农户 A 为农户 B 家做相帮，那么当农户 B 置办红白喜事之时，农户 A 需进行帮忙，而且自己心里对其他成员的行为也有个"账本"。如在白喜事上农户 A 办丧 6 天，农户 B 只有 1 个人来帮忙，那么之后农户 B 办丧 3 天，那么农户 A 一般会自觉地出 2 个人帮忙。另一方面，请相帮发生在红白喜事之时，送礼是当地人情往来的惯行，作为相帮者的亲戚、邻里、朋友等都要为主家送上一份贺礼。后期相帮者置办红白喜事，则原先的主家与之身份相互置换，原先的主家变为相帮者提供免费帮忙，同时也须带上礼金或是礼品。而若是对方一次或是长期不回礼，或是所回的礼物或礼金量相较于所送之礼过少，那么另一方则因此不愿再与其进行人情往来，也不会再愿意与之相帮。

也就是说，维系着这一治理惯行的是村民的自律，以及相互之间长期的生活往来。当往来关系断裂，联结自然也破裂。曲水村村民与他人交往关系断裂的主要原因有两方面。客观上，一般源于居住地的变动，因相互之间空间距离过远，而导致交往直接中断或是自然而然地慢慢减少。如欧华明一家从距离村庄 60 公里的什邡市迁入曲水村后，与原居住地的邻里、朋友，包括一些亲戚几乎不再往来。主观上，则多由日常生产、生活上的矛盾纠纷所导致。此类情况下，矛盾纠纷小者常在一段时间之后，会继续恢复往来，而严重者则从此再也不相往来。如近亲是曲水村村民日常帮工、红白喜事、节日往来等生活中最为重要的对象，但胡英①在与其大伯之间发生争执而不再往来，更不会相互帮忙。胡英为独女，出嫁时父亲已经去世，母亲随其一起搬到其丈夫家中居住，原来的宅基地则转卖给大伯。数年过后，母亲去世，胡英想将母亲安葬在旧宅林盘父亲墓中。而其大伯认为坟墓本身为不吉利之物，同时要占用家中林盘地，于是拒绝其请求。两家因此事多次争吵，导致关系的破裂，以及生活联结的断裂。可以看出，在生活性事务中，当地所形成的临时、分散的横向治理，核心是长期的往来式互惠，受到相互间日常往来关系的直接影响。

（二）权责对等的互惠治理

不同于临时性形成的联结治理，在组织化的生活性横向联结中，村民

---

① 基于村民隐私保护，以及村民要求，此为化名。

之间的长期互惠是明确的、有组织性的，要求权利与义务对等，并主要体现在参与权利、义务以及费用之上。

1. 身份平等、权利均等、义务同等。在组织中的每个成员，不存在身份差异，并且均等地享有同等的权利，同时需要履行同等的义务。如参与龙杆会的成员，无论是会头、地主、乡绅、保长还是普通农户在组织中的身份地位是平等的，享受权利的同时必须履行规定的义务。成员的权利为家中办丧之时，组织需帮忙置办丧事，并安排人员抬丧。这一成员权利以家户为单位，不会随着该农户劳动力变化（家中青壮年去世）而失去成员资格，而且只要该农户还是组织的成员，其家中有人去世需办丧，那么其他成员就均有义务帮忙抬丧。在享受权利的同时，成员必须执行组织所安排的合理事务。尤其在成员家办丧之时，以家户为单位每个组织成员都必须出人参与组织的抬丧活动，包括富裕、有权势的成员。但富裕的地主一般不会地主本人亲自抬丧，而是让花钱聘请来的长工，或是专门为此雇人代替。如果成员经常故意躲避抬丧，便会被强制退会，但这种情况极少发生。另外，组织成员的权利和义务在事务数量上并不是均等，而是权利机会平等、义务对等。如当办丧者为成员农户 A，此时为家中第三次办丧，而成员农户 B 还未进行过丧葬活动，且家中仅有一位老人，其他均为中青年，农户 B 还是必须履行抬丧的义务。在具体的义务履行中，一般组织要求参会的农户每户必须出工 1 个男壮丁，作为抬棺者，且成员家庭中其他劳动力一般也要帮忙做事，但此非必须。

在曲水村，抬丧义务履行主要有以下两种方式。一是成员人数较多的组织，对成员进行分组，按照组别依次轮流承担抬丧义务。二是成员人数较少的组织，则常以抽签的方式确定好每位成员抬丧的顺序，按照顺序每次依次轮流安排。另外，只有遇到特殊情况，比如已经出远门不在家，在死者去世之前已经答应好别人要做工，娘家有事必须出席等，该农户的男丁才可不帮忙抬丧，且需得到会头的同意。但该成员家中其他在家的家人则需帮主家做饭、招待客人等。在曲水村，面对此情况大多数龙杆会组织采取互换方式来解决，即由农户 B 代替请假的农户 A 抬方，之后轮到农户 B 抬方之时，由农户 A 来履行。

在上会中亦是遵循以上原则，作为成员，不管是召集人、最初入会者还是新入会者均平等地享有请会的权利，而且权利的大小同等无差异。同样，成员要履行同等的义务，即按时按量向收会者交上粮食或是钱。若是请会当日有事，而无法及时交会，该农户需提前告知收会人，并与之商议好补交的时间。若是成员提出缓交，则也需其亲自与收会人商议并得到收会人同意，缓交的时间短也不会超过当年，一般需在当年年内交清。而少交，成员则不会同意。"这都是规定，不能随便水的（毁约），自己想办法，找别人借也要给人家。"① 当地以"轮流请会"的方式让每位成员享受权利。即在组织成立之初便召开集体会议，所有成员共同商议上谷（钱）的数量、上会的顺序、上会的流程等。之后有人提出增减，则需再次召开集体会议，且需全体成员同意才可以更改。前者已经上过会的农户，则根据成员增减数量，或是补收或是退还。同时，为确保每个成员的权利享受，以及义务的履行，当地上会组织还有一套有效的监督机制。即每个上会均会有一个记账本，专门记录每年收会的具体情况。包括收会人、收会时间、地点、交会人名单和交会数量。账本轮流管，当年谁收会便由谁来管理，一直到下一次收会，并由下次当轮的收会人提前数天亲自领取。而且收会人在当天中午必须摆上肉、酒来招待交谷（钱）的人。一是当成员之间居住地相隔较远，往来一趟常需大半日或一整日，此时作为收会人理应为上谷（钱）提供午饭。二是上会当日成员聚在一起，可以相互作为人证，以备日后口说无凭，出现矛盾。当出现有人不遵守规定履行义务，若是其还未曾收会，集体商议之后，可强制要求其退会，并不会将其之前所交钱粮退回；若是其曾作为收会人享受了权利，那么其他成员便会集体上门讨回之前给他上的钱或粮。

舞灯活动和打秧苗醮活动相对简单，但亦是如此。舞灯队的成员平等享受舞灯的乐趣和受益，但必须参与灯的制作、参与舞灯活动。参与打秧苗醮的村民享有领取旗帜的权利，但需先交齐相应的活动费用。

2. 收支对等。在生活性事务的联结治理中，互惠还体现在收支对等上，此时的互惠是对治理结果共赢的要求。龙杆会组织内部公共事务的费用由成员平均摊派，集体收益则由出工成员均分。具体来看，龙杆会活动需要支付的费用就是抬棺所要用到的两根龙杆、四五块板子、几根绳子等

---

① 来自彭宁忠老人的访谈。

工具的消费。其中最贵的龙杆是抬方子必需且最为重要的工具，组织之名也正是源于此。龙杆费的支付方式有两种。一种是参与者一起到山里偷大木头，然后自己加工。而且，在当地偷木头做龙杆不同于其他偷窃行为小心翼翼，龙杆会在砍下木头时，在旁点一个炮，以表示这棵树被偷去做龙杆了。而被偷树木的主人知晓之后，往往也不会找龙杆会索要赔偿。此背后的原因在于"他家以后也要用"①。这也侧面表明，在传统时期抬丧对于当地所有农户的重要性以及互惠性。另一种是按户集资到市场上购买，所需资金由龙杆会成员平均分摊。购买板子和绳子的费用，同样成员均摊。除组织内成员之间相互义务抬丧外，龙杆会成员也可为非会员收费办丧，并由参加办丧的会员平分，没有出工的人则不参与分钱。同时，此时丧家使用了龙杆、绳子、板子这些工具，主家则还得再单独给会头一个红包，作为工具损耗费，由管理工具的会头个人使用。

舞灯在当地即是一种文娱活动，对于组织成员而言，也是一种市场性活动。活动的费用，主要在灯的制作，此由加入舞灯的人平均分摊。作为市场活动，其所有的收入由成员平均分配。如果之前成本费用已经平摊到各个成员，则总收入按参与者人数平分；如果有人没交，那么需先扣除这部分资金，而后再均分。

打秧苗醮活动则仅是曲水村村民的一种基于信仰的活动，不存在市场性收益，但因需制作旗子、请道士作法以及聚餐而涉及费用支出，这些资金全部由参与秧苗醮的农户承担。而且请道士作法和制作旗子的费用由组织活动的保甲长统一计算，并"按照家中田亩的块数计算。一块田地一个旗子，因为一块田不管面积大还是小，在中间插上一张就有效。田多的多交、田少的少交；旗子多的多交，旗子少的少交"②。当然，旗子数量并不以田块数量为限，农户可以按照自己的意愿，每块田地多要一些旗子，但交费自然随之增长，即收费主要以旗子数量为计量单位。最后，按照每户农户所交费用分发对应数量的旗子。在聚餐上，费用实行"吃饭的多交、不吃少交"，即按每户参与聚餐的人数缴费。

---

① 来自黄大文老人的访谈。
② 来自黄大文老人的访谈。

总而言之，传统小农日常生活中大小事务的联结和治理源于互助需求，而非市场经济同等、同样的需求，其有效运行基于长期互惠，建立在长期互动关系基础上，依赖于村民的自觉性。这也是该类型横向治理往往出现在关系亲密的亲戚、朋友，相互熟悉的邻里之间的内在原因。

二 基于乡土环境的横向治理

在西方文化环境中，人们以个人为中心，人与人之间建立起的联结关系是理性算计的、相互独立、可选择的，因而以契约精神为核心价值观。中国传统小农以长期互惠为联结基础，互惠是典型的道德原则，不是完全"以个人为中心"，而是"以环境为中心"①。因为，传统中国农村社会中的农民，作为"经济人"，其通过自给自足的农耕生产和市场交易，具有较强的独立人格，但其无法独立于其所处环境生活，需要融入当地社会，成为当地所认可"社会人"。为此，为获得互惠联结的认可资格，人们的一言一行受到当地环境的影响，形成了一些特殊的治理方式。

（一）基于社会舆论的茶馆"讲礼信"

"讲礼信就是讲哪个有礼、哪个没有礼，让大家来评个理。"② 这是传统时期曲水村调解纠纷的一种有效方式。采取此方式之时，冲突者会主动将地点选择在人群多的地方，让群众为自己评理、做证。一般会以茶馆为主。一是茶馆是当地人群聚集的重要场所；二是当地讲礼信一般是边喝茶边调解；三是茶馆为开放的公共场所，在公众的密切注意下，调解者必须尽量做到公平公正，否则有损其名誉。

"大家评理"的方式则包括邀请中间人调解，以及直接让公共场所中所有在场的群众评理两种方式。直接由大众讲理，常是在冲突中没有得到其所预期结果，且认为自己为有理的一方主动到村民集中的茶馆、幺店子中，与茶馆中喝茶的众人，不管是熟人还是陌生人，细说此事的缘由与发展，其目的是希望破坏对方名声，同时得到大众的支持，由群众为其指责对方的不是，最终使对方认错。此时，被指责方，如果对于群众的批评完

---

① 费孝通：《乡土中国》，北京出版社2009年版，第109页。
② 来自宋贵清老人的访谈。

全置之不理，则易导致人们与其疏远而不往来。茶馆"讲礼信"则是正式请一个人或是数人来作中间人进行对错断定。同亲族中的长者、有权势地位的保长和乡绅是主要人选。当专门请人作评理人之时，当地采取"谁请的人就谁出茶钱，双方请的人那就是两个人平摊，自己的茶钱则是各自付各自"的原则。被邀请的讲礼信者作为评判者、处理者，不仅可以评论双方的对错，还可以对矛盾事件作出处理，纠纷双方则均要听从。因为在作出请人"讲礼信"选择之时，就意味着同意赋予中间人该权力，间接承诺认可一切处理结果，如果不按此执行，则是一种背信弃义的行为。而对中间人而言，这是对其不敬重，而恰恰一般中间人为当地权威人物或是家族中有威信的长者，农民不敢轻易得罪。

对于"讲礼信"，国家不参与也不禁止，采取不干涉的态度。茶馆"讲礼信"不需要政府官员或是保甲长的介入，民间社会成员之间自我能够有效将冲突予以解决。茶馆礼信成为当地有效的民间调解方式之一，也说明社会评论在冲突解决中的调解作用，显示了传统时期民间社会进行社会自我调节的可能。

（二）基于宗教文化的信缘治理

传统时期曲水村村民普遍信仰神灵，宗教文化盛行。而在佛教、道教、基督教等宗教中以"人有来世，善恶有报"观念约束信徒的行为，同时均以"行善积德"为教条教育信徒，推行善事。

其中，作为宗教文化的传播者——僧尼、道士以直接或是间接的方式对村民进行救助。但受限于本身的经济基础，曲水村村内及附近村落的小型庙宇"只济穷不帮难"，实行有限的选择性救助。因而当乞丐到寺庙中来乞讨之时，寺庙会施以米饭，并暂时为其提供住宿。而若是村内村民因洪水或是火灾导致无处居住，则寺庙一般不会为之提供救济。对此，宋贵清表示："乞丐跟村民是两码事，因为乞丐跟他一样，都是吃百家饭的。"当然，村外大型庙宇的社会救济功能类型更加丰富，涉及人员更广，救济能力更强，常在灾荒期间以及年前开展施药、施米、施茶等救济活动。除直接的救助之外，曲水村村内寺庙还通过庙田的出租对信徒提供一定帮助。曲水村村内花药寺约有30多亩耕地，邻村红道寺和三道庵寺庙相对小，分别为7亩和2亩1分。这些庙田除少数为寺庙和尚、道士自耕，大部分出租给他人。此时常参与寺庙吃斋活动的信徒往往具有一定优先权。

在吃斋的时候，僧尼会先通知吃斋饭的信徒，信徒有租耕意愿则可以先谈，因而比其他的人租种到田地的可能性大。其中红道寺曾出租给了其信徒王吉元，三道庵的田地曾被信徒何永康承租，租金分别为25石5斗和3石3斗。从租金价格上来看，其与当地田地市场租种价格大抵一致，并未因租种者为寺庙的信徒而减少租金。但对于传统以农为业的小农而言，土地是家庭经济之基。且当地人多地少，租地并不简单，庙田的承租对于信徒而言，也是一种福利与救助。

另外，在宗教文化的熏陶和影响下，信徒以之规范自己的行为，不为恶人做恶事，也有人积极响应"与人为善，积善得福"，对穷者进行救济。该行为在当地被称为"赏贫"，即将钱粮赏赐于穷人。开展赏贫活动者为经济条件富裕，且有善心的"好心人"。如康茂之，为曲水村的富裕中农，也是高宁乡的乡代表，每年年底均会拿出数斗米来做赏贫活动。此行为以"赏贫"为名，而非"救贫"或是"济贫"，在于实行赏贫的人，对穷人施以钱粮的行为逻辑并非单纯社会救济，而更多的是将自己少量的财产拿出来做义施，获取社会名声，为家庭积累福气。因而对穷人而言，更多的是富人给予的赏赐，而不是单纯的救济。但无论出发点如何，赏贫对贫困人们来说是一种救济与保护。赏贫本意所救济的对象为贫困者，但在实际活动中，只要愿意均可以去领取钱粮，且对于领取者并无地域上的限制。但一般只有处于"吃不上饭、揭不起锅"处境的人才会去领取。经济状况不差的人去领取赏贫的物品，会被指责和笑话，因而基本不存在非穷人参加的情况。如曲水村村民郑世诚一家3口人，无自耕地，同时由于父亲身体问题租不到田地，只能以做零工、天工为生，家境十分贫寒，年底赏贫均会去领取米粮。每年一到年底，大多穷困的人便开始往街镇上打探，或是到各村向地主、富农的邻里询问。当穷人获得赏贫消息之后，一般不会相互通知，因为知晓消息的人越多，参与的人就越多，自己能拿到的可能性就越小。而当穷者的亲戚、邻里、朋友先获得消息，且自己不领赏，则会告知。在赏贫义施过程中，则不分村内村外，不分远近，不分关系亲疏，而是按照"谁先来谁先领取"的原则领取物品。因为若非如此，开展领赏者会被他人质疑为不公，反而影响形象，违背其树立好名声的初衷。

在传统时期的曲水村，人们基于乡土环境形成了多样的社会横向治理。正如费正清先生所指出,中国农民在这样困苦的的生活条件下能够维持一种高度文明的生活,其答案在于中国乡土社会的环境。① 传统社会中农民行为关系的调节依赖社会规范或惯例,"习惯法即村民们在劳动和生活中达成的一种默契或共识,是一种公认的行为规范或惯例"②。

第四节 小结

根据中国传统小农生存行为,美国学者裴宜理将农民的生存策略划分为通常的治家策略、侵略性策略、掠夺性策略以及防卫性策略四大类。③ 传统时期的曲水村村民正是运用这四种策略来维持生存,并应对生活中的困难。尤其是控制家庭人口及构成、向人借款以及迁居另谋生路的治家策略广泛体现于曲水村村民的日常生活中。可以说,传统时期,曲水村村民为维持生存产生了丰富的社会联结,这些联结的范围不仅是在村落内部,也扩展到村落外。同时曲水村村民的生活性联结显示,不仅有亲戚之间、邻里之间以家户为单的个人化互助行为,而且发展为包括龙杆会、上会等在内的组织化的合作行为。且这些联结不仅限于血亲关系的家族联结,非血缘关系的农民个体之间的联结也十分丰富。

"寻求生存的农民需处处和环境周旋,文化是适应其处境的办法。"④ 在曲水村,坐茶馆、摆龙门阵、舞灯、打牌等非宗族性的社会文化活动是农民社会联结形成的重要载体,是村民融入当地社会,与社会发生互动的重要路径。同时,这种联结也深刻影响和决定着人们的日常生活。如当地

---

① [美]费正清:《美国与中国》,张理京译,世界知识出版社1999年,第21页。

② [美]杜赞奇:《文化、权力与国家:1900—1942年的华北农村》,王福明译,江苏人民出版社2004年版,第148页。

③ 参阅[美]裴宜理《华北的叛乱者与革命者1845—1945》,池子华、刘平译,商务印书馆2007年版。裴宜理通过对华北农民的观察,将农民生存策略分为四大类:一是通常的治家策略:控制家庭人口及构成、向人借款以及迁居另谋生路;二是侵略性策略,争斗资源、进攻富裕者等;三是掠夺性策略包括走私、盗匪活动以及仇杀、械斗;四是防卫性策略,为被攻击者采取的应战措施,主要包括创设乡村团体、组织看青会和连庄会联防,兴建防御堡垒等。

④ 费孝通:《文化与文化自觉》,群言出版社2008年版,第6页。

茶馆摆龙门阵的文化环境，产生了茶馆"讲礼信"的纠纷治理方式；"与人为善"的宗教信条，使信徒自我行为约束、赏贫济贫，形成社会自我调节方式和行为规范。正如梁漱溟先生对传统中国的定义，伦理本位是社会运行的机制，这些组织与治理观念仍依赖传统文化中的伦理情谊，"夫妇、朋友，乃至一切相与之人，莫不自然互有应尽之义"[①]。

[①]《梁漱溟全集》第5卷，山东人民出版社1990年版，第370页。

第五章 传统小农的公共性横向联结与治理

公共性问题产生于人们对社会一些问题的解决存在着共同的需求，缘起于人类的生存和发展需要。经典理论认为，分散的小农无法团结起来自主解决，只能依靠强有力的国家来实现，因而"公共工程是中央政府的事情"①。基于国家产生的原因，同时为了巩固其自身的统治，国家也不能不去解决这些公共性问题，从而显示其公共性。但正如吉登斯所述："在民族—国家产生以前，国家机构的行政力量很少能与业已划定的疆界保持一致。"② 即使传统中国为集权国家，但在远离政权中心的广大农村地区，国家能力是极其有限的，国家的统治和服务并非无差别的覆盖于全国。在传统农村，公共性事务的解决更多依赖于小农之间的社会合作。

第一节 公共设施建设中的联结形态

基础设施是人们生存和发展的重要物质条件，是保障社会经济活动正常进行的物质工程。对于传统时期的曲水村村民而言，水利设施是保障农田有效灌溉以实现作物生长的重要设施，道路、桥梁则为村民日常出行所需。具有共同公共设施需求的曲水村村民在不同地域范围内，形成不同的联结状态。

---

① 《马克思恩格斯全集》第28卷，人民出版社1973年版，第271页。
② ［英］安东尼·吉登斯：《民族—国家与暴力》，胡宗泽、赵力涛译、王铭铭校，生活·读书·新知三联书店1998年版，第141页。

一 水利设施建设的层级式联结

因地理地势等因素影响，一方面农田用水必须在各层级水流流道上修建相应的水利工程，通过大堰套小堰，小堰分沟渠，大堰取水—小堰分水—沟渠输水，三种等级的水利工程设施各自分工，环环相连，才能将自然水网变为农业灌溉水。另一方面，位于亚热带湿润气候区的曲水村，降水丰富，降雨集中引发的洪涝也是曲水村民生产、生活的隐患和灾难。为此，修建和维护水利设施是曲水村每位村民所需。而大堰—小堰—沟渠是一个系统性层层嵌套的水利设施网，其建设和维护需大量资金、劳动力以及长期持续监管，尤其是跨村落的大型水利工程非单户或是数户所能完成。因此，曲水村民之间、与外村村民以不同的方式形成了丰富的、层级化的水利联结。

（一）跨村落合建取水大堰

大堰在整个水利网中承担源头取水的功能。都江堰是整个成都平原灌区的总堰，曲水村与之地理距离较远，无法直接参与其建设与管理，政府则每年向村民按田亩收取水费作为都江堰建设和维修的资金来源。嘉庆二十三年（1808），都江堰修缮，新繁水粮为144两银，54两银竹笼费；民国十一年（1922）新繁县摊派费用为2870元。[①] 与曲水村村民关系较为密切的则是流经曲水村的青白江河道上的拦水设施。发源于岷江的青白江大河，为沱江二级支流，属于大河。在青白江主河道上的水利自然也是大型设施，其中火烧堰、任家堰（沟）与常乐堰三座水利设施与曲水村紧密相关。作为从大江大河取水的水利设施，大堰的工程量十分庞大，其灌溉覆盖区域面积十分广泛。如常乐堰灌溉区涵盖新都区5个乡镇（高宁、清白、竹友、马家、新农），数十个村庄，灌溉面积达到29584亩（老亩）田地，下分小堰（沟）十七道，其中包括在曲水村村内的野鸡湾、高堰子以及毛沟河三个小堰沟。[②] 常乐堰是一个工程量巨大的跨村落水利设施。

魏特夫曾指出，传统东方社会国家治国需先治水。中国是一个农

[①] 四川省新都县志编撰委员会编：《新都县志》，四川人民出版社1994年版，第409页。
[②] 新都县水利电力局编：《新都县水利志》，新都印刷厂1990年版，第31页。

业国家，小到农民个体的生活，大到国家农业文明的创造都离不开水利设施的建设。大规模的水利建设需要投入大量劳动力，而小农天生具有分散性，为此"这大量的劳动力还必须进行协商赋予纪律和加以领导"①。因而，马克思提出，修建水利是"亚洲的一切政府都不能不执行的一种经济职能"②。火烧堰、任家堰（沟）与常乐堰的修建和维护在历史上也是当地政府的重要工作内容，即当地大型水利设施是由政府供给的公共物品。

但是在清朝末期，由于社会动荡，战争不断，当地政府受限于财政资源和管理能力，而将常乐堰的建设与管理的职责交由民间社会，"官办"转变为"民办"，并一直延续到1949年。大堰民办基本延续了政府官办的程序，保留了官府管理制——"堰长管理制"。但不再是政府安排人员当任，而是由该堰的灌溉农户自行选择所信任的、有能力者作为管理人管理。堰长管理制，即由堰长组织岁修、收取水费、分配和管理灌溉，普通用水农户则不需直接参与修缮的具体组织工作，也不需出工，只要按规定要求缴纳水费。

（二）片区耕者共建分水小堰

在将水引入沟渠之前，村民还需从河道中取水，而此时便需要修建小堰。村民因拦水小堰又形成不同水利圈，圈内农户从数户到二十户不等。每个小堰所能灌溉的田地相互连接，或是直接以田埂并行，或是小沟渠相连，形成一个灌溉片区，片区内的农民多为同村村民或是邻居村民。

小堰头修建相关事务中，最为主要的为第一年修建工作。即挖好堰口，并将编好笼兜放入堰口，以控制水量，来年只要将堰口内的淤泥进行清理、笼兜修缮加固。小堰修建的具体组织方式采取用水农户共用共建，即使用同一小堰灌溉的所有农户，一起在河道边地势相对较低处挖出一个数米宽的进水堰口，而后在笼兜里填满石头。在非灌溉之时，将之放入堰口，以拦住水直接进入田地，到需要用水的灌溉期间则再将笼兜取出。整

---

① [美]魏特夫：《东方专制主义——对于极权力量的比较研究》，中国社会科学出版社1989年版，第9页。

② 《马克思恩格斯选集》卷1，人民出版社2012年版，第851页。

体而言，小堰修建也属于小工程，在日常基本不需过多的或是特殊的管理和维护，只需在每年灌溉期之前集体修缮，完成之后一年内不再集体组织活动。虽每户农户灌溉田数量不等，但堰口挖建和修缮中所需的劳动力以户为单位等量出工，所用工具各家自带，请师傅编制笼兜的花费同样按户平摊。

（三）田邻共同挖建输水公沟

沟渠常常直接连接着农民的田地，是与农民利益最为直接相关的水利设施。在曲水村内沟渠众多，宽度从一米到五米不等，长度也有长有短。曲水村村民将这些沟渠分为"大公沟"和"小沟"。大公沟即数户农户灌溉进水所必需流经经过的公共沟渠，因而由共同使用的农户集体挖建和清理；小沟则指农户各自田地旁的沟渠，相较于大公沟其宽度要小许多，便以"大小"来命名区分。小沟渠若为单户农户A使用，则为农户A所有并独自挖建和管理。若是在小沟两边田地为农户A、B两户，则两户共用的那部分渠道，各自提供一半宽度的土地，且以中心为界，所有权各自一半；在日常清理上，则一般不会明确具体由谁来做，或是一定要求一起清理，而常常各自在田地做事的当日顺便将沟清理干净。

小沟渠建设田邻互助合作，小型沟堰建设同片片区田地耕种者相互联结，大型沟堰建设上则跨越了村落，将更为广泛的农民联合起来。基于对水利设施的共同需求，传统时期的曲水村村民与外界形成了不同层级、不同规模的水利关系圈，见表5—1。

表5—1　　　　　曲水村村民所处的水利网及其联结状况

水利层级	水利类型	管理方式	基本特征
第一层级	沟渠	民办民管	1. 规模小，一般为两三户农户。合作农户无同宗、同村、经济相当等限定，但既定为田地相邻者。因当地房随田建，田邻也常是房邻 2. 沟渠建设和管理事务十分简单，每年临时组织

续表

水利层级	水利类型	管理方式	基本特征
第二层级	小堰	民办民管	1. 中等规模，数户到二十户左右不等。合作农户无同宗、同村、经济相当等限定，为共同使用小堰的同一片区耕种的农户，相互之间田地相邻，多为同村村民 2. 集体建设活动是临时性的，未形成规范性组织
第三层级	大堰	官督民办转变为民办	1. 规模大，涉及上百户农户，地域上跨村落、乡镇，成员为灌区所有用水农户 2. 大堰的建设和管理为堰长管理制，其他农户不直接参与修建和管理，也不直接参与建设 3. 大堰的治理是规范的、有组织性的农民合作

二 公共道路修建中的层级式联结

位于成都经济走廊枢纽区的曲水村，两条官道从村庄经过，是曲水村出村的主要道路。官道的修建由当地政府组织，保长统筹，费用按户平摊，而且按户每家每户派工（男性全劳动力）一人，包括当官者、保长、地主、乡绅等权贵者。

除官道之外，曲水村村内还有大大小小其他类型的道路，或通往农田、院落，或是通往村外新繁、利济、太平场、马街等地。相比大路，这些泥路路面窄、弯道多，下雨天更是泥泞难行，交通不便。但这些曲水村村内或大或小的公用道路当地政府不予以修建和管理，也未曾要求保甲长组织集体修建，而为所需村民自发组织修建而成。

（一）田地间的公共道路，田邻共建

曲水村为平原地形，地势平坦，田地一块连着一块，连片分布。从居住地通往田地一般会建设一条较为宽敞的大道，方便人、牛、车等通行。这种田间道路在田地开荒之初便已形成，且都是泥路，容易出现坑洼，其管理主要为道路的修缮。为便于生产，修缮工作常在每年春耕之前。公共田间大道的修缮在曲水村无固定组织，常常是其中最为热心的耕种者先向周边田邻提出修路,而后一一传达,最后共同商议修缮时间、出工人数以及其他所有相关事项,或是部分田邻商议后相互传达。共同修缮工作中采取按户平均出工,集体从河中挖沙土的方式对坑洼之处进行填补。出工并无强制方式,不出工的农户也不会受到惩处,但是田邻会在言语上批评,甚至影响相互之间的关系。因而集体修缮大道之事,村民一般都会主动参加。

在单一田块与单一田块之间还存在着窄小的道路,是拦水而设置的田埂,也是田地间界线区分线。这些田埂在产权上为私人所有,私人管理。但作为道路使用上,不能随意限制他人通行是不成文的规定。且为确保方便人、耕牛、鸡公车的通行,原有田埂的宽度不能随意改小。若道路过窄而影响通行,村民,尤其是需从此处过往自家、田地者,可要求田埂所属者加宽。

(二) 居住区内的公共道路,邻近使用者共建

在曲水村村民居住地,单家独户门口的道路由每家每户自行修缮,其产权也属于小路所附属的田地主人。公共使用的路段则由居住在附近、从此道路通行的农户共同修建,产权属于集体。当重要道路修建占用土地之时,一般农户均要让地,因为"路是大家要走的,不是哪个个人的"。包括农户门口的小路,基本无法实现单家独户使用,作为附近居住和田地在附近的人往往不可避免会经过。因而修路需要占用土地之时,所占面积很少则一般不需补偿;占地面积较大,则采取以地换地或是直接买卖土地。而且因是公共道路,占地购买的费用由共同使用的村民均摊。修建之时,一般道路共用者按户出人,在约定时间共同出工。

三 跨县大桥修建中的联结

民国时期,高宁乡内有两条重要的公路,为四川省南北交通的要道。一条为经郫县—三道埝—马街—锦江河—连封桥—濛阳。另一条通往成都的路线为彭县观口经隆丰场—连封桥—锦江桥—邓家背桥—新郫桥—太和场—犀浦—成都。两条要道均要经过的连封桥便位于曲水村内。被百米多宽青白江相隔的曲水与彭州市,连封大桥是唯一通行之道。传统时期,当地大桥为桥房模式(下面为桥,桥上空搭建房盖,以保护桥身);桥房又

以木板搭建，时常需维护，每遇大洪水便会冲塌，几乎年年要大修。因其重要性及其工程量大，在历史上，作为交通要道的连封桥为国家所承办。但到民国时期，由于人力、财力以及战争等因素影响，连封桥陷入无人管理、破损无人修缮的困境中。最后，受影响最大的曲水村村民与连封桥桥头的另一个村庄共同合作，承担起连封桥的修建和管理，并一直延续到新中国成立初期。曲水村村民与外村之间在连封桥的联结合作中具有以下特点和运行规则。

（一）首事组织修建

连封桥合作治理者为桥头所在的两个村庄，并建立"首事"作为常设机构，执行管理事务。"首事"在曲水村既有民间自组织之意，又指组织中的领导者，是村落公共事务的主要治理主体。如龙杆会、相帮的领导者，水利管理的堰（沟）长，其他公共事务活动的组织者等均被曲水村村民称为"首事"。连封桥首事组织机构由6名首事组成，两个村庄各3个名额，并由桥两边村庄自行决定人选，包括选人的具体规则也各自制定，双方人员互不干涉。曲水村采取推选的方式，首事的选举权和被选举权为桥周边居住的本村村民所有，而非全保村民。当选为首事的人一般符合以下条件：有一定闲暇时间，具有组织大型工程的管理能力，公正清廉且村民普遍信任。因为担任首事属于"做好事"的行为，首事者有少量象征性的报酬，即每年桥梁维修期间三餐免费。除此之外，无其他特定的福利待遇。贫困者忙于生计难有闲时，同时"饭都吃不起的穷人，就会想去捞钱"[①]。大多村民对贫困者管理公产更不放心。曲水村首事一届任期为三年，即三年一次换任，对连任没有限制。

作为领导者的首事为连封桥相关的事务活动的管理者，普通村民选举首事、监督首事的桥务行为；在日常生活上，首事也为一般曲水村村民，并无特别之处。而因其为村民办事，保民较为尊敬他，且首事多为办事公道、有能力者，与之相近的邻里在发生矛盾纠纷时、需要中人作证时、家庭有难题时会请其帮忙，而住得远的保民则一般不会邀请他们。但与村内其他具有一定权力的保长、袍哥大爷相比，连封桥首事的社会地位和社会权威要低很多，在其他公共事务治理中无特殊的话语权，也仅是一名普通

---

① 来自宋贵清老人的访谈。

的农户，除非其本身为当地的乡绅。连封桥6位首事之间权力平等，没有权力大小之分，也没有具体的职责任务之分，不存在上下级关系，属于平等、平职的共事者。两村的首事之间保持着较为紧密的关系，因连封桥的治理合作，往来多以公务为主，但由此成为熟人，在日常生活中也有往来。而首事与对方村庄的其他村民之间，基本仅有少量公务往来，不存在其他事务或是生活上的往来联系。

（二）以村为联结单位和责任单位

连封桥的修建是两个村庄所有村民的集体事务，并成立了共同的组织——首事，但在运行中，除6位管理人员，两村其他村民之间基本不会因桥务而直接往来，而是以各自村庄为基本行为单位。

1. 修缮事务首事共议，事、费两村均担

修缮和维护连封桥是首事最为重要的事务，也是双方首事共同管理的首要事务。桥设施修缮和管理事务均由6位首事共同商议做出决策，并不需举行村民公议，也不需保甲长等他人同意。在桥的修缮活动中，首事主要为决策者和组织人的角色，将具体、细致的任务分配给合适的人。连封桥的具体治理所产生的所有费用以村为单位，两个村庄各自筹集、平均分摊。桥梁修建所需的大量劳动力，以请工方式解决。旧时，请工之时无招标方式，招聘也较少，一般为双方首事直接叫本村内空闲的全劳动力来做活路。考虑往来、吃住的方便性，又常以在桥附近居住的村民为主。同时，传统时期修桥、修路、建设水利设施等大型公共建设都认为是"做好事"，对此捐钱、捐物、捐工均是行善积德的行为，一些村民主动免费提供劳动力。如被村民称为"刘猛师"的木匠师，"技术好、做事快"而被请来修建连封桥，在工资结算之时，其免收桥上10间桥房的工钱，以作为"好事"。

在双方合修桥梁之时，为更为公开、公正地使用钱财，各自从本村村中挑选合适的人，管理桥梁修建期间所有的收支。一般管账之人，均是首事熟悉、十分信任的人。曲水村村民王志成的儿子曾担任过管账人，其在修桥期登记修桥师傅每日的做工数量，每天工人餐饮消费金额，并监督工人的具体施工工作。

除修缮工作之外，连封桥的日常管理主要是请人看桥，防止有人恶意破坏，以及及时清除障碍，保障桥路通畅。既为节省费用，同时为照顾穷者，在两村首事共同商议下，常常从两村内聘用年纪比较大、没有工资，且无力种田的年老者看桥。

2. 修桥公费各村首事分管，专人管账

桥公田属于桥两边村民各自的财产，因而在修缮集资时，各自管理，且具体的决策也由所选出来的本村首事商议讨论，并实行多数通过的方式。桥修缮和维护的资金来源于村民集资、政府划拨、捐款、桥公田的经营以及桥经营等。其中，桥公田是曲水村连封桥修建和维护最为重要的资金来源保障。曲水村连封桥的公田共三十多亩，其来源包括村民筹资自购田、充公田以及庙宇田。具体看来，桥公田地和购置资金的来源有以下四种情况。一是村民集资。居住在桥两边的村民以户为单位集资。二是桥费收取。桥梁修缮为周边村民承担，而过桥者不仅仅是两村村民，故而对其他过桥者会收取一定的费用，作为两村修桥公共资金。"走路的免费，抬轿、坐车的交钱"[①] 是连封桥过路收取的基本原则。即步行过桥者免过桥费，坐车子、轿子者则要交过桥费，但要是车上、轿子上所坐之人为袍哥大爷、保长、副保长、保队副、当官者等有钱有势力之人则可免费通行。"摆摊收费，桥路子[②]免费" 是收取连封桥占用费的基本原则。在连封桥上，不分村落，所有人可摆摊做生意，但因摆摊需长时间逗留，因而不论是步行还是推车而来，均要缴纳摆摊费。连封桥为"桥房"结构，即下为桥，上为房屋屋顶，成为当地附近不少"桥路子"的栖身之地。只要桥路子不破坏桥，也不影响通行，看桥者就不会对其进行驱赶，可以免费使用。三是捐资而来的桥公钱。包括社会捐款以及政府捐赠。其中，政府捐赠主要为充公的钱财，包括保内死绝之人办丧之后所剩余的财产，存在争执的田地，政府直接充公作为桥公田。曲水村内曾也发生过一起田地纠纷，因双方均拿不出明确的证据证明该土地所有权权属，政府无法断定。于是其中一方提出"大家都不要了，捐给桥公田"，政府也以此为判，最后作为连封桥的桥公田处理。四是政府划拨的庙产田。在民国后期，政府对庙产进行清点以及管理，将连封桥附近花药寺的庙田与桥公田合并，并交由桥首事，作为寺庙与桥的公产一起管理与使用。

---

① 来自宋贵清老人的访谈。
② 旧时，当地将无房居住而住在桥上、桥底的乞丐、穷人统称为"桥路子"。

村内桥公田出租对象由曲水村首事决定。先是由有租种意向者提出，再由本村3位首事共同商议，并决定租种对象。桥公田不以公益为主，且大桥年年需要大量的资金进行修缮，因而首先要保障租金能有效收到，而不是基于公益优先照顾穷人、无地的人，也不能因为关系好优先给首事的亲戚朋友。"自己有点田地、有牛的、会耕地的、押得起租的、有能力的"农民才能优先获得桥公田的租种权。另外，连封桥桥公田对出租对象还有地域限制。作为公共性财产，佃户限于桥附近居住的本保保民。同时也考虑到附近居住的村民相互之间熟悉，更为放心；桥公田大多数置办在桥的附近，不提供房屋，就近居住的村民耕种和管理更为便利。在公田出租对象确定之后，不会随首事换任而更换，除非该佃客长期交不起租。桥公田在用途上特殊，但租金与税率与一般的田地租佃没有差异。同时，田的赋税由首事承担，但从租金里面扣除，由佃户缴纳到政府部门。若是佃户未缴，保甲长可找首事催缴，首事则可先从押金里面扣。田的摊派、税费等则全部由佃户直接承担。税费的标准也是与其他农户的田地一样，未因其经营田地用途的公共性而降低。一般来说，每年收上来的租金能够满足桥的修缮所需，但剩余的谷子也不会过多，因而不能用于借贷、做生意等投资性使用，均要储存起来以防急需。

桥公田出租者与租佃者之间的关系与地主佃户之间的关系相似但不相同。首先，首事与地主的权属不同。首事是代表村民管理公共土地，对于土地只有管理权没有所有权，而地主拥有土地并可自行管理土地。也因此，在租佃关系中，首事的身份相当于地主所请管理田地的"堂先生"①。因而与一般地主与佃户不同，桥公田的佃户过年不需要给首事送礼，也不需要在出租者办红白喜事的时候提供免费劳动。简而言之，两者在经济上为租佃关系之外，日常仅为一般的邻居关系，往来也与邻里无异。

（三）政府与村民共同监管

监督也是桥梁修缮中的关键程序。连封桥治理中的监管包括国家政府的管理式监督和民间监督。国家监督为每年首事均要向水务局汇报该年的工作情况，收入、支出以及剩余。另外，每年首事都要在桥上或者桥边的茶铺子里把桥附近的人召集起来，将桥公田收入的使用情况进行汇报和公

---

① "堂先生"在当地指的是旧时地主所聘请，为其专门打理田产者。

示。村民有所疑虑，可以要求首事当场解答，并进行查账，也可以到水务局要求政府人员督查。除此之外，日常中村民也可对首事事务处理进行关注与监督。

连封桥的治理为我们展现了跨村村民因共同通行的需求而形成的紧密组织联结。从组织来看，村民与政府之间也有着一定的联结。连封桥首事组织的出现便是源于民国时期国家在公共治理上的缺失，前者是后者在治理上的补充。在首事对连封桥的治理中，国家也有所参与，但并不直接管理。比如，政府为其提供一定的管理资金，连封桥的桥公田部分便是政府从庙产中划拨出来。作为领导者的首事选举政府不干涉，但首事选出来之后，自己需向水务局报备，并且每年汇报基本工作，在其失职的情况下，政府有权解除其职务。首事治理与保甲治理之间，首事是群众所选出来专门管理连封桥，与保甲行政治理无关。

第二节 公共安全维护中的横向联结

当地有俗语"年年防天干，夜夜防盗贼"。"年年防天干"是指丘陵地区村庄的用水状况，而"夜夜防盗贼"则是新繁县的社会治安现状。

曲水村位于新繁县与彭县、郫县交界之处，政府管理较弱，土匪横行。如在外教书的村民罗云学被土匪绑架，家中拿出赎金之后才被放出。而旧时，当地土匪多为袍哥会的内部成员，保甲长也大多是袍哥会的成员，相互之间常常私通。根据村民叶绪全介绍，曲水村内便有数个村民为土匪，常到保外绑架富人，进行敲诈，但"他们都是通政府的，做事时没抓到就没有人管了"。如村中丘姓村民在太平乡抢劫，当地村民并未将其送官，高宁乡乡公所也未对其进行追捕。

维护社会治安成为曲水村重要的公共事务，为保障财产安全和人身安全，曲水村村民以村为单位，自行组织进行守夜。守夜活动一般从村民稻谷收割完的11月开始，到第二年菜籽开花的三四月份结束。这期间正好是丰收之后，土匪集体活动时期，也是村民相对闲暇之时。在这段时间内，晚上10点到12点村民在村里巡查式守夜，白天则在进出村庄的路口上进行把守。

守夜活动开展首先需要强壮的人员。民国时期，按照政府规定，保内凡是年满18岁至45岁，身体健康的男性均要编入民兵团内。民兵团普通成员称为"保丁"，并分为数个班；保队副为"领班"，保长则为"团长"。在民国时期曲水村单独为一个保，因此由保队副对所有村内保丁进行分组，10个人左右一个班，按班轮流守夜。平安为所有村民所需，因而守夜者无任何形式的工资福利，仅在守夜当日，守夜的保丁可免费享有一顿晚餐，并由全保内所有农户轮流承担。保队副会提前两三天到农户家，通知其来吃饭的时间、人数。收到通知的农户，考虑保丁为中青壮年，一般要按照一人吃一斤米的饭量准备，且需以酒、肉来招待。但对于贫困的农户来说一顿也难以承担。为此，"实在是穷得很的人，办不起招待就算了"。同时"虽然实际上就是给他们守夜，因为只有他们有钱，但不会在地主、富农家吃得多"①。除十分贫困的农户外，其他所有人按照平均、平等原则轮流供给守夜期间的晚饭。

人力之外，枪支更是传统时期治安维护、保障安全所需的重要工具。曲水村村内无统一购置的枪支，所有枪支均由有枪的富裕村民免费提供。由于社会的动荡，民国政府鼓励田产在5亩及以上者购置枪支，以保护自己的财产。一般有一定田产，包括养有耕牛者，凡是能购置起枪的农户为了安全也会主动购买枪支。有大量土地出租的地主也常会给其佃客购置枪支。民国后期，曲水村内农户购置的枪支共有32把。在需要使用期间，有枪支的村民主动交付给保队副，再由保队副发给保丁。且子弹也是由枪主提供，枪在使用中损坏同样由枪主维修。村民黄大文表示，"土匪抢劫抢的就是有钱的人，守夜实际上就是保护地主"，免费提供保护工具是理所应当。也正因如此，富裕的地主、富农是强盗、土匪的主要抢劫对象，保长、富裕农户住处附近是守夜队的巡视重点区。

第三节　基于生存保障的横向联结

传统时期，处于生存线的中国小农十分脆弱，一场灾害、一场大病都能使一个家庭破碎，陷入贫困，加之动荡不安的社会格局，生存保障是广大小农共同的需求。在寻求保障之中，兴起了袍哥会组织。

---

① 来自黄大文老人的访谈。

一 缘起：下层人民寻求保障的互助联结

正如斯科特所言，"传统国家通过地区性粮仓、以实物付酬的公共工作、灾荒救助……能帮助农民生存下去。然而，国家的援助，如果说总会有的话，也是很难靠得住的"①。传统时期国家福利和救助式的纵向联结少且变动性大。另外，不可忽视的是，传统国家"它剥削农民而不是赐予农民"②。国家与乡村社会的联结更多地发生在为满足政权所需而向农民进行的劳役派遣、征兵，这类联结是剥削性的，且具有一定的强制性。大多曲水村村民并不期盼这种联结，甚至以分家、迁居、躲藏等方式躲避，用暴力进行反抗。清朝中后期，受压迫和剥削的下层人民为寻求保障而相互联结，产生了袍哥会组织。袍哥会是我国近现代史上三大帮会之一，也称为"哥老会""汉留"。袍哥会强调"有难同当，有福同享"，将互助团结的精神写入组织宗旨和帮规之中，是"清代中后期游民们为了讨生活而自发结成的互助的秘密结社组织"③。作为组织发源地，袍哥会遍布整个四川省，影响着整个地区人民的生活，位于四川省境内的曲水村村民亦是深受影响。

二 联结圈：以县为范围，以小集市为基本单位

袍哥会弥补了在家族、会馆、行会保护之外的"边缘化人群"自身利益保护者的缺失，为加入组织的成员建立了广泛而又有效的社会网络。④ 那么这个社会网络在地域上范围有多大？在日常中，当地将袍哥会组织称为"社""码头""堂口""公口"。民国时期，新繁县场镇设有同乐总社，下设十七个半分社码头。其中曲水村所在的高宁乡有两个社，一个是在清宣统二年（1910）在高宁场成立的集合社，另一个是民国二十

---

① [美] 斯科特：《农民的道义经济学：东南亚的反叛与生产》，程立显、刘建等译，译林出版社2013年版，第35页。
② [美] 斯科特：《农民的道义经济学：东南亚的反叛与生产》，程立显、刘建等译，译林出版社2013年版，第35页。
③ 刘师亮：《汉留全史》，1935年版，第3页。
④ 王笛：《神秘的语言和沟通——19世纪四川袍哥的隐语、身份认同和政治文化》，《史林》2010年第1期。

七年（1938）在公毅场成立的公毅社。新繁县同乐总社的其他分社也均分设在县内各个场镇之中。也就是说，民国时期，袍哥会以县为组织范围，以小场镇为基本单位，袍哥会的组织结构圈与当地的集市圈基本一致。而袍哥会以场镇为组织据点主要原因为，场镇是当地农民日常经济活动的最基本和最重要的活动场所，方便日常成员与组织保持联系。同时，场镇人口混杂，是所有消息的汇集之地，方便组织收集消息。从曲水村来看，既有村民参加邻村公毅村的公毅社，也有村民参加高宁乡的集合社，还有村民加入了临县马街场、青白江场两个场镇上的袍哥会，均位于曲水村村民日常前往的集镇内。

三 袍哥会联结作用的双重性

根据中国传统小农生存行为，美国学者裴宜理指出，"在传统方法与更具戏剧色彩的掠夺性和防卫性策略之间很难划出严格的界限"①。袍哥会最初是下层群众自发结成以反清复明为目的的民间秘密结社。作为民间为保障生存而形成的社会组织，其对于成员而言，具有互相保护和救济，抵抗政府压迫以及对抗匪盗的功能，即袍哥会对农民主要起保护作用。到民国时期，活跃于四川省内的袍哥会开始发生变化，成为当地的"黑社会"。此时，加入袍哥会组织对农民而言是生存的掠夺性策略，也是一种防卫性策略，具有双重性。从其功能而言，对于成员和非成员都体现出掠夺和保护的双重性质，既具有保护功能，也具有掠夺的危害。袍哥会对曲水村村民的二重性功能主要体现在以下两个方面。

一是在社会治安上对内保护，对外掠夺。袍哥组织在社会治安中的保护作用主要以组织内部成员为对象。为此，为求得保护村民纷纷加入组织。尤其是经济富裕的地主富农、经商的商人，在动荡的社会，需要袍哥组织保护其人身和财产安全。富人加入袍哥会之后，该袍哥会组织及其所属的总社，总社下的所有分社均不能抢其财务，且对之有保护义务，当其受到他人的威胁或强迫之时，需要出面帮忙解决。对于普遍村民来说，袍哥身份在一定范围内也是重要的"保护符"。例如，张根文到曲水村村民

---

① ［美］裴宜理：《华北的叛乱者与革命者1845—1945》，池子华、刘平译，商务印书馆2007年版。

刘寿安家偷牛，被刘寿安的父亲发现，逃跑中张根文将刘寿安父亲打死，并顺利逃脱。刘寿安向当地政府报案，但因证据不足而未能将其抓获。刘寿安一家在村内的亲戚家门数量不少，但也未曾私下向张根文的家人索赔，或是采取其他报复行为。究其原因，在于张根文未结婚生子，家中亲人仅有父母，是当地的混混和惯偷。亲戚为此不敢惹事上身，刘氏也无人帮忙申讨赔偿。刘寿安成年之后，便主动加入当地袍哥会组织，成为一名浑水袍哥①，以此保障自身的利益。村民叶绪全在叶家湾聚落居住之时，常受家门其他叶氏的欺负，在其哥哥加入袍哥会成为一名浑水袍哥之后，对方才不再随意欺负他们一家。另外，"以前很多事情走白道走不通，不通黑道也不行，要是被人绑架了，报官不一定有用，还是要找大爷。② 大爷有权力和地位，可以去保人"。

袍哥会与非成员，包括不同县的袍哥会成员之间则是以抢掠与被抢关系为主，侵害村民的财产和人身安全。浑水袍哥组织对于当地出高价给组织入会的富裕者会承诺不抢夺其财产并提供保护，但其他码头的袍哥却无此约定与义务，因而富者的财产安全依然受到威胁。如村民黄氏在太平场场上贩卖纸烟，家中常储备上百斤的烟草，一日数名袍哥闯入其家中，将烟全部抢走。又据村民叶绪全介绍："村里的陈玉贵从外头拉了（绑架）两头'肥猪'（指有钱人），关押在家里的小黑屋，让陈玉新他娘来看管。当时陈玉新还是嗷嗷待哺的小孩，要人照顾，夜里'肥猪'就趁机逃出来了，到乡公所报案。最后，（乡公所人员）根据（被绑者沿路留下）记号找到村内，将陈玉贵、陈玉新他娘抓了起来。"从新繁县赶完场准备回村的米姓地主听说此事之后，怕在路上被外地袍哥会绑架了，立马将刚买好并穿上的新衣服脱下，换回旧衣。为防被浑水袍哥绑架或抢劫，当地富者在外常装扮成普通农户以藏富。

正是由于袍哥会对非成员的掠夺，普通农户也不得不主动加入当地的袍哥会组织，成为"清水袍哥"，每年向袍哥会缴纳一定费用。当地袍哥会以3升米为入会基础，十分贫寒的农户则至少也需交5斗米，富裕者为

---

① 当地袍哥组织成员分为浑水袍哥和清水袍哥。浑水袍哥是在组织内部担任职务工作者，需要履行收费或是抢劫等义务；清水袍哥指不参与组织事务性活动，只缴纳保护费者。

② 大爷，这里指在袍哥组织中五排刀以上的浑水袍哥大爷。

确保安全更是以更多的钱财买个清水大爷。在一定程度上，此对于农民而言，也是一种隐性的变相掠夺。

另外，当地袍哥会为扩大规模影响，也存在类似于"抓壮丁"的行为。民国三十七年（1948），曲水村村民姚建述被同村陈玉贵、谢少贵、黄礼钱三个已经入会的袍哥抓到临县马街总部关押。同意入会就可放出，不同意则一直关押，并进行殴打。最后，姚建述被迫同意加入。

二是在市场经营中，对经营者的强制性管理。袍哥会不属于市场性组织，但处处影响着农户的市场经营。根据《新繁镇志》记载，当地佛教会的最后一任董事长为僧洪章，虽入佛门，但与袍哥组织关系密切，为一袍哥会中的袍哥大爷。在场镇上，行会、商会等市场性组织的管理者，也常是袍哥会成员，其运行管理在一定程度上受限于当地的袍哥会组织。

袍哥会在当地市场的正面作用体现在对经营秩序维持上。在市场买卖中，尤其像猪、牛、米粮采购等金额较大的交易，买卖双方互不信任，都会拿公秤来称数。凡是过秤都要给过秤费，袍哥会以此作为经营方式。另外，作为个体的袍哥成员，既有欺压村民的坏人，也有帮助村民的好人。在高宁场有个来自宁河村邓姓者，在街上开设香蜡铺，是场镇的清水大爷，能力好、办事公正、公平，人们买卖遇到矛盾纠纷之时，常会请其进行"公断"。另外，袍哥会干涉卖者进入市场。凡是在街上开店铺、摆摊、外面来的耍猴子者等都必须向袍哥组织缴纳一定的费用，俗称"保护费"，才可进入市场。不交轻则赶出场镇，重则没收商品、打砸店铺。为此，在太平场做"牛贩子"生意的王天应父亲也加入了当地的袍哥会，村内所有茶馆、幺店子店主也均参加乡内袍哥组织。包括刘德华到太平场学习理发，也要先请当地袍哥吃饭，为以后出师做生意做好准备。

"做生意都是要先进袍哥会，给袍哥交个钱，才能做生意。根据（生意）人的经济情况，都要收钱的。如果哪年有人来学徒，那一年就摆一顿饭，这顿饭是专门来招待袍哥大爷的。吃饭的人包括师傅、新入的徒弟以及袍哥大爷，意思就是告诉袍哥这是我的新徒弟，以后出师了做生意还要请大爷照顾。其他的礼物就不需要了。平日过年也不需要送礼。"[①]

---

① 来自刘德华老人的访谈。

袍哥会作为社会组织，影响着传统时期四川省的社会治理与国家治理。袍哥组织成立之初为反对清朝政府剥削的民间团体，被清政府所禁止，但在辛亥革命中发挥着重要的作用，也为国民政府所提倡。加之，民国时期省内战争频繁、土匪肆虐，除底层群众，农村地主、土豪劣绅、政府官员等也纷纷加入组织。此时，以袍哥会组织联结的互助者的人群身份更加多样。民国时期袍哥会组织对于国家而言，其性质和作用也具有双面性，地方政府在治理上与之既相互对立又有合作。

政府对于袍哥会烧伤抢掠、贩卖烟毒、枪支，与土匪相互勾结的行为进行依法镇压。但同时，随着袍哥会组织势力不断扩展到政府、军队之中，袍哥活跃于官场，有的把持要挟县政府，有的把持乡保政权，有的县长上任之时还需要与当地的袍哥组织"打上咐""拿言语"。尤其是在基层，行政管理者与袍哥会关系紧密。作为保长，在任职前或是任职后都会主动加入当地袍哥组织，并与袍哥会中的舵把子处理好关系。如曾任保长的曲水村村民董华云、康兴坤均为清水袍哥大爷，闵海舟为当地的浑水袍哥大爷，并在每年的单刀会之时，均要为当地袍哥会的舵把子亲自送上一份贺礼。地方当局常常要让袍哥三分，并与之建立互助关系。比如前文所提及，在场镇市场管理中，高宁乡公所提供公秤，请当地集合社的袍哥管理；当地商铺、摊贩管理费用由袍哥代为收取；为减少众怒，当地政府常不亲自抓壮丁，而是私下请袍哥会抓人，再悄悄送入军队。可见，国家体制性权力被非正式的袍哥会权力所侵蚀，而这种侵蚀并非对国家权力的反抗，而是相互利用获取私人利益。

第四节 公共性事务中的横向治理

以家户为基本生产生活单位的曲水村村民与其他共同需求者在水利设施、道路、桥梁等基础设施建设，村落社会安全维护和生存保障上相互合作，形成有效的集体行动。传统小农在这些公共性问题上实现了自主横向治理，其成功在于利益相关者有效整合与互动的实现，其内在逻辑在于多元治理关系的形成。基于此，以上公共性事务联结治理可分为两大类型：一是基于原生关系整合的横向治理；二是以建构的再生关系整合的横向治理。

一 以自然性原生关系进行整合的横向治理

原生关系即初始的、未经任何修饰的、自然形成的关系。在与曲水村村民相关的小公沟、小堰渠修建，村内大小道路的建设以及曲水村治安这些公共事务上，正是基于原生的共同利益关系以及地缘关系，自发、自主地形成有效治理。

（一）参与者具有共同利益关系，同时地缘关系紧密

公沟，如其名为公共使用灌溉沟渠，属于公共物品，使用者们因使用同一小型沟渠灌溉而形成共同利益关系。同时，小沟渠为小型设施，其所能灌溉的对象也属于小规模、小范围，其中最小规模为田埂相隔的两户农户，最大的为田地相邻的十多户农户。因而，这些共同利益者同时也是田地相邻的耕种者。传统时期，田邻之间不仅仅是简单、单一的田地位置关系，而是在生产生活中已经形成了多样紧密的关系。在生产中经常互相帮助，是换活路的重要对象。也因此，在田地租佃和买卖之时，必须举办"请街酒"，即请田地四条田埂挨着的田地耕种者吃饭。既是让田地四邻知晓田地主人或租耕者的更变，同时让田邻为田地变更作在场证明。尤其是买地或租地数量多的时候，还会邀请保甲长、灌溉管理者，为以后田地有事找帮忙而先做好人情。村庄道路亦是如此，居住在同一片区，需要共同使用同一道路出行的曲水村村民们共同建设，其利益关系和地缘关系是其原生的关系。

（二）实行协商决策、对等分配为原则

传统时期，曲水村村民建立在原生关系上的合作，在治理中以协商决策、对等分配为基本原则。在村内道路建设中，凡是需要使用该道路的出行者，以户为单位出工修建道路；其中因占用的田地而所付费用由使用者平均摊派；在建设和日常维护中，并无固定的组织者和监督者，对于是否要修，何时修等具体事务临时组织共同商议。

公沟和小堰设施的建设和管理同样使用这一原则。以户为单位，各家按要求派工挖建公沟或堰口，不出工或少出工者则以钱雇工；所占用土地所产生的费用由公沟灌溉的所有农户共同承担，平均摊派。另外，农户每家出一根竹子作为拦水工具——笼兜的材料，再由各户平摊请木匠做笼兜的工钱。修建好之后，如果上交的竹子以及米（民国时期以米代钱，作

为木匠工钱)有剩余,则全部出售变现,并用于请编笼兜的木匠师傅吃饭。

在集体商议之时,还会选一两个共同信任、热心的人来当管事,统筹此次挖建,其他农户听从安排。随挖建工作完成,管事之职便自然解除,下次修缮之时再次选人担任。

另外,堰沟修建的目的是实现农田的有效灌溉,在用于灌溉时,所有参与水利建设的用水户平等、公平地分配水资源。其中公共沟渠的使用者规模不大,而且各自只需在其所属田地入水处挖开一个小口,水便会自动流入田中,相互之间基本不存在竞争或是其他影响。小堰和大堰涉及农户规模较多,且为田地相邻者,便存在用水秩序和分配问题。当地分段按田数分配水量依次灌溉为总原则,每个小堰的用水量和用水时间是固定的。小堰灌溉管理则要确保小堰按时用水,以及实现成员公平分配到相应水量。为确保在规定时间内有效用水,防止上游堰灌区段口农户超时用水,以及下个段口村民偷偷地把堰板提起放水,同一水路、同一小堰的灌溉农户常分成数个小组昼夜轮流守夜。如假设 A、B、C 为两端前后相连、依次灌溉的三个小堰,那么灌期小堰 A 在灌溉期间安排人员在 A 段段口监督,防止下游用户提前将其闸门打开;B 堰口用水户则分别在 A、C 两堰口派人监督,既监督 A 小堰按时放闸,又要防止 C 小堰提前将闸门打开;C 小堰则在 B 堰监督其按时开闸。

在小堰内部,当用水时间通知下来之后,小堰所有用水户聚集在一起,共同商议各自的用水时间。为保障每位成员公平地享受用水之权,一般小堰也实行分段灌溉的分水方式。即先是以"先上后下"为基础确定内部成员灌溉的先后顺序,田地离小堰堰口由近到远的农户依次灌溉。同时以农户田地的数量和地理位置为标准,确定好每位成员灌溉的具体时间,且是具体到某天某日某时刻开始到某时刻结束。因田地与水源的位置关系,大多村民田地灌溉还需从他人田地流经,当地称之为"过水"。且一般而言,过水需要凭关系才能实现灌溉。即要灌溉者需与所过之田的人做好人情关系,得到其同意才能挖开田埂放水入田。另外,在灌溉中,如果前者的田中施肥时间不长,一般不会准许他人过水灌溉,要等田地中肥料基本吸收完才行。此时,如果下家等不及,必须要提前过水,那么在过水之后必须重新帮上田者免费施肥以作补偿。

二 以建构型再生关系实现整合的横向治理

与原生关系相对，再生关系是本身不存在的关系，是人为建构而形成的新的关系。在与曲水村村民相关的大型水利设施建设、连封桥的修建以及袍哥会组织的形成和运行中，共同的利益关系是基础，但关键在于一系列新的关系的建构，才使利益相关者联结起来，实现治理。

（一）公共设施建设和管理：以权威关系建构为核心的治理

曲水村村民因农田灌溉与外界形成了多个层级的水利合作，在地域上不限于村庄内部，甚至跨越了乡镇。合作的形成源于农户对于水利灌溉的共同需求。但正如奥斯特罗姆所说，当利益相关者处于能够经常不断地沟通和互动的环境中时，便会形成有效的行动准则和处事模式，基于此便能以自筹资金的合约实施博弈。① 而这只能限定在存在于具有地缘关系范围内的小规模公共池塘之中。对于超出地缘关系范围的大规模水利合作形成，弗里德曼、罗兴佐、贺雪峰等学者认为，宗族纽带是实现跨村落合作的核心②；杜赞奇、行龙、丁荷生和郑振满等人则提出，对水神的共同宗教信仰，使具有共同的利益需求的农户联结起来。③ 而在传统时期，一方面当地的血缘联结弱，宗族力量分散而薄弱。正如前文所述，曲水村是一个多姓杂居的村庄，由小家族和家户所组成，与之邻近，同水源的锦水村、连封村、通联村等也大多如此。以常乐堰整个灌溉区而言，更是一个缺乏血缘关系的大杂居地。另一方面，处于平坝地区的常乐堰溉区村民没有因水而形成共同的宗教信仰。如在灌区内的高宁乡，民国时期辖区共有

---

① ［美］埃莉诺·奥斯特罗姆：《公共事务的治理之道》，上海译文出版社 2013 年版，第 27 页。

② 参见罗兴佐《农民合作的类型与基础》，《华中师范大学学报》（人文社会科学版）2004 年第 1 期；Freedman Maurice: *Chinese Lineage and Society: Fukien and Kwantung*, London Berg Publishers, 1971. 罗兴佐通过对湖北荆州五个村庄的实地观察和对比研究发现，留存宗族传统的村庄比宗族记忆缺失的院子化的村庄，更能实现联合治水，认为基于血缘的宗族一直是联结农民的一根纽带。弗里德曼在对我国东南社会的研究中指出，不同村落和宗族之间通过械斗、联姻实现自主治理。

③ 参见［美］杜赞奇《文化、权力与国家——1900—1942 年的华北农村》，江苏人民出版社 1996 年版；郑振满、［加］丁荷生《福建宗教碑铭汇编》，福建人民出版社 1995 年版；行龙《晋水流域 36 村水利祭祀系统个案研究》，《史林》2005 年第 4 期。

2座道教寺庙、5座佛教寺庙以及上百座小土地庙,其中5座佛教寺庙供奉着观音、菩萨等,但均未供奉大禹、龙神等"水神",也无专门寺庙供奉。原因在于常乐堰灌区属于亚热带湿润气候区,用水丰裕有余,加之位于成都平原平坝地形区,以及以往大堰官办,当地用水灌溉十分便利。"无水用、用水难"问题少有出现,人们对水神缺乏现实需求,故而也无法对其产生精神信仰。以此社会情景来看,常乐堰灌区农民之间缺乏共同联结的有效原生关系要素,难以形成天然的共同体,自主合作条件缺失。但历史实践显示,曲水村村民跨村落与外村村民成功地形成水利自主合作治理。而其中的关键是灌溉农户相互之间关系的建构。下以常乐堰的治理为例详细介绍。

常乐堰灌溉区域内的农户本身存在紧密的共同灌溉的利益关系,但长期在"官办"治理模式下,农户相互之间对此利益关系感受不深。当"官办"变为"民办",需要农户自主组织之时,农户才有所感知。在曲水村,仅有共同利益的农户不一定能自主联结,而是通过对堰长权威的赋予,按田地数量与性质分配的用水机制,用水大户、小户权责对等的强制方式等,使利益相关的农户建立新的治理关系,从而实现利益均等,才是灌区农户实现集体合作的根本。具体来看,主要建构的关系如下:

1. 建构了堰长与用户之间的权威关系。公共事务属于众人之事,需要群体行动,但"除命令与服从的关系而外,很难有另外的关系能把他们联合在一个社会之内"[①]。即这种关系形成必须借助一定的权力或权威。传统时期,在国家能力相对有限的情况下,常乐堰、连封桥等大量工程的建设由官办向自治转变,其治理也需从国家权力治理转向依靠灌溉区域共同权威的治理。当地官府在常乐堰治理的第一层级中其与堰长关系、堰长与农户之间关系建构的核心和目的便是树立常乐堰治理领导组织者的权威。一是建立堰长权威的群众基础。为使农民能够自愿听从堰长的管理,对于堰长的具体产生,采取了"听民自选"的方式。即由农户自行选择其所信任的能力者组织管理。且此处"民"要求是利益相关的灌区农户,同时必须是在灌区有田产者,或是租佃田地者。二是提高堰长权威的可信度。堰长选举出来之后,还必须呈请县政府委任。委任状发放下来,当选

---

① [英]伯特兰·罗素:《权力论》,吴友三译,商务印书馆2012年版,第147页。

者才算正式成为常乐堰的堰长。政府的委任对于常乐堰用水户而言，是政府对堰长专业能力和管理能力的认可，以此通过增强用水户对堰长的信任来强化农户参与。同时，政府对堰长管理行为的多方面监督，更是降低了农户对堰长的信任风险。三是强化堰长的权威执行力。堰长是堰下所有用水户的用水灌溉的管理者，但数位堰长直接面对的是多个保甲，涉及上百农户，事务执行难，权威的强制力自然弱化。对此，官府作为协助者，帮助堰长开展工作，提高堰长权威的威慑力以及事务执行力。如堰长遇到用水户拒缴、拖欠水费等行为，可以先找当地的保甲长解决。在保甲长劝说无效，且金额大之时，堰长上报到政府之后，拒缴者则可能面临当地官府的牢狱之灾。

2. 大户与小户权责关系的建构与治理。农村主要依靠其内部性力量进行自我治理。① 在常乐堰的"官引民办"中，官府是外部辅助性力量，用水户是其治理的内部力量，是为治理开展提供资源的主要供给者。基于常乐堰实例可以发现，通过对家户责任关系的建构，使每个用水户参与到治理中，成为治理的有效力量。一方面，为"谁建设，谁使用"的受益责任关系与参与机制。在水资源的使用中，当地默认源自天空降雨的河水为公共所有，人人都可使用，但是如村民黄大文所述，"别人用水车车出来的水，经过劳动力加工的水就是私人的"。自古以来，当地村民认为要享受此类水资源就必须共同承担加工的责任。同理，如果参加水利建设，则享有堰塘等水利设施的灌溉之权。为此，在政府将修缮责任转交给社会后，参与修缮成为决定是否享有灌溉权利的重要依据。换而言之，作为用水农户，其责任主要为按时缴纳所规定的水费，参加堰长所组织的水利修建活动。同时，常乐堰用户实现用水还需先后使用二、三、四层级的水利设施，作为受益者其需分别在各层级中或是以出工、出资或是参与管理、监督等多种形式来履行自己的责任。受益农户的责任参与在多层级的治理中相互叠加整合，为整个常乐堰灌溉水系的自主治理提供了足量的人力、财力资源。另一方面，为"权责对等"的参与优化机制。"特殊的'关系'不仅意味着权力和利益的连带性，而且意味着责任的连带性，实行

---

① 徐勇：《中国家户制传统与农村发展道路——以俄国、印度的村社传统为参照》，《中国社会科学》2013年第8期。

权责对等原则。"① 在责任关系中，用水户均需用水，但田地多者用水多，田少者用水少，即两者享受到的权益性质相同，但数量不等。"权责对等"是保障用水户自主公平参与的基础原则，同时当地官府正是借由此引导优化社会自主治理。常乐堰灌区面积大，用水户人群规模大，收费耗时长，为保障资金有效收取，进而规定灌区耕种面积在十亩以上的所有用水大户先行垫付，水费基本收齐之后，再向其返还。因大户承担着特定的责任，官府同时予以其特殊的权利。如在堰长的选择上，民国政府颁布的《堰务简章》规定，堰长为"田产在三十亩以上者（新置田产十亩上下也可）以及经办水利事务著有成绩者"②。由此，大户成为有资格担任堰长的主要人选。通过对大户、普户的不同责任安排，使治理主体的能力结构得到优化，从而实现治理资源最大效能的发挥。

3. 以村落为单位，建构了秩序关系。公平合理获得水资源是用水户自主参与合作治理的决定因素，也影响着水利治理的效度。在常乐堰治理中，当地官府通建构村落与村落的灌溉秩序关系，使监督可操作、有成效，从而实现水资源的合理分配。客观地形高低使用水户之间用水存在先后差异，故而政府与堰长利用大小水利的层级套嵌，共同制定"先上后下，层层灌溉"的灌溉原则。以每个大堰小堰下灌溉面积大小为基础，再结合各地渠道的长短，当地田地土壤性质等分配水量，并以此估算各层级、各村落的用水时间量，制定各层级的用水时间安排表，保障村落之间用水的公平性。

用水之时，在规定的时间内上游灌口先闭闸灌溉，过了规定时间后开闸，下个灌口开始用水。以此每个层级、每个村落的用水公平地限定在规定的时间段内。此也为各村落之间用水行为相互监督提供了明确的时间，以及监督对象。因而在常乐堰灌溉期间，常可看到道口端的村庄相互派人监督的现象。灌溉水道下游的村庄往往会在灌溉期间，分别派人到与之相邻的上游道口和下游道口进行监督。

但需要注意的是，曲水村村民并未因此而扩展了相互间的社会往来，

---

① 徐勇：《"关系权"：关系与权力的双重视角——源于实证调查的政治社会学分析》，《学习与探索》2017年第7期。

② 新都县水利电力局编：《新都县水利志》，新都印刷厂1990年版，第99页。

因从常乐堰的修建、管理到灌溉用水均是由堰长统一安排和组织执行，普通的用水户只需交钱，相互之间并未因水利合作发生具体的交往，更难以扩展到日常生活。连封桥的联结治理也是如此。

（二）袍哥会：以拟血缘关系为纽带的联结与治理

家是我国传统社会的基本单元，以血缘为基础，宗法制度为治理的家族是家户紧密、坚固而又有效的互助联结。袍哥会以拟血缘关系为联结，同时在组织运行中也依照和借鉴宗法制度，实行严格的家长制、等级制和奖罚机制，具有浓厚的宗法特性。因此，有学者指出袍哥会是宗法家族的一种变异形态。① 具体来看，当地袍哥会组织的治理运行如下。

首先，以拟血缘形成紧密联结。当地袍哥会组织每年五月十三日召开单刀会，正月召开迎宾会或是腊月召开团年会。在关帝（关羽）塑像前设香案，在舵把子的带领下，按照排位排列，成员跪在一起，磕头行礼、喝血酒、盟誓言。同时，在日常中，袍哥会组织成员只有具有天然血缘关系的父子、叔侄、爷孙等之间按原本辈分关系称呼，其他成员之间不分年龄、职业、身份、地位，均以"哥弟"相称，以此强化不同身份、不同姓氏成员之间的组织联结。

其次，组织成员论资排辈，实行严格的等级制。宗法社会中，以天然血缘顺序为基，成员按照辈分排列，辈分高者、年长者为尊，同时具有学识、社会地位者为尊。袍哥会的组织设置正是参照于此。在组织框架上，袍哥会总社下分"仁、义、礼、智、信"5个堂口，这5个堂口之间有着严格的等级之分。仁字堂口主要包括官僚、地主、富裕者的社会上流人士，义字堂口的成员主要是商人，礼字堂口主要由士兵、武人组成，智字堂口的主要成员是普通的贫苦农民、手工业者等，信字堂口的主要人员包括说书的、卖唱的艺人等社会地位低下者。

在浑水袍哥内部，成员之间称兄道弟，但实行严格的等级制度，以参加组织的时间长短，对组织的贡献以及社会声望对所有成员论资排辈。一般袍哥会组织成员一共分为十排，当地袍哥会组织大多数没有设置二排、四排和七排，实际仅有7个排。从一到十，排位数越小，权力越大。其中为首的一排为舵把子，亦称龙头大爷，掌握着组织内所有事务的大权；三

---

① 周育民、邵雍：《中国帮会史》，上海人民出版社1993年版，第234页。

排为当家三爷，代行舵把子的职能；再次为五排，主要处理外交事务，称为"管事五爷"或是"红旗管事"；六排为巡风大爷，主要到各码头、场镇等巡视检查；八排、九排称大小幺爷，十排称小老幺。新入社的成员一般均在六排以下，提拔需要对组织作出贡献，且按照六排提五排管事，管事提三排，三排提大爷的顺序，依次提拔。

再次，实行严格的家长制。在袍哥会这一类家族的组织团体中，位于一排的龙头大爷相当于宗族组织中的族长，在组织中社会地位最高，同时拥有最高的权力。在所有组织集体活动中，按照各自身份等级排列，龙头大爷的专座安置在等级最高的"忠义堂"正中央，以显示其在组织中的最高身份；成员之间以哥弟相称，但对大爷，其他成员均须以"×大爷"称呼，以区别身份地位差异。在组织事务上，龙头大爷具有最高权力，管理组织内所有事务，并对组织内大小事务具有决定权。

最后，施以严厉的管理和惩处机制。为维护组织稳定和组织等级制度，袍哥会实行严格的管理制度和惩处机制。根据村民介绍，当地袍哥会组织对作出巨大贡献的成员，主要奖励一定金钱，或是提拔，将排位上升。而对于违规的成员轻则"矮起说"，即向大爷磕转转头；或过刀山，即违规者从头顶上空倒悬者的七把大刀下匍匐穿过；或是挂黑牌，即不让其参加袍哥活动，以示警告。若是犯了严重错误，比如出卖组织，则必须除名，且可能会被组织杀害。

第五节 小结

长期以来，公共性事务被学界认为是国家必须承担，而且能够承担的事务。在马克思看来，传统中国社会的停滞正是中央集权与地方分散相互促进的结果，一方面中央政府承担了公共性事务，另一方面中国社会以村社为基本单位，各自独立为"小天地"①。但事实上，在传统时期，曲水村水利设施建设、公共道路建设、桥梁建设、社会治安以及生产保障这些社会公共性问题上国家不为或是少为，反而是由民间社会自我承担与处理。在这些公共性事务的自主治理中，曲水村村民不仅与同村村民相互合

---

① 《马克思恩格斯全集》第28卷，人民出版社1995年版，第271页。

作，而且与跨越村庄、乡镇甚至跨县市的共同需求者发生广泛地联结。

在联结治理中，则正如奥斯特罗姆所提出，具有公共性和非排他性的公共资源和公共服务，要实现自主治理"除非一个群体中人数相当少，或者除非存在着强制或其他某种特别手段，促使个人为他们的共同利益行动"①。换而言之，仅有共同利益关系不一定能实现集体行动。为此，奥斯特罗姆指出自主治理的实现至少需要满足新制度的供给，可信承诺和相互监督三个核心条件，对应于传统时期曲水村村民在公共性事务中的联结也可以发现，在小公沟、小堰、小路的修建，以及村庄的治安上，利益共同者为同村落的村民们，具有紧密地缘关系，是能够经常不断地沟通和互动的亲友、近邻，相互之间相互熟悉而信任，监督十分便利可行，因而能以民主协商的方式有效地自我组织起来，形成有效的集体行动。而在超越村落地理范围的大型水利设施建设、桥梁修建中，曲水村村民与具有共同利益追求的其他人们则是隔离的、相互陌生的，无法实现沟通和互动，也无法实现监督。但通过管理者与被管理者的权威关系，村落之间的分配和监督关系、村民的权责关系建构之后，实现管理者可信、使用可监督，进而实现利益相关者的有效互动与整合。因而，关系建构是实现大规模群体集体性行动的关键。

另外，不可忽略的是，在民国末期，国家不再包办所有涉及民生的大型工程建设，但也并非完全置之不管，而是以引导者的身份指导农民自行组织起来，积极协助利益相关者建构多元关系，推动自主治理有效落地。从包办到引导的变化表明，政府在基层部分公共事务中的作用已经由直接供给转变为间接推动，并通过引导社会，使社会自我运转起来，形成了一种不同于国家包办的一种新治理形式。

---

① ［美］埃莉诺·奥斯特罗姆：《公共事务的治理之道》，上海译文出版社 2013 年版，第 7 页。

第六章 乡村联结与治理的传统、变迁与当下

从传统走向现代是历史发展的必然。但是在走向现代的过程中,如何处理传统的因素,则形成了不同路径。阿尔蒙德等学者认为,现代社会是对传统社会历史积累的逐步摒弃和排除,应引进和采纳现代性的全部价值标准。① 同时,也有学者认为,传统是新兴国家的特定国情,传统性与现代性非此消彼长的对立物,传统因素具有顽固性,而且常能够通过吸收现代性的成分来获得新的生命力,国家可以借助传统性的力量实现动员和整合。② 在中国社会从传统到当下的历史过程中,也面临着如何处理传统性的难题。本章将对曲水村治理的传统、变迁以及当下时态进行描述与分析,探寻传统性与现代性之间的关系与发展。

第一节 传统:以横向联结为基础的乡村治理

传统时期曲水村的治理呈现出"强横向治理、弱纵向治理"形态。这种基于多样社会关系产生的横向联结和横向治理不同于宗族村庄以族老、华北村庄以里老为权力中心的集权型治理,而是一种以家户为基本单元,家长为核心主体,族亲、乡绅等多主体,多中心的弥散型治理。

一 断层的纵向治理

"在清朝时,每一省之中,上有督抚,中有府道,小有州县佐杂,所

---

① [美]阿尔蒙德、小鲍威尔:《比较政治学:体系、过程和政策》,曹沛霖译,东方出版社2007年版。
② [美]塞缪尔·亨廷顿:《变化中的政治秩序》译者序言,王冠华、刘为等译,上海人民出版社2010年版。

以人民和皇帝的关系很小。人民对皇帝只有一个关系，就是纳粮……政府只要人民纳粮，便不去理会他们别的事，其余都是听人民自生自灭。"[①] 如孙中山所说，清朝时期的国家在农村的职能十分简单，仅以为维持政治统治为目的，而以税费征收和征兵为其基本职能，在其他民生方面基本上是不为、少为，任其自生自灭。民国时期，国家在基层的纵向治理是以保甲为单位，国家权力和国家行政单位深入乡村，但是国家仍是以维持行政统治为其基层治理的基本职能。

（一）以县乡为单位的单一经济治理

国家治理基于公共权力的威慑力，依靠暴力机关，"为了维持这种公共权力，就需要公民缴纳费用"[②]。具体来看，曲水村村民向国家缴纳的费用主要包括税赋和市场经营税。

自古以来，农村所承担的税费十分繁多，涉及农民生活的方方面面，包括田地赋税、契税、盐税、茶税、肉税等。其中对以农为业的曲水村民而言，最为常见、负担最重的为田赋。田赋包括田地的正税、副税和征解税。正税为"丁条粮"，即村民常说的公粮税。在《民国新繁县志》中记载，"繁属蜀为平壤、土地肥沃，衍国家赋役……全县田地分为五等，视其高下起科。上田每亩载粮一升三勺四抄，中田八合，下田六合三勺三抄三撮三圭，中地四合，下地二合五勺"[③]。副税多为临时性，数量上也是政府根据需求而设置。如清朝咸丰年间，洪杨之乱发生，朝廷需要继续补充大量的军粮，于是临时规定"各行省于正供外，每粮一两加征津贴银一两"。征解费源自清代的"旗米"，为驻防在成都近郊官兵的粮食，各县平均摊派，新繁摊购一千八百三十石四斗。民国政府将旗米改为征解费，随着国内外战争的暴发征解费收费标准不断提高，且开始预收征解费。民国十二年（1923）预征十三年至十六年，民国十三年（1924）预征十七年至二十九年……到民国二十三年（1934）已经预征到1981年。这些沉重的赋税均来自于民，而且以家户为单位，并体现在赋税的计算和

---

① 孙中山：《三民主义》，岳麓书社2000年版，第89页。
② 《马克思恩格斯选集》第4卷，人民出版社2012年版，第188页。
③ 王维新编：《中国地方志集成——四川府县志辑》（12），巴蜀书社出版1992年版，第83页。

收取上。① 国家田地赋税的计算收取有两种：一种是上文所提及的丁条粮，按照耕地的数量、质量收取；另一种是副税和征解费，中央政府以经济、人口为参照，平摊到各县。新繁县在知事公署内设置赋粮管理处，统筹管理税费的征收，并成立税捐稽征处办理地方财务出纳。乡公所对接税费征收事务，并具体由辖区各保保甲长执行。在每年征税之时，省—县—乡—保—甲层层将交税地点、数量和时间通知到村内各家各户，农户则需按时按量将税费交到指定地点。

传统国家还对市场活动进行管理，向市场经营活动征收税费。在当地赶场日，乡政府均要安排不少人员到场区。这些管理人员一是收税，二是维持场区治安。根据资料记载，民国十八年（1928），民国政府颁发了交易所法，规定在交易地点设置交易所，为方便人们集中交换物品。另一方面通过固定交换地方以明确税费征收对象，以及方便政府征收税费。民国三十二年（1942），政府对34种物品征收货物税，其中土烟叶税率为60%、白酒税率80%，棉纱税率5%，还包括所得税、过分利得税、营业税、印花税等。②当地官府是市场经营税费收取者，在当地经营的固定商户、摆地摊者均是税费的征收对象，并以经营个体为单位。当地政府在场镇上设置固定纳税点，安排人员向固定店家、坐商户、流动摊贩分别收取税费和管理费。其中固定商户，一般政府在每年年底安排行政人员上门收取，或是商家自行交到纳税点。政府也会要求当地行会组织帮忙向组织成员收取，再统一上缴。由于坐商户、流动摊贩流动性大，凡是集日，政府安排人员向其收取经营的税费。比如，在耕牛的买卖之时，买卖双方讲好价格之后，卖主须先到纳税点缴税，而后政府给税票。村民王天应曾在场镇上出售烟草，因不想交税，于是用小托盘置放烟草，将之抱在身上到处走动，小声叫卖，偶尔放在地上摆摊，见到收税者便立马用衣服遮住，并躲藏起来。为维持市场秩序，政府人员在街上做安全巡视，抓偷税贩卖者、小偷小摸者以及欺诈者，遇到买卖者之间发生争吵、打架等则需要做调解。

---

① 王维新编：《中国地方志集成——四川府县志辑》（12），巴蜀书社出版1992年版，第84页。

② 四川省新都县志编撰委员会编：《新都县志》，四川人民出版社1994年版，第633页。

(二) 社会公共事务的有限治理

洛克认为，国家是人们"协议联合组成为一个共同体，以谋彼此间的舒适、安全和和平的生活，以便安稳地享受他们的财产并且有更大的保障来防止共同体以外任何人的侵犯"①。卢梭提出，国家"以全部共同的力量来卫护和保障每个结合者的人身和财富，并且由于这一结合而使每一个与全体相联合的个人只不过是在服从自己本人，并且仍然像以往一样地自由"②。可见，国家因保护社会群体的共同利益而产生。也因此，保障人们的财产、人身安全和自由，为人们提供公共服务是国家治理的功能和目的。但国家并非是万能的，国家有其限度。对于曲水村村民而言，国家为其所提供的保障和服务更是十分有限，且具有选择性的特征。

一是社会保护与救济力度有限。传统时期，当地政府所提供的社会保障十分有限，主要是对特定对象——穷人进行"赏贫"，建设救济仓以在灾荒特殊时期进行整体调控和救济。赏贫，即将钱粮赏赐于穷人，是对贫苦人实施社会救济的行为。新繁县县政府在每年的年底拿出一两石米举办赏贫式的米粮发放活动，给每个穷人发放两三升米，让其能过个好年。但县政府赏贫不会过早的对外公布，而是在发粮食的当天直接上街上发放。"因为政府跟富人做好事一样，也是弄个好名声。怕传得太远，来的人太多了，而粮食是有限的，发完了就不发了，如果剩下的人太多，大家抱怨，传出去名声也不好。"③赏贫所救济的对象为贫困者，且对于领取者并无地域上的限制，只要是贫穷者有意愿，且亲自来领，无论是本县县民还是外县者均可以领取一份。另外，为保障粮食供应，国家建设常平仓、社仓、积谷仓。常平仓存储粮食，用以歉收年间粮价上涨之时平衡市场价格，保障灾荒年间人们的生存。清朝乾隆年间，朝廷在新繁建设4间社仓，存储谷子以备贫农借贷所用。据新繁县县志记载，在同治年间，新繁县共藏谷15000余石。清朝光绪初年，川督丁宝桢开始创办积谷仓，并按粮摊派，村民每粮1两上谷3斗3升作为积谷仓粮食来源，并从保内选出家庭经济殷实者进行管理。遇到饥荒之时，取出粮食以平粮价，之后再次

---

① [英] 洛克：《政府论》，瞿菊农、叶启芳译，商务印书馆1964年版，第59页。
② [法] 卢梭：《社会契约论》，何兆武译，商务印书馆1980年版，第23页。
③ 来自宋贵清老人的访谈。

摊谷填补。民国二十五年（1937），新繁县全县推行，共建设35间，曲水村积谷仓仓库便设置在花药寺。济仓属于直接的救济性粮仓，嘉庆年间新繁县按粮摊捐购置水田150余亩，并且选家境殷实的士绅保管粮食，以备救荒之用。除此之外，民国时期，新繁县政府还在县内三会院设仁德慈善会，募集经费，提供施药、无利借贷、施棺、施茶、施米、惜字等社会救济。在新繁福建馆，设超尘慈善社，以施药为主，经费募集。在新繁南街设同济医药社，每年施药3000服。① 以上所有社仓均属于国家为农民提供的社会保障和救济。整体来看，以县为单位，所有县内农民受益，曲水村村民也具有平等获得救济的机会。但到民国末期，平仓与社仓存谷均作为提供军饷所用，仓库也从此废弃，失去社会救济功能。

二是公共设施建设政府包办变为民管。民国时期，高宁乡内有两条重要的公路，因之为四川省南北交通的主要通道和商业要道，由国家承担修建。这两条要道都经过连封桥，连封桥及连接其两头路段长期以来也由国家修建。包括与农民生产息息相关的大型水利建立和管理长期以来也是由国家包办，即由当地政府组织，保长统筹。机场、公路、大桥等大型公共设施的建设需要更多的人力和财力，政府通过劳役派遣来解决人力问题，通过劳动征费解决资金问题。劳役派遣的方式之一为政府按户摊派，即一户出一个劳动力，且必须是15岁以上男性全劳动力出工；若是家中无男性全劳动力，则免出工。还有一种情况，工程对劳役数量要求相对要少，因而不需每户出工，此时当地采取抽签方式，抽中者出工。包括当官者、保长、地主、乡绅等权贵者，按户出工之时以及被抽中出工均需以户为单位派出一个人去做工，在不愿自己家人做工的情况下，可以出钱雇人代替。另外，据曾参与过青白江大路修建的村民宋贵清介绍，劳役派遣具有一定的劳务补贴，政府将粮食发放到各保保长，由保长按保内村民出工情况，以每人每月3斗米的标准发到出工的各户。但补贴金额并不高，且劳役中的出工者的食宿条件十分恶劣，工作强度十分大。对于劳役派遣，当地流传着这样的顺口溜："新津机场修得宽，几县民工数万千，每天吃的臭米饭，顿顿都要排立班。黄天坝机场没多宽，就在马家场街侧旁，当官的每

---

① 四川省新都县志编撰委员会编：《新都县志》，四川人民出版社1994年版，第906、907页。

天在街上转,民工早起晚归活动做不完。"① 不敢反抗的村民,只能以此来述说劳役的辛苦,批判政府对劳力的剥削。此时,村民虽因公共设施建设而受到国家的剥削,但道路和水利的建设解决了其生产生活所需。随着战争的频繁爆发,国民政府人力、财力集中服务于战争,无力担负大型公共道路、大型水利的建设与管理,从大量公共设施的管理中退出。由此曲水村村内的连封桥,与曲水村农田灌溉息息相关的常乐堰均从"官办"走向"民管",国家从主办者变为协助者,村民承担了所有的建设责任。

　　三是自愿兵役变为强制征兵。新繁位于川中腹地,是省会成都的北大门,加之境内物产丰富,既是军队粮饷重要供给地,也是兵员补给地。民国初期,延续清朝的募兵制,对于出壮丁的家庭有5担米的补贴,当兵者本人有一定的薪饷。但普通士兵的薪饷很低,因而当兵对大部分人来说只是免费"吃军粮"。加之,军队制度管理不严,新兵和壮丁被虐的情况常有发生,服役壮丁常食不果腹,衣不御寒。且随着战争的爆发,面临着死亡的威胁,因此,人们普遍不愿服兵役。自愿参军者多为得罪地方权势的普通农民,或是被生活所迫的穷困者,或是逃避当地官府追捕的罪犯。如村民胡木因犯事违反法律,偷跑到外地,隐藏真实身份,并主动参军,以此躲避当地政府的追查。另外,村民胡术堂虽为家中的独子,家庭贫寒、生活困难,为吃军粮,同时挣取一定钱财而替他人当兵。

　　募兵制下,人民对于是否参军拥有自主选择权。但随着抗日战争的全面爆发,兵员奇缺,民国政府改为义务兵役制度。民国兵役法规定:身体健康,年龄在18—45岁,符合标准的男性均应服民国兵役。以户为单位,以"三丁抽一,五丁抽二,独子免征"为征兵标准。且制定了"三平"原则,即要求征兵之时做到"平均、平等与平衡",所有符合条件者,不分身份和贫富均照此执行。每年以保甲统计,符合标准的壮丁数为征兵基数,根据上级政府分配名额,在县内进行抽签。征兵之时,以保为单位,政府将名额下达给保长,保长通知保民。再由保长抽签,抽中正签一名,预备签则三倍于正签,抽完之后统计各保应征人数。再从本保内壮丁签中按数量抽出,中签者当场登记于册,待征集时,按照配额查号对名。但一般保长不会告知村民真实的征兵人数,也

---

① 新都县高宁乡志编撰领导小组编:《高宁乡志》,1984年版,第98页。

不会如实公开抽签情况，往往是保长说："你家中签了，该出一个壮丁。"最后与保长关系亲密的亲族，以及权贵者往往不会中签，而普通农户可能年年中签。如高宁乡乡民白福全四兄弟，相继有两人被征，第三年、第四年仍被保长告知其家中签。①

（三）以维护统治为目的的文化服务与管控

马克思主义经典作家指出，文化作为一种意识形态是国家统治的工具，"在物质上占统治地位的阶级，同时也支配着精神的生产资料"②。美国学者本尼特认为，"如果把文化看作一系列历史特定制度形成的治理关系，目标是通过审美智性文化的形式、技术和规则的社会体系实现广大人口思想行为的转变，文化就会更加让人信服地构想"③。在传统时期，受制于能力的不足，国家对乡村社会的直接干预相对有限，而文化这一软性治理方式则是国家控制农民行为的重要方式。

清朝光绪三十一年（1905），随着科举制的废除，政府办理学堂，在高宁乡内石云村石云寺内开设小学，命名为县立第十七初级小学。民国二十九年（1940），"民国教育制度"推行，民国政府整合教学资源，强化乡村教育，开办国民学校。并颁布政令规定，6岁至12岁的儿童除可能受6年教育外，应受1年或2年义务教育，即从政府层面对村民的教育程度提出最低就读1年的要求。④民国三十年（1941）高宁乡内共有小学5所，高宁场小学为乡中心小学，宁河寺小学、石云寺小学、王爷庙小学、太辅寺小学4所为保民小学。在曲水村内无保民小学，村民就近就读石云寺庙小学。在国家政策要求下，民国时期出生的曲水村村民绝大部分接受过教育。新繁县内官办学校的课程，在保留传统的国语、写字、作文、历史等基础教育内容的同时，还学习西方国家开设物理、生物、化学等。另外，民国初期开始，从初小到高中开设修身课，后改为公民课，对学生进行思想教育，对人们进行直接的规训教育。

在强化官方教育的同时，政府还对民间社会文化进行管制。一是对宗

---

① 新都县高宁乡志编撰领导小组编:《高宁乡志》，1984年版，第16页。
② 《马克思恩格斯选集》第1卷，人民出版社2012年版，第178页。
③ ［美］托尼·本尼特:《文化与社会》，王杰、强东红等译，广西师范大学出版社2007年版，第163、197页。
④ 新都县高宁乡志编撰领导小组编:《高宁乡志》，1984年版，第79页。

族文化的利用和管理。由氏族父系家长制度演变而来的宗法制是我国传统封建社会的国家治理制度，作为国家宗法制度基础的宗族文化为国家所推崇。随着民国成立，国家宗法制度废除。但宗族文化已深深根植于我国社会，加之动荡的社会环境下民国政府对于地方的保障和治理十分有限，仍需依赖社会自我治理。对此，国家鼓励当地宗族自我治理，对在不违反国家之法下的宗族文化及其所形成的宗族治理行为采取不限制、不干涉的态度。为此，在村民们看来，"国家与宗族没有什么关系，就是当村民管理"。同时，"以前族亲的人一起都是耍一下子，不干什么事"①。即对于宗族的祭祀活动、聚餐活动、宗族的族谱编修等活动，国家均不会限制，一般也不会进行监督。基础性事务一般由亲族自我处理，而不会寻找政府和保甲长合作或帮忙。对于国家的事务，政府和保甲长也不会请宗族的首事帮忙处理。即在治理事务上，国家与亲族并不发生直接联系。但是宗族为了族人的稳定发展，均会教育族人遵守法律，不少宗族还以祖训规诫族人要"按时按量纳税"。在日常的生活中，首事、长者在村内与保甲长之间的日常关系往来如普通村民一样，以相互之间的亲疏关系、社会关系为基础，而非因其分别为族亲治理和国家治理的权力代表。在亲族的集体性祭祀、上谱等活动聚餐，以亲族治理主体为尊，同为亲族的当官者、保长等则次之。"当官是在外面当，回到家里就不是官。"② 在族人眼中，宗族集体活动中无职业、贫富之分，而是辈分高低者、首事与普通族人地位之差。因而，宗族集体的活动礼仪上，由组织活动的首事站在最前面，其他辈高者和被族人普遍尊敬者并列于首事两边，或是在其后一排。亲戚之间常是辈分与年龄相结合，年长辈高者便是日常的主要管理人，在集体性活动中地位也是最高。

二是国家对宗教文化的控制与利用。在我国古代社会，儒教与宗族文化相结合，形成代表国家统治意志的宗法文化，同时国家对佛教、道教兼收并蓄，使之共同服务于封建统治。从治理而言，宗教文化也是传统时期国家用于强化统治的工具。国家对宗教控制的同时充分进行利用，将基于宗教文化而形成的信缘组织划分为正教与邪教。民国时期，集中在曲水村

---

① 来自黄大文老人的访谈。
② 来自黄大文老人的访谈。

邻县郫县、彭县活动的红灯教，因暗中反对民国政府，而被划为邪教并被当地政府打压。对于国家政府所认定的正教，则以支持性的管理为主。包括对所认定的正教人员和尚、道士进行登记管理，予以免服兵役的福利；在场镇上的大型庙会，当地政府一般会主动提供一定的治安保障；对于香火旺盛、规模大的寺庙，政府还会予以一定的建筑修建支持。同时，国家借助信缘组织、活动进行社会治理。在清末宣统元年（1909），国家创建创业会，并结合当地的庙会开展商业活动，以促进当地的经济发展。比如新繁城隍庙庙会、马街荣华会、木兰"文昌会"。在灾荒年间，当地政府还常劝寺庙捐赠或是为灾民提供救济，或是与之共同开展施药、施米、施茶等救济活动。在民国时期，庙产还成为国家教育或是其他公共事务的经费来源。《民国新繁志》记载，清光绪二十九年（1903）为开设学堂，新繁县县政府置办田地数百亩作为学田，并劝各地寺庙神会捐赠，当地寺庙长年捐有钱三千余串、谷粟数十石。光绪三十四年（1908），新繁县县政府接收宋氏祠堂捐赠二百亩田产，并附征六厘契税开办斗捐来增加教育经费。民国十五年（1926），政府对庙产田地附加肉税，并接收区教育经费数亩田地。民国十六年（1927）进一步附加中实捐。民国二十七年（1928），当地设立教育经费清理委员会，一年清理出寺庙会馆田三百余亩，房屋数十间，银币八千余元。[①] 可见，宗教捐赠是民国时期新繁境内官办学校办学经费的主要来源之一。另外，民国时期高宁乡的5所保民小学除高宁场小学位于场镇，为新建学堂，其他4所小学分别位于宁河寺、石云寺、王爷庙与太辅寺，并以寺庙之名作为学校名称。寺庙成为当地保民小学的免费办学地。

三是日常生活中的文化管理。旧时，"休谈国事"是当地村民在公共场合聊天交流不成文的规矩，而这源于国家对民众公共言论的管控。虽然曲水村内茶馆、幺店子、饭馆、林盘等公共场所内外均无牌子或者张贴告示以告知村民，但村民心里清楚，谈论国事时如果言语不当，传到保甲长或是任何政府人员耳中，将面临罚款、坐牢等惩罚。因而，在公共场所聊天之时，村民常常主动避开国家政治事务话题，而以日常生活中的喜乐见

---

① 王维新编：《中国地方志集成——四川府县志辑》（12），巴蜀书社出版1992年版，第10页。

闻、家长里短，生产技术、信息等为谈论内容。在封闭隐秘的屋里院内才敢与自己关系亲密且十分信任的家人、朋友、亲戚等悄悄地谈论国事。同时，国家也一直对公共场所的言谈及一些行为进行管控，包括茶馆"民事法庭"——讲礼信历来采取不干涉的态度，但到民国时期，国家开始控制或禁止这个活动。到民国三十四年（1945），随着民主运动的发展，国民政府对茶馆、幺店子等人们休闲娱乐的公共场所采取更为严格的监控。成都市政府与成都警备司令部、宪兵两部门联合发布了针对茶馆的五条禁令，并派大量便衣警察隐藏在公共场所秘密监视人们的言行。民国三十五年（1946），国民政府更是以纠正不良习俗为由，禁止开办新茶馆，逐渐取缔茶馆。总而言之，在远离成都市中心的乡村茶馆，村民们严格遵守"莫谈国事"的规定。且大多数底层的人们本身也缺乏市民意识，并不关心国家政治。"'三个吊吊子，还有一个'，家里有钱的上中农家才会去喝茶。基本上贫农都没得茶喝，一碗饭都没得，哪还有钱上街去喝茶。"正如村民刘德华介绍，传统时期，茶馆喝茶者多为中人、红业婆、行夫等为获取交易信息的介绍性职业者和经济富裕、有充足闲暇时间的富者，普通农户坐茶馆频率低。加之国家对茶馆控制和打压的社会环境，茶馆无法滋生成长为市民社会。

  传统时期"皇权不下县"，国家权力的治理集中于县及以上，而在广大乡村的治理十分有限，甚至在众多公共事务中缺位，形成纵向"断层"式的治理格局。整体而言，在传统时期的曲水村亦是如此。在曲水村村庄内部，保甲长积极执行与国家政府息息相关的税费征收、劳役安排以及征兵拉丁，对于与村民息息相关的生产、生活事务管理甚少。当地政府所提供的社会服务，在公共水利、修桥等重要的生活、生产设施中治理方式从政府包办转为民间自治，国家从主导者变为引导协助者，甚至在兵役和劳役中呈现出一定的掠夺和剥削。正如学者罗威廉在汉口所发现，晚清以来，国家很少直接介入福利服务供给事务中，并不热衷于在向社会提供"安全网络"中扮演重要角色，"总趋势之一是从直接的政府介入一步步地向后退缩——尽管偶尔也会表现出相反的态势"[①]。为此，村民常以

[①] ［美］罗威廉：《汉口：一个中国城市的冲突和社区 1796—1895》，鲁西奇、罗杜芳译，中国人民大学出版社 2008 年版，第 120 页。

"只管收钱收税""只管钱不管人"来概言民国时期国家的治理。即在向人们征收税费上严格执行,而对于村民所需之事,国家则不作为,或是不完全作为。村民宋贵清更以当地的匪患为例,"土匪到处都是,(政府)整也整,但整小的不整大的,要是都整理完了谁给他交钱呢"。国家的权力随着国家政权的建设,深入农村,但对农村和农民而言,国家的有益治理是极其有限的,是断层的。

二　宗族弱治理

在传统时期的华南地区,具有共同血缘的人们聚居在一起,形成宗族村庄,因族联结,以族而治。在这些村庄,宗族具有强有力的治理能力,操纵着政治机制,决定着村庄的村务管理、公共活动,并且是与国家规范相联系的重要基础。① 但曲水村是不同姓氏移民杂居构成的村庄,村民所在的宗族规模小,同血缘族人分散各地,宗族在治理上也是一种弱治理,对村民的生产生活影响甚小。

对曲水村村民而言,宗族集体联结活动包括祭祀、上谱,但是并不频繁,仅有每年一次的清明节祭祖。之所以宗族集体交往频率低,在于宗族成员的散居以及集体资产的缺乏。曲水村是多次移民所形成的社会,加之血缘群体无法避免的"细胞分裂",曲水村村民多以小家族为单位聚居在一个村落,而非大宗族集聚,族人分居于省内各地。从曲水村村民所在宗族的集体活动资金来源和分配来看,集体财产的缺失使宗族集体活动缺乏支撑。如村民姚建述所在的姚氏宗族共 11 户,没有固定的族产,轮流办会,费用按户平摊。轮到办招待的族人向全族按户收米、油,然后换成钱来购买办会所需的香、鞭炮、肉、菜等,或是先由其垫付,再根据消费数额由参与活动的农户按户平摊。叶绪全一族同样没有族产,也采取轮流办清明会的方式。每年清明节,叶家族人从三道堰、彭县、乡内各村赶到曲水村叶家湾参加集体祭祀,祭祀按规定以户为单位,每户每年轮流组织。村民陈万骏所在宗族有一定财产,并由其家管理经营,但仅有 3 分 6 的田地,所得收入也只够用于每年清明宗族集体祭祀,收成不佳之时,甚至还

---

① [美] 杜赞奇:《文化、权力与国家:1900—1942 年的华北农村》,王福明译,江苏人民出版社 2004 年版,第 66、67 页。

得贴钱。甘玉成、黄大文等所在的宗族规模相对要大，并拥有一定的公产，但所在宗族族产均不在村中，而是在他县境内，与宗族聚集地相隔较远，所能享受到的族产福利仅限于每年清明会祭祀费用全免。

不同宗族的集体资产多寡不一，由此形成不同的办会方式，并对宗族集体联结程度起着关键性的作用。有经营性公共财产的董氏宗族、陈氏宗族、黄氏宗族等，宗族的凝聚力相对要强，清明会活动自开展以来一直延续到1949年之后。而无经营性集体资产的姚氏宗族和叶氏宗族的联结力相对要弱。尤其是叶氏宗族，轮到族人叶代方一家操办清明祭祀之时，因家境贫寒，无力承担，其他族人虽知其贫困，但也不愿借钱给他办会，而若改为平摊集资，则对之前已经操办过祭祀活动的族人不公。为此，当年清明会停办，之后族人之间也不再集体祭祀。全族集体性联结大多限于清明节集体祭祀，当地同族之间的小规模的联结一般发生在节日、婚嫁之时，且这些族人多为三代近亲，最多也不会超过五代关系。

宗族在治理上同样呈现出凝聚力不足、治理能力有限。具体来看，治理主体属于义务性，缺乏权威性。在家户之外，具有共同血缘的关系者同样组成大家庭——家门、家族或是宗族，但不同于南方宗族以"族长"称呼族中的最高管理者，而是"首事"，首事在当地是对集体活动组织者的统称。曲水村宗族首事产生方式有两种。村民黄大文所在宗族首事，在每年的清明祭祀之时，由各户派一名成年男性族人共同公推公选产生。具有一定的经济基础，又有管理能力，品德优秀的年老、辈分高者，并且有权有势者是首选。任期各宗族也不尽相同，大部分实行数年一选制，而非终身制。村民姚建述所在宗族的首事，则是以户为单位，每年轮流由一名成年男性族人担任，无成年男性的农户家则先排除，因为女性不属于族人范畴，未成年者无管理能力。等其儿子成年之后，该户便可再次获得宗族首事担任权。另外，从村民的讲述来看，民国时期，当地的宗族首事属于义务性职位，两种方式产生的担任者均无工资报酬。作为宗族事务管理者，首事对集体祭祀、族谱编修、族产管理具有较强的管理权力，但是对于这些活动，族人可自主选择是否参加，对于不参加成员，宗族也不会给予实质性的惩处。

另外，宗族治理的内容和权限集中于族人集体事务，以及对宗族整体发展影响较大的私人事务。如对于族人婚嫁、宗族禁止同姓通婚，在生养上，抱养、过继都有明确规定。族人其他事务，如分家、生产经营、生活交往等家庭私事则均不在其管理范围。在族外事务上，更是少有涉及，尤其是在国家行政事务、法律罪责中不会以宗族整体应对。即农户税费欠交、不交，国家不能将责任转到该农户的父亲、儿子、兄弟姐妹以及其他与之有亲戚、同族关系者身上。在罪刑责任上同样，民国时期已经废除"株连九族"制，未参与到同一事件中，并已分家的兄弟、父子、家门等均不负连带责任。

从族人对宗族治理的服从来看，基于对祖先的崇拜之情，对于族内集体性的事务决策，族人以服从为主，族内活动的参与性较高，包括集体活动收费，仅有无力承担交不起的情况才会不交或是少交。但私人事务上的族亲治理认同度则相对要低，首事或者长辈对族人和亲人可以进行批评、教育和体罚，但效度有限，不听从管理的情况时有发生。

曲水村村民与宗族之间的联结频率低、程度浅，且容易断裂，以血缘为纽带的联结关系有限，以族为单位的联结十分脆弱，而以此联结为基础形成的宗族治理是一种弱治理。

三 士绅先生治理

在曲水村落中，有声誉、有威望的"士绅先生"是传统时期当地主要的社会治理主体，并在治理中主要承担中间人、调解员、评判员、管理员的角色功能。其中士绅先生只有有威望者、有钱又有权者才能被村民如此称呼。民国末期，被曲水村民所认可的士绅先生主要有三位：罗云学是一名教师，在村内花药寺小学教书，村民评价他"有书底子，家庭又有些钱"；赵尚云父亲曾在禁烟局任官，退休之后从事教育事业，在乡内和村里保民学校教书；康茂之，有40多亩田地，村内、乡场镇上均有房产，为高宁乡袍哥会的清水大爷，且是高宁乡的乡民代表，是曲水村名声在外的名人。概况而言，士绅先生一般为经济水平在村内属于中等及以上，有一定的学识文化，具有一定社会地位的当官者或退休官员、教书先生，成功经商者。

士绅先生在村中的社会地位高于村内普通村民，在村中公共事务中具有一定的话语权，日常村民之间的矛盾纠纷中也可作为评判者、调解者。村民对其十分尊敬，如在称呼上，比其年长和年幼者均会尊称其为"大爷"或是"先生";在茶馆喝茶之时,将主位让与其就座。但士绅先生的治理能力范围有所限制,常以保为其治理范围。村民宋贵清表示,"外面的乡绅不会(主动)参加村里的事,有事大家也不会找他们"。对此,他的解释为:"不是一个圈子的人,不了解情况,还是找自己的人。"而康茂之,其为高宁乡乡民代表,士绅身份为全乡范围村民认同,因而请其帮忙与管理的人来自全乡各地,治理范围覆盖整个乡。但整体而言,仍是以村庄为主要治理范围。曲水村士绅先生在社会治理中,主要涉及的事务为调解矛盾纠纷、充当中人、帮忙代写文件以及协助村庄公共行政事务。所有这些事务,士绅先生一般不会主动参与,而是需要对方上门请。士绅先生有自主选择是否参与的权利,并非所有村民的请求均会答应。能请到其帮忙的人主要有两种:一是有社会地位的人,比如保长、袍哥大爷等;二是"有关系"的人,即与之血缘关系和地缘关系的群体,包括作为亲戚、家门、同族族人的血缘关系者,就近居住的村民,相互往来的朋友。如赵尚云介绍,其父亲因在政府工作过,对法律比一般人熟悉,常有村民找他父亲写诉状,但也并非对所有人都有求必应,也是有所选择。"老汉(父亲)在村里说话还是有用,接触他的人都相信他,能帮到的人都会帮。一般也都是附近的、认得的邻居、亲戚比较多,远的人不认识就不会喊了。不认识的、不了解的人也不会去帮忙。因为本身自己也很忙,帮认识的人也是抽时间去做的。"

四 多样化的横向治理及其弥散性

在传统国家缺位不为、少为之下,曲水村村民基于地缘关系、业缘关系、信缘关系等形成了多样化的联结,产生了以社会组织、首事等多元主体的自我治理,对有限的国家行政治理进行补位。但在面对国家沉重赋税剥削、兵役,袍哥组织抢掠之时,这些横向的联结力均显示出明显不足,治理呈现出弥散性。

最为常见的横向治理首先为首事治理。如龙杆会、相帮的领导者,水利管理的堰(沟)长,其他公共事务活动的组织者等均被曲水村村民称为"首事"。据村民介绍,首事是群众所选出来专门管理或是组织公共事务,与保甲等行政治理无关。村中行政事务上,保甲长不会请其参加,保甲长作为公事人员也不能干涉其事务。而且首事与保甲长不会为同一个人。村民避开选保甲长任首事，同时保甲长也愿意担任，因为其本身有行政事务需要处理，加之首事一职无实权、无工资。首事的权力仅限于其职能事务，在此之外，首事则与普通农民无异，无其他特殊的权力。

曲水村村民之间，以及与村庄外部人员之间，除行政关系、地域关系、血缘关系，还存在着信缘关系、业缘关系等社会关系，形成不同的治理。从社会治理的角度来看，在信缘关系中也能构成权力，形成治理主体与治理过程，对曲水村村民的生活、生产、社会产生一定的影响。在社会中和尚、道士的整体地位与一般的农民相当，村民常以"师傅"称呼之，信奉者更是将其言语当作圣旨去奉行。但如村民闵文凤所言，在具体的事务上，"人是保里面管，寺庙不能管"。其对信徒的生产生活不能进行直接干涉，现实中对曲水村村民的生产、生活影响大小决定于村民对宗教的信奉程度。其中，宗教文化对曲水村村民生产生活的整体影响主要包括以下两个方面：一是因对土地神的共同信仰，每年村民集体组织起来，开展秧苗会活动；二是乞丐到寺庙中来乞讨之时，寺庙会给予救济，施以米饭以及提供住宿，在灾荒期间以及年前开展施药、施米、施茶等救济活动。

业缘组织既是业缘关系的治理单元，也是治理的主体。在曲水村，因农业生产而产生的业缘组织主要为临时性的水利组织。工商业性质的组织则相对丰富。在新繁县有各行各业共同组成的商会，跨村跨县乡同行之间形成各种帮会，高宁乡内便有酒业帮、米帮、干货帮等，在村内有活路班子以及鸡公车帮。工商业组织中，在县乡范围内成立的正式同行业帮会，一般在当地经商的同行业者均可加入，并无地域上的条件限制。而在村民自行结合的松散式组织，对于成员对象则除同行外，还有其他要求条件。比如村民王天应组织的鸡公车班，在成立之初选择与之相熟的村民作为组织成员。业缘组织与成员之间以利益关系为主，成员参与组织大多能获取利益，也有村民为保护自身利益而被迫加入业缘组织。如村民刘德华介绍，在集市马街，不成为当地帮会组织——罗祖会的成员，则无法在当地从事理发行业。传统时期，松散的活路班子内管理者的权力十分有限，组织对成员的约束力也不大，大部分组织成员可随时退出组织，且此行为对其也不会造成巨大的影响。而帮会类的业缘组织及组织领导者对成员具有较强的权威和权力，对于违反规定者，可将其驱赶，禁止其在当地进行经营，也可进行罚款的惩罚。对于组织成员而言，关于这些组织有正面评价也有反面评价。如村民王天应认为鸡公车班成立，主要为其增加了客源，同时在日常协作中得到帮助。而村民刘德华表示，罗祖会对不同的人作用不同。如初到马街集市的理发者，可以通过罗祖会介绍快速找到合适的工作；禁止非组织成员经营，对当地的理发者也有保护作用。但对于如其一样的学徒而言，加入组织，并无可见的实际效用。

传统时期，曲水村并非某种单一力量的治理，曲水村的社会治理是代表国家政权的保甲长、宗族的首事、亲戚长辈、家户的家长、各类社会组织等多元力量共同构成的复杂治理。不同的治理主体代表着不同的社会权力和权威，并有不同的治理功能。但整体而言，国家行政权力的治理是十分有限的，而宗族治理能力弱，曲水村社会秩序、村民生产生活的有序进行依靠的是关系建构下所形成的多样化治理，如表6—1所示。

表6—1　　　　　　　传统时期曲水村社会治理概况

治理主体	资格条件	性别	主要职能
保甲	有钱者、有文化者	男	1. 抓壮丁 2. 收赋税 3. 公共服务
士绅先生	有社会威望者	男	1. 帮忙解决困难 2. 调解社会矛盾
族中首事	一定的经济基础、有能力、品德好	男	1. 族内公务 2. 族产管理经营 3. 管理族人、协调族人矛盾关系
亲戚中长辈	辈分高、年龄大	不分男女	1. 协调矛盾 2. 参加亲戚的红白喜事 3. 教育晚辈

续表

治理主体		资格条件	性别	主要职能
家长		有经济和管理能力者	男性为主，特殊情况下女性也可当家	1. 家庭成员管理 2. 家庭财产处置 3. 家庭事务安排
社会组织	信缘组织	—	—	1. 举办活动 2. 发展信徒 3. 协调矛盾
	业缘组织：会长、班头等	有能力、熟悉业务	不分男女	1. 协调矛盾 2. 经济发展
	公共事务性组织：首事	有能力、品德和一定经济基础	男	解决组织成员的公共需求

第二节 变迁：从横向联结走向纵向治理

"前现代的国家能够有足够的情报保持秩序、征收赋税、招募军队就很满足了，但是现代国家进一步希望掌握国家的物质和人力资源，并使之有更高的生产力。"① 正如斯科特所言，在传统时期，国家与农民个体之间的联结相对较少，往往限于实现秩序保持、征收税赋和招募军队。但是，新中国成立以来，随着土地改革、人民公社等一系列政策的实施，国家政权不断下沉，基层社会逐步从横向治理主导走向纵向治理主导。

一 纵向联结的建构与治理

巴林顿·摩尔认为，1949年前在农村实行的是一条"分裂农村旧秩序残余"的道路，即以"打土豪，分田地"，使富人、剥削者与广大农民形成相互分裂对立的群体，实现共产党与其他广大农民内部的

---

① [美]詹姆斯·C.斯科特：《国家的视角：那些试图改善人类状况的项目是如何失败的》，王晓毅译，社会科学文献出版社2004年版，第64、65页。

联结。① 在新中国成立初期，阶级斗争也是实现国家纵向联结建构的途径之一，但是又并不限于此。从政策制度来看，使国家纵向联结和治理深入农村的关键政策制度包括土地改革运动以及人民公社化政策。

（一）土地改革与经济关系重组

传统时期的曲水村是以家户为经济生产单位，以地主与农民之间的经济关系为社会基础的基层社会。1949年新中国成立，开始实行土地改革。1951年10月，高宁乡加入土地改革的浪潮，废除了封建土地所有制，对土地重新分配。以村为单位，曲水村村内地主土地被没收，富农多余土地被征收，分给无地、少地的其他村民。农民成为土地的主人，但土地的所有权制未改变，仍为农民私人所有。

因土地所有权的变革，土地的使用经营和收益分配也随着变化。土地改革运动之时，曲水村全村的土地由农协会会长安排，并按村庄人口分配，单身汉、现役军人和雇农分双份土地，地主、富农则与其他村民一样分有一份地。考虑田地土质存在差异，当地还根据土质进行交叉分配。高宁乡全乡的分配结果为：上等田每人分一亩一分八厘，中等田人均一亩二分八厘、下等田人均一亩三分八厘。② 分得田地的农户拥有所得土地的所有权，同时获得土地使用经营权和收益权。

村民王天应介绍，除以上基本数量分配规则外，土地改革时期曲水村土地分配还考虑居住地与田地的距离，采取田地"就近分配""自由交换"的原则。就近分配，即以聚落为基本单位，将聚落附近的田地分片划给各个聚落，而后再以抽签的方式将这些田地分配到每家每户。但有些村民出于耕种便利，更乐于分到居住地相近的田地；部分村民更看中田地的产量，因而想要分得上等田。农协会分配好之后，同村村民还可以自行相互交换自家的田地。而对于分配结果，王天应表示："以前都没有田，都是花钱租地主的，现在是免费给。就算分到坏的（田地）有意见也不能怎样。分到田就好高兴了，不管好坏，没有计较那么多。"

土地改革不仅是对土地和财富的重新再分配，也是一场政治革命，农

---

① ［美］巴林顿·摩尔：《民主和专制的社会起源》，拓夫等译，华夏出版社1987年版，第178—181页。

② 新都县高宁乡志编撰领导小组编：《高宁乡志》，1984年版，第49页。

村治理体系的改革。1949年12月，高宁乡解放，初期乡、保政权机构未发生变动。但代表国民党政府执行国家政权的保甲长从权力中心退出，并成为斗争的对象。1950年9月，按照《川西农民协会章程》，高宁乡成立农民协会，以保成立分会，代行乡、保政权职能，以甲成立会员小组。高宁乡农民协会设主席一人，副主席两人；农民协会分会与之组织结构相同，农民协会小组则设组长一人。

基层政权治理组织更变，担任正副协会主席、正副分会主席、组长之人的条件、资格也发生剧变。曲水村农民协分会正副主席由村民民主选举产生，但是具有选举和被选举资格的只有中农和贫农，而原来担任保长的权贵者，因划分为地主、富农而被剥夺参选资格。同时"成分好、为人老实、能识字、会写字"的贫穷者常成为当选人。曲水村作为高宁乡农协会六分会，主席吴寿坤便是以租田耕种为生、读过几年书的贫农。除正副主席固定职位外，其他农协会分会工作人员则由村长（主席）指定，但同样为中农、贫农成分者。贫农王天应在土地改革运动之时，被协会主席任命为秘书，协助主席发动群众斗地主、分田地，同时也管理村中的武装与治安。在此期间，政府还以乡为单位，相继成立高宁乡妇女联合会、联合诊所、兽医协会、供销社高宁分销社以完善政府治理和服务功能。

共产党领导的反帝反封建，以及"土地还家"的土地改革运动，使"农民取得土地，党取得农民"，"上层和下层、中央和地方整合在一起"，农村基层社会得到重组。[①] 对于曲水村农户而言，土地改革使农户获得同等数量的土地，大大增加了曲水村村民自有田，而且还将村民从租佃关系中解放出来。

（二）人民公社与国家全面渗透

"一个政党如果想首先成为群众性组织，进而成为政府的稳固基础，那它必须把自己的组织扩展到农村地区。"[②] 新中国成立之后，随着农民合作化变动升级为集体化运动，政社合一的人民公社制度建立，实现了国家政党在农村地区的深入，农民的生产和生活高度国家化，将农民与国家

[①] 杜润生：《杜润生自述：中国农村体制变革重大决策纪实》，人民出版社2007年版，第17、20页。

[②] ［美］塞缪尔·亨廷顿：《变化中的政治秩序》，王冠华、刘为等译，上海人民出版社2010年版，第361页。

直接对接起来。

一是通过"政党下乡"成功打通了农民与国家的政治联系，将农民带入国家政治生活。1956年农业合作化运动开展，1958年初级合作社先后转入高级农业生产合作社，乡、村的建制和区划由乡、农业社所替代。"合作化运动的一个重要后果就是将党的支部由行政乡一直延伸到村庄和生产单位。"①

1958年第一个人民公社成立，"政社合一"农村人民公社制度正式成为我国农村治理制度。在"政社合一""政党合一"的制度体制下，公社、生产大队、生产小队成为乡村治理的三级单元。1959年高宁人民公社的正式成立，基层建制再次发生较大变动。原高宁乡被划分为四个管理区，下设八个生产大队，六十四个生产队。三个单元的划分主要依据农村的经济生产制度的安排："三级所有，队为基础"。所谓"三级所有"指"公社、生产大队、生产队"三级单位对生产和生产资料共同所有、三级管理、三级核算；所谓"队为基础"，是指生产小队为最基本的生产和核算单位。

曲水村为高宁人民公社二管区，第三生产大队，下辖若干个生产小队。曲水村生产大队是基层行政治理主体，负责大队的生产经营和分配、政治运动、公共建设、公粮上交等事务。曲水村生产大队内设书记、队长、副队长、会计、出纳、保管、民兵队长各1个职位。书记与队长一般为一肩挑。曾任村大队副队长的村民彭宁忠介绍，书记和队长职位既有上级任命，也有推选产生，其他职位者多由村民推选产生。在每个生产小队均有1名队长、1名副队长、1名会计、1名记分员，1名保管，并由生产大队书记推荐，小队居民多数同意产生。村庄干部的选任上，秉承土地改革运动时期的基本原则，富农和地主仍是人民斗争的对象，因而从中农、贫农、雇农中选出"做事公道、为人正直、有能力"者担任，其中会计、出纳要求读过书、会算数。生产小队作为经济生产、核算、分配的最小单位，也是小队村民生活、生活事务的治理主体。曲水村村内生产小队一级的划分以田亩数为基础，结合人口，将居住较近、田亩总数为250亩左右的（住户）划为一个队。为此，一个生产小队基本上就是挨着的几个院子住户。

---

① 徐勇：《"政党下乡"：现代国家对乡土的整合》，《学术月刊》2007年第8期。

公社生产大队、生产小队的划定，以及高宁人民公社、各生产大队和生产小队对应设立党委、党支部和党小组，党组织与高宁乡的经济组织高度重合，而且党组织在治理中占核心地位。随着高宁乡人民公社的建立，整个曲水村村民进入了代表国家政权的党组织网络中，国家成功建构了上至代表国家政权的中央政府，下入村内各个小聚落的纵向联结。

二是农民生产生活的国家化。人民公社制度下，村民集体劳作，生产资料由公社所有，公社决定生产和分配。高宁人民公社建立之后，高级社的财产全部收归于国家所有和经营，并且以公社为核算单位，取消了高级公社的分配原则，实行"吃饭不要钱，按工分拿工资"。

具体来看，生产中公社分配任务，小队集体执行生产。即高宁公社对生产大队进行任务安排，再由生产大队安排生产小队的生产任务。具体到各个农民的生产事务由生产小队队长安排和分配。在早上生产小队队长吹哨之后，需要出工的农民全部到保管室中集合，小队长根据当日工作安排好每个人要带什么工具、干什么活，之后各自回家把工具带好。或者在前一天下午收工之前便把第二天的事务安排好，第二天早上哨子吹响之后，各自把工具带上直接出工。当地农民做工方式分为"包工"和"点工"两种形式。包工就是把一份活给包出去，工分是确定的，什么时候做完所有工作，什么时候给分。比如某人承包20亩田总共20个工分，一天做完则当日即获得20个工分，花了5天完工，那么5天总共是20个工分。"点工"则是以生产小队为单位，小队安排工分，小队或是小队内数个成员共同出工。①

人民公社化时期，虽为集体劳作，但分配上按照劳动分配。每个队均有记分员，担任工分登记工作，详细记下每位成员的劳动情况。记分员根据队长的安排，首先大概清楚每个人当日的事务和工分数。图6—1为村民黄大文1976年11月记工考勤册，以及部分工分登记情况。此册子便是由村民黄大文自行保管的工分本。另外，每个生产小队的队长有登记册，详细地登记着各个成员每日的出工和工分情况，在工分结算之时，以这两本册子相互核对。出现早退、晚来情况，则相应地扣除部分工分。而且，此情况下一般不是被记分员或是队长发现，而是其他与之分配到同一任务的其他村民主动告知记分员。因为其他人做事时间长，做的事务更多，便

---

① 来自魏克如老人的访谈。

会要求分得更多的工分，而一些工作的总工分是既定不变的。对此，村民彭宁忠具体举例："比如一个活，10个人去做，一起一天100个工分，一人一天10个工分，谁要是只做了半天，只有5个工分，剩下的5个工分就其他9个人得了。"曲水村村民在公社时期仍以务农为主，但也有务工者。外出务工者多为有手艺的"五匠"（改匠①、泥水、木、雕、石匠）。且外出做工先需本人向生产队队长同意，未同意则不能出去做工。出去做工的工钱由请其做事的主家出钱，得到的工钱必须部分交给生产队，称为"公积金"，即为生产队的集体资金，剩下的则归农民自己所有。在公社时期，村民赵尚云为"改匠"，在队内集体劳作外，也常外出做工，但其不时偷偷私藏工钱，经常少交有时甚至不交，最后队长不再准许他外出务工。

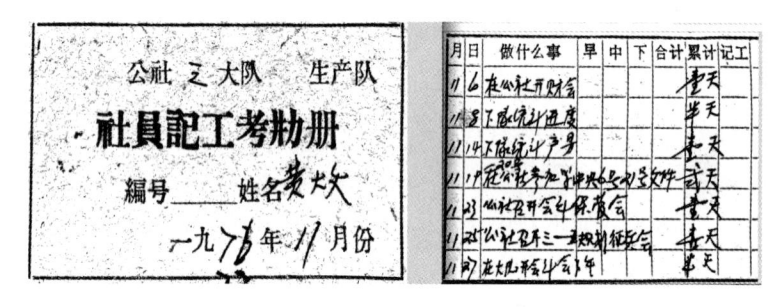

图6—1 曲水村村民黄大文记工考勤册

每年生产大队以大队集体收入从公社买回工分票，盖上本生产大队的印章，并由生产大队的副队长保管，而后各小队队长将工分登记本交给副队长，副队长审核通过后，再由计分员通知农户领取。但工分票不能直接使用，还需换成现金。每个生产队的工分所能兑换的现金也不一样。按照每个生产队的集体生产力，生产力高，工分价格也高，反之则低。在曲水村，各生产队基本在7分到1角不等。具体工分结算日，各队也有所不同，魏克如所在生产小队为每年的9月30日，彭宁忠所在队则在每年年底。工分结算之后，便可各自拿着挣到的钱换取大米、肉、布等。但是有些农户换购之后有所剩下，有些农户则入不敷出。

---

① 将大块的木头等切割成小块。

公社时期，人们共食大锅饭，也是集体化时期对集体收益的分配形式之一。1959年，以生产大队为单位曲水村开始实行"大食堂"制，由公社集体提供饭菜，所有的社员可以共同食用。社员无论是多干还是少干，只要是社员均可在生产大队的食堂就餐，而且吃多吃少并没有限制。

二 横向联结的断裂与消解

1949年后，随着国家权力的全面下沉，"一个传统的乡绅社会改造为一个现代政党领导和组织下的政治社会"[①]，农民传统形成的经济、社会、文化联结在社会治理过程中所发挥作用日益受限。

（一）被割断的传统经济联结

传统时期，除地主与佃户之间的经济联系之外，在农业生产以及特殊历史地理环境所形成的市场活动中，曲水村村民以家庭为单位相互之间形成了多样化、广泛地经济联结。但在土地改革运动中，"共产党对土地的再分配不再以家庭为单位而是按照人口来进行的，并不考虑长幼和性别。因此，共产党从基础上把农村体制打破了，使得地产与亲疏关系之间的联系荡然无存"[②]。而传统时期的曲水村以家庭为经济单位，家庭集体生产和集体消费，父亲作为长者掌握着家庭的经济，以此成为家庭中绝对的权威者，管理着家中所有成员。土地改革运动摧毁了或至少是极大地削弱了亲属关系的经济基础，成员对家庭的依附大大减弱，家长权威受到冲击。在土地分配到个人之后，虽然曲水村家家户户仍多是年长的男性作为家长，代表家庭对外交往、安排家庭事务、教育子女等，但家长权威明显弱化，尤其体现在对家庭成员的管理上。当子女成年并具有独立的经济能力之后，工作、婚姻等个人大事常是自行决定，父母难以干涉。

传统农耕生产中村民常常因人手不足，而换工或是相互免费帮忙；人民公社制实施后，因集体生产而无换工和帮工之需。以市场交易为基础的集市是四川传统小农生产生活不可或缺的一部分，在集市中人们因交换形成买卖关系，同时具有共同需求的经营者联合组成商会、帮会、班子等组

---

① 徐勇：《"政党下乡"：现代国家对乡土的整合》，《学术月刊》2007年第8期。
② ［美］巴林顿·摩尔：《民主和专制的社会起源》，拓夫等译，华夏出版社1987年，第180页。

织,或是形成非组织的个体合作,部分农户还在市场经济活动中形成熟人、朋友等。计划经济、统购统销政策的实施,使市场交易活动受到一定限制。尤其是人民公社制度的实施,生产小队的集体性生产消除了传统时期普遍的换活路、帮工等需求,村中大量劳动力以及其经济往来限制在村内以及土地上,当地部分集市被取消,农户赶场频率大大降低。而且能否去赶场还需要先得到生产小队队长的同意。曲水村村民市场活动参与的自主性受到极大的限制。

(二) 传统宗族、宗教治理功能的消逝

亲族是传统时期曲水村最为主要的治理主体之一,治理内容涵盖借钱、换工、子女婚嫁、分家、红白喜事置办等农民生产生活各方面。村民与族亲之间的联系主要为清明集体祭祀和上谱,同族族人或集聚于村中,或去往位于外村的本族宗祠和祖先墓地祭拜,以及在红白喜事上相互往来。而这些宗族集体活动延续的基础除对祖先的共同信仰之外,还主要依靠着族人共有族产的支撑。土地改革运动开展下,族产均被没收作为村庄公共财产,之后分配到各个农户,摧毁了各氏宗族族人的共同经济基础。一旦经济基础缺失,便容易导致宗族之间联系的断裂。如叶绪全一族,本身无集体宗族财产,每年集体活动依靠族人个体担负,当个体无力承担,清明祭祀活动便不再举办。随着宗族共有财产没收,联结族亲的清明集体祭祀、编撰族谱等集体活动也随之结束。同时,因祭祖被列为封建迷信而被禁止举办,仅保留以家庭为单位的家户性祭拜活动,曲水村村民与村内外族亲之间的往来日益减少,居住地相距远和血缘关系远的族亲之间甚至不再往来。宗族治理随之消散,亲戚关系也相应弱化。

集体化时期的"四清运动""平坟运动"则给宗族文化进一步沉重的打击。为推行殡葬方式改革以解决人多地少问题,1958年全国开展平坟开荒运动,田地中所有的坟墓被摧毁。墓主有后人者一般自行将先人的坟墓移到自家的院子内安置,而无人认领的坟墓则全部由村庄统一将尸骨埋入花药寺内所挖建的新坑内。不少宗族共同祭祀的先人坟墓,在此期间因多种原因而被推平。在1963年至1966年"四清运动"中,所有祠堂、祖先牌位、神位被砸毁,宗族族谱被烧。

同时,在这些运动中,维系寺庙僧侣生活、维持寺庙建筑修缮的公田和财产全部被没收,同时作为人们宗教信仰依托的寺庙、佛像被摧毁,或被作为当地政府、村庄集体公共场所，或分配给农户私人使用。其中，曲水村内的唯一的寺庙花药寺被拆除，而拆除的缘由则是连封桥重新修建需大量的木材。另外，传统时期曲水村村民所祭祀的外村寺庙也全部在新中国成立初期被作为他用。1953 年开始储备国家粮食，石云村的石云寺因占地面积大，同时又在去往高宁乡和新繁县的乡道边，于是被改造为高宁乡粮仓。锦水村的镇江寺和新庞村的观音堂被拆除，公毅村的太辅寺和石云村的阐教庵改建为学校，宁河村的宁河寺被作为村民住家。此时，宗教文化联结被禁止和割裂，宗教的社会救济功能自然无存，宗教的教化功能更是弱化，见表 6—2。

表 6—2　　　　　　　　新中国成立初期高宁乡内寺庙情况①

教别	庙名	别称（俗称）	庙址	建国初期状况
道教	石云寺	洪道寺	石云村	改建粮仓
	镇江寺	王爷寺	锦水村	拆除
佛教	太辅寺	张家寺	公毅村	改建学校
	花药寺	—	曲水村	拆除（用于连封桥建设）
	阐教庵	三教庵	石云村	改建学校
	观音堂	—	新庞村	拆除
	宁河寺	冯家寺	宁河村	社员住家

（三）社会往来联结与自我治理的弱化

新中国成立初期，社会混乱，曲水村农协会组织农民参加武装队以自卫，并对村民进出村庄进行管制。被划定为"保长、地主、恶霸"的村民被禁止随意出村，如果有事必需出村，则需先到农民协会开路条。其他本村村民则可随意进出本村庄。外村村民也属于陌生人，不能随意进入，需以路条为凭。另外，土地改革运动中每个农户分得土地，因租地而发生人口流动的现象消失，以地为生的村民安定在曲水村内。土地改革运动之后，社会逐渐稳定，进出村庄限制解除。但随着人民公社制度的实施，土地进一步禁锢了农民的流动。村民不能自行选择生产经营方式，所有劳动力由人民公社统一安排。

---

① 新都县高宁乡志编撰领导小组编：《高宁乡志》，1984 年版，第 88 页。

除当兵、政府部门任职、矿厂做工等，其他村民均在村内生产生活。

在受限制的社会流动中，曲水村村民之间以及与外村之间的社会联结也发生了变化。首先，重新划分了阶层。在传统社会，财富是权力的象征和社会阶层的主要划定标准，富裕者往往高人一等，穷者的社会地位则最低。土地改革运动使富者与穷者的社会地位和社会关系发生巨大变化，"经济上地主、富农与贫农跟贫农一样的，把大家都拉平了，但在社会地位上基本互换"①。土地改革首先使决定社会地位的经济基础发生根本性变化，传统的穷者与富者之间不再存在经济上的分化，即传统时期的社会阶层基础消除。国家直接将权力赋予曾经的穷者，穷者成为曲水村受村民尊敬、国家重视的人群。因穷者与富者社会处境的差异，人人唯恐被划定为地主。曲水村村民李天发在1949年以前，无耕种地，只能靠帮人打油、做工以维持生计，属于贫困人口。其先后育有5个儿子和1个女儿，因贫无力养育，于是先后将两个儿子送给他人收养。民国三十四年（1945），李天发将二儿子抱给了居于彭县万家店子的一户富人家。土地改革运动之后，二儿子与养父母一同划为地主，生活十分艰苦。当其知晓亲生父母为贫农之后，便多方打探并回到曲水村与李天发相认，同时向政府提出更改成分的要求，为此与养父母断绝关系，将自己的姓氏重新更改为李，最后回到曲水村亲生父母家中，成分也变更为贫农。为此，亨廷顿将新中国成立之后的土地改革视为一场"根本性权力和地位的再分配，以及原先存在于地主和农民之间的基本关系的重新安排"②。同时，在这场成分划定中，民国时期影响着整个四川省治理的袍哥会，因组织成员中恶霸、特务、土匪不乏其人，且组成"反共救国军"实行"袍哥游击化"，进行武装暴乱，而被政府清剿。

同时，成分还成为曲水村村民之间往来的基础性标准。在土地改革运动时期，村民被要求与地主"砍断联系"，即贫农、中农不能与富农、地主往来，即使双方为亲戚关系，同样被禁止。因而，土地改革运动运动开展之后，黄大文一家与其划为富农的祖爷一家便不再往来。对于被划分为地

---

① 来自魏克如老人的访谈。
② ［美］塞缪尔·亨廷顿：《变化中的政治秩序》，王冠华、刘为等译，上海人民出版社2010年版，第246页。

主者，村民主观上多为敌对态度，甚至主动参加对地主的批斗活动中。

人民公社时期，曲水村村民"走人户"（人情往来）的频率也大大减少。"以前都是一家一家的，有穷的，也有有点钱的，公社的时候都是吃食堂，家家都没得吃，走什么走呢？"村民黄大文还表示，土地改革运动之后，村庄红白喜事交往以同一产队内农户为主。随着人情往来的减少，日常互帮互助式的联结也变为集体劳作或是市场行为。传统时期，曲水村民以龙杆会来解决丧葬中的抬丧难题；办丧的主家只需支付少量的工具使用费，其他人则为免费帮忙。人民公社时期，所有的大型农具、生活用具均属于生产大队所有，抬丧所需的龙杆、绳子等也均上收为集体共有。当家中有人去世需办丧，则要向生产队申请使用龙杆、绳子，由生产队安排抬棺材人员。但因抬棺材而误工所产生的费用由主家支付，相当于主家支付工分。当地村民将此类行为称为"封工分"。仅有逝者无亲人之时，丧葬所有费用由生产队集体收入月担，生产小队成员义务抬棺下葬。不仅是抬丧需封工分，其他红白喜事的相帮者也由原来的免费帮忙变为工分支付。

三 纵向单向治理的困境

人民公社体制下的曲水村也面临一系列的治理挑战。人民公社制度以生产小队为基础单位，其基于"便于生产"而划定，与历史上自然形成的村落范围大致一致。① 从曲水村来看，也基本以院子聚集的院落为一个生产小队。但绝大部分的生产资料在事实上由生产大队所掌控，生产小队仅有小部分生产资料的自我生产经营权。且在政社合一体制下，生产小队队长是治理的主导者，尤其是在经济生产上具有较大的权力。村民魏克如表示："队长人好，或者跟他关系好，女性来例假就可以请到两三天假。队长人不好或与队长关系不好，则就不会同意，要么继续做活路，若自己不做那当天就没得饭吃了。"人民公社时期，权力过度集中于生产大队队长手中，村民之间因干群身份差异而分化。

"在自上而下的科层制和全国高度统一的领导体制下，农民的主体性

---

① 郝亚光、徐勇：《让自治落地：厘清农村基层组织单元的划分标准》，《探索与争鸣》2015年第9期。

虚化了。"① 在曲水村内，农民主体性虚化主要体现为村民"随大流""磨洋工"的消极参与。比如懒惰的村民，以及属于非全劳动力儿童、老人、妇女基本不会主动选择包工。因为"包工是一口价承包，算总工程，不计时间，1个人做就得抓紧时间做，自己做完了才算，不划算。点工不一样，点工是一起出工的，别人做得多，自己就可以偷一下懒，别人替我代过去，混着也能拿着工分"②。曾任生产大队副队长的彭××进一步介绍，"生产队的活大多是8个、10个人一个小队一起做。比如说10个人一起做个活，8个人来了，还有两个人没来，就不能提早开工，一般还是要先等等。你们先做了，他就是晚来，要扣工分，不高兴，要扯金（闹矛盾）。还不如大家一起歇着等"。此外，"10个人做事，有的人就做撇（差）一点、慢一点，就是偷懒。大家嫌弃他，但是还是要合着一起做活路，上面安排也不能说不跟他做"。集体劳作、集体分配和消费甚至养成农民依赖国家的习惯。村民叶××一家在人民公社期间共有7人，两个成年人，5个小孩。而叶××母亲因患病不能下地耕作，全家只有叶××一人做工。在此情况下，不管叶××怎样劳作都挣不够工分。③ 于是，常常是集体出工干活，叶××自行提前收工休息。生产队对此也无办法，且在其家里生活过不下去时，还得提供救济。

如此往复，政府陷入重负和人民无尽期待的压力中而不堪其重。④ 在这段时间的曲水村村民生活艰巨，甚至陷入"粥少人多"的生存困境。为了能饱腹，吃饭之时不但要尽量早早前往食堂，还不能坐下吃饭，必需一边端着碗边吃饭一边继续排队再次打饭。最终，人民公社以失败和解体宣告其制度的缺陷与不足。也就是说，缺乏横向治理的单一纵向治理无法实现有效的治理。

---

① 徐勇：《现代国家的建构与村民自治的成长——对中国村民自治发生与发展的一种阐释》，《学习与探索》2006年第6期。
② 来自魏克如老人的访谈。
③ "不够工分"在当地是指人民公社时期虽集体吃"大锅饭"，但是其他日常的生活消费、红白喜事消费均需要农户自行承担，此时需要通过挣取工分来支付。曲水村内大多支付方式为生产队现行垫付，待发工分票之时折扣，因而会出现彭宁忠所介绍，"今年你家挣的工分值800元钱，从生产队领东西要1000元钱，还要倒付200元给生产队"的情况。此便是"不够工分"。
④ 周庆智：《社会自治：一个政治文化的讨论》，《政治学研究》2013年第4期。

第三节 当下：横向联结的扩展与纵向联结的深入

人民公社制度解体之后，特别是在市场经济的发展推动下，农民与外界的横向联结在地理空间和行为内容上不断拓宽。与此同时，国家仍然与农民保持着直接的纵向联结。即在当下，乡村是一个纵向联结深入，横向联结向外扩展，两者相互交织的社会，为国家治理和社会治理带来新的生机和推动力，但也带来新的治理难题。

一 社会横向联结的扩展

曲水村村民的横向联结在经济、社会、文化上均大有扩展，主要体现在地域空间上和内容方式上，并呈现出不同于传统时期社会横向联结的新特点。

（一）经济联结的广泛化

不管是传统时期，还是当下，经济生产是影响村民的横向联结的基础性的因素。表6—3统计数据显示，2013年、2014年和2015年曲水村劳动力分别为3100人、2500人和2380人，其中从事家庭经营和外出务工的劳动力共3100人、2300人和2110人，分别占总劳动力100%、92%和88.65%，逐年降低。2016年在曲水村村民的全村耕地面积共2749亩，以种植水稻、油菜、小麦和蔬菜为主，且大多数为村民自种，少数田地承包出去。这表明，农耕仍是曲水村村民重要的经济生产经营方式。但同时，在家庭经营和外出务工之外，从事其他行业的劳动力占比逐年增加，即生产经营方式日益多样化。

就从事家庭经营的劳动力而言，根据表6—3数据计算，2013年、2014年和2015年从事家庭经营劳动力占村庄总劳动力的比例，分别为41.94%、60%和54.62%，占比浮动较大。但整体而言，以家庭为单位的小规模生产是曲水村大多数村民的经营方式。这些仍在村内从事第一产业或是经商的曲水村村民的经济活动场域，则与传统时期基本保持一致，即以集市圈为经济的主要联结范围。改革开放之后，高宁场、马街场和新繁场三个场镇重新开市，曲水村在家村民赶场频率远高于传统时期，尤其是闲暇时间充裕的老年人，每日都要赶场。

从外出务工劳动力来看，虽外出务工劳动力数量从2013年的1800人降至2015年的800人左右，但占比仍保持在30%以上，而且在2014年、2015年这些外出务工者均是长年外出者。从外出务工地点来看，2013—2015年村民均以乡外县内为主，分别占长年外出务工劳动力的75%、75%和83%。县内经济的发展，为曲水村村民务工提供了大量的工作机会。与此同时，每年均有一两百个村民到县外、省外各地务工。因而，从整体而言，曲水村村民的经济横向联结以集市圈为主要区域，并向省内外各地扩展。

表6—3　　　　　　　　　曲水村劳动力职业分布状况①　　　　　　　单位：人

年份	总计	从事家庭经营		外出务工劳动力				
		合计	其中：从事第一产业	合计	长年外出务工劳动力			
					合计	乡外县内	县外省内	省外
2013	3100	1300	1000	1800	400	300	70	30
2014	2500	1500	1500	800	800	600	160	40
2015	2380	1300	800	810	810	674	98	38

（二）社会联结的市场化

改革开放的深入实施也改变了农民之间的社会联结形态。如村民之间互帮互助、相互合作式的社会联结弱化。传统时期，曲水村自然形成的上会、龙杆会等民间社会组织在土地改革运动、集体化中消失。现今曲水村内也无类似的民间互助式组织。包括在传统时期至改革开放初期，相帮均是曲水村婚丧举办必不可少的帮手，而当下在婚事上即使请了邻里乡亲帮忙做事，也不能使用"相帮"这一称呼。当前"相帮"一词只能用在丧葬之时。且在丧葬之时，曲水村村民也基本不再请相帮，而是花钱请厨师来做饭，请人来做事。抬葬等被视为不吉利且需要强壮劳动力之事更是直接以雇佣的方式解决。出于面子，曲水村丧葬活动的规模近年来越来越大，越来越贵，随意简单操办的丧葬都要花费三四万。且从十多年前开

---

① 表格数据由新繁镇人民政府农业综合开发办公室提供。

始，当地在丧葬中还增加了"摸夜"①活动，将丧葬活动办得十分热闹。

在生产中，据村民彭宁忠介绍："刚开始（家庭联产承包责任制实行）分土地的时候，虽然各种各的，但是大部分人还是一起搭伙做，因为做得快一点。"随着各家各户劳动力向工业、商业的转移，以及现代化生产技术的出现，搭伙种田者纷纷散伙。人们不需要换工，帮工也十分少见，遇到劳动力缺乏之时，更多地采取直接市场购买。也不再合养耕牛、合买工具，而是单家独户花钱购置生产工具，或是直接请人耕地和收割。另外，在市场经营上，传统时期的商会、帮会、班子等合作组织随计划经济实行而解散，改革开放之后，村民的市场经营也日益独立化。

（三）文化联结的多样化

喝茶、摆龙门阵、打牌至今仍是曲水村村民休闲娱乐的主要内容，见图6—2。茶馆仍是曲水村村民生活中不可或缺的社会交往场地。曲水村10队至16队7个村民小组内，共有10个茶馆，平均每队1.43个茶馆。其中10社最多，为3个；11社、14社均为两个，13社、15社、16社各有1个。12社社内无茶馆，但其与11社相邻，11社的两个茶馆的地理位置便在两社中间地带。在这众多的茶馆中，村民并非每个茶馆均会去，而是各有选择，但具有一定习惯。部分村民因便利就近选择，而更多的村民选择好友、熟人聚集的茶馆。比如彭宁忠的住房与11社的两家茶馆十分近，均是五分钟左右的脚程，但其基本不去这两家茶馆喝茶，而选择脚程为十多分钟的宋家店子，且该茶馆为新庞村村民所经营。对此，彭宁忠表示，舍近求远在于该茶馆为老茶馆，与老板较熟，同时与之相熟的村民常聚集在此茶馆中。村民黄大文也是如此，舍近取远选择两社的茶馆，只因其所相熟的赵尚云、宋贵清等人均是两社社员。村民叶绪全却更愿意去王家船场镇上的魏家茶馆喝茶，因老板是其亲戚。

在当下，摆龙门、喝茶聊天的内容不再受到国家限制，村民可以谈论日常生活事务，也可以批评和评论村委会工作情况，还可以谈论国内外的时事政治。但茶馆的社会纠纷调解功能却大大弱化，"讲礼信"方式随着新的国家调解机构和村委会成立而不再为村民所使用。少有一些村民仍会

---

① "摸夜"在当地指在死者下葬的前一个晚上或数个晚上，主家或是死者的女儿请人来家中进行歌舞等表演，而所表演的内容为当下所流行的内容。

在茶馆、院坝摆龙门阵之时，将自己所遇到的矛盾纠纷讲出来，让群众评理，以此解决纠纷。

图6—2 曲水村2社茶馆一角①

除此之外，广场舞在曲水村内兴起，不少村民以此为娱乐方式。曲水村文娱队为村民自发形成的组织，到2016年共有18个队员，成员自愿免费参与。文娱队的组织框架为会长1位，副会长两位。但组织管理的会长并非由组织内部自然产生，而是村委会指定，以村委会每月给会长200元作为补助的方式聘请。另外，村委会每年予以一定资金支持，2015年为文娱队提供音响设备、服装等4套道具，并将村内老年活动中心作为文娱队免费活动场所。文娱队则需在每年重阳节、春节等节日之时，义务为曲水村村民提供免费表演。在其他时间，文娱队可对外进行商业演出，所挣取费用作为文娱队集体收入。未加入文娱队的其他村民，则多以自家院坝为场地，三五个有共同爱好且相熟者一起学习视频舞蹈，其他村民只要愿意，均可随时加入，一起跳舞。

电视机、电脑、手机、收音机等高科技设备的出现，更是丰富了村民的文娱生活，还改变了村民文化娱乐的联结方式。通过电脑、手机，村民摆龙门阵、聊天不需面对面，解除了地域空间限制。但此类方式多为年轻

---

① 笔者拍摄于2016年7月8日。

的村民所应用，且更多地体现为农户个体的文化娱乐。

二 国家纵向联结的深入

我国现代国家的建构，是通过政权下乡实现对乡土社会的有效整合。改革开放以来，国家治理的机制、制度与方式发生了巨大转变，但国家政权并未因此退出乡村。

（一）以组织为基础的纵向联结

亨廷顿曾指出："一个政党如果想首先成为群众性的组织，进而成为政府的稳固基础，那它就必须把自己的组织扩展到农村地区。"[①]"政社合一"的人民公社体制，使中国共产党组织深入农村。随着"政社合一"制度体制弊端的日益凸显，全国各地逐渐取消人民公社。1982年根据新繁县县委指示"政社合一"改为党、政、企分设，生产大队改为村，设正副村长。此时村不是一级政权，而是作为乡政府的派出机构，因而各村村长直接由高宁乡乡长任命。1983年，根据上级统一部署，曲水村成立村民委员会。村民委员会既是村民自我治理的组织，也是兼具执行国家行政事务的组织。同时，以行政村为单位，建立了村级党支部，在政治上对村民委员会实施领导。

2013年曲水村选举产生第十届村民委员会，其中党支部书记姚国华主持曲水村全面工作，主任杨先定负责村庄行政工作，黄大田主要负责会计工作，农业站长张佳华负责村庄农业、民兵以及治保工作，妇女主任为彭宁芬，驻村大学生、小队队长以及聘请一名代办人员共同协助两委工作。此外，2015年聘请巡逻队员8人、保洁人员9人维护村庄治安和环境卫生。曲水村党支部规模也不断扩大，到2016年共有党员100人，其中男性81人，女性19人。

（二）以服务为基础的纵向联结

1949年以后，我国农村大型水利设施均由国家承办。人民公社解体，集体劳作变为个体经营，不仅大型水利设施，曲水村村内以往用水户共同挖建和清理的公共沟渠也由政府承包。为满足曲水村村民灌溉需要，全村

[①] ［美］塞缪尔·亨廷顿：《变化社会中的政治秩序》，王冠华、刘为等译，上海人民出版社2008年版，第361页。

共修建 42 条沟渠，总长 25000 米。且政府每年都会下拨水利专项经费，并由村委员支配，用于农渠修建和维护。2016 年，曲水村村委会曾组织村民对全村农毛渠进行修掏，国家支付修掏误工费共计 3.7 万元人民币，改善灌溉面积 2749 亩。

除水利设施外，进出村庄的公路、自来水管道、电站等公共设施也由政府包办。1949 年以后，随着公路以及水利工程的建设，新繁境内所有水运先后停航，公路成为村民出村唯一的交通方式。国家大兴交通建设，曲水村村内交通大大改善。从曲水村向西出村便是新彭郫路，直通郫县和彭州市；老彭郫路和三公路从村中穿过，横贯东西；在曲水村东北向与成彭高速路相近，东南向则有 G4202 成都第二绕城高速。且随着国家经济的发展，国道、省道、乡道逐渐由政府承担所有的建设和养护工作。近年来，政府进一步加大对农村道路建设的财政投入，曲水村内社与社之间、户户之间的公共道路全部由政府以村级公共服务资金项目方式承担，道路所占用的土地也全部由政府按照标准进行补偿。同时，村民住房门口到公共道路的路段，在规定宽度内由政府免费硬化。

传统时期，国家对农民所提供的社会保护相对较少，农民的社会救济主要依靠亲友、邻里之间互相保护，或是组成社会组织以互助。现今曲水全村共有 3 名医生，承担政府分配到村庄的医疗事务，包括公共卫生管理，通知村内老弱病残幼到新繁镇进行免费检查，及时打预防针等。同时，国家还对生活困难的村民，以"户"为单位，划定贫困户、五保户、低保户，直接予以现金救济，以保障其基本的生活。2016 年曲水村五保户为 1 户 1 人，低保户为 32 户 60 人，政府共向低保家庭发放 15078 元的救助金额。

国家除对村民提高救助和福利外，还通过扶持企业发展来带动当地经济，提高村民经济收入。村内食品加工工厂，每年需要 200 吨青菜作为原材料。对此，政府积极动员村民发展种植 300 亩青菜，形成企业加农户的经济合作模式，以增加曲水村村民的经济收入。当地政府还将此列为曲水村的扶贫项目之一，提供 5 万元资金发展青菜种植业，每发展一亩青菜补贴 150 元肥料费。村委会则协调企业，负责种子的免费发放，实行订单收购。另外，村内 8 社道路路况差，车辆无法进入，为了解决农户出行及农产品运输，曲水村村委会利用扶贫资金 10 万元，以及公共服务资金对该社道进行硬化并拓宽。

三 纵横联结交织下的乡村治理

在当前社会，横向联结与纵向联结呈现出新的形式，乡村治理进入了新的阶段。横向联结的扩展以及纵向治理的深入既为当前社会治理带来了新的契机，也让乡村治理面临新的挑战。

一是横向联结的强化提高了家户和乡村的自我治理能力，减轻了国家治理负担。村民委员会作为一种国家制度规范下的基层组织，在村庄层面建构了集体组织，将整个村庄的村民有效联结起来，共同处理家户之外的一些公共事务。村民自己的事情自己决定、自主办理，在制度设计上改变了过去政府包办一切的管理模式，随着市场经济的发展，农民的经济关系不再限于农耕生产产生的联结，而是更多地进入市场，形成多样化的市场联结，并以此推动了村庄经济发展又提高了村民收入水平。据曲水村村委会统计，目前在曲水村村内有成都市新都区新跃机电模具制造有限公司、尚玛卫浴、新都区新宁家具厂、新都区新繁镇通联食品厂等33家工厂，涉及化工、轻工、机械、石油、食品等多种行业，为村民提供了便利、多样的就业机会，增加了村民的收入渠道。同时，除10个工厂占地为村民自用地，23个工厂均是租用自曲水村集体或个体农户的土地，其中四川新家道路有限公司占地达40亩，为村集体和村民个人带来一定的土地收益。部门工厂还积极参与到村庄的公共事务治理中。如村内蜀容二厂沙石场免费为两社村民提供修路所需的沙石，解决了道路修建的资金问题，推动了社民集体出工修建，使两社成为村内最早实现水泥硬化户户通。

二是横向联结的个体化和高流动性，使村庄内聚力降低，加大了乡村治理的难度。传统时期，人口流动中农民个体流动常常是以县为单位的短时间流动，或是以家庭为单位的流动。当下，人们与外面的联系，包括流动日益个体化。不少村民个体因为工作、学习，或是在城市购置房屋等原因而长时间离开村庄，年老的父母以及年幼的小孩留守村庄。村内16位老人的养老状况的随机调查结果显示，8位老人与子女同居，8位老人独居，各自占到总户数的一半。村干部也表示空巢家庭在曲水村内十分普遍。另外，村委会统计资料显示，2016年曲水村村内有5名留守儿童，父母在西藏、重庆、海南等外省工作，由爷爷奶奶在家照看。村内本村人口的流动，以及村内25家工厂所带来的外地人口流入，在客观上大大增加了村委会以及政府的管理难度。

三是国家过度纵向治理带来的横向治理弱化。其一，村民组织单元的扩大，弱化了村民自我组织的凝聚力。1987 年《中华人民共和国村民委员会组织法（试行）》中规定："村民委员会根据村民居住状况、人口多少，按照便于群众自治的原则设立。村民委员会一般设在自然村。"曲水村作为行政村，最初以人民公社时期的生产大队为单位，同时与传统时期保的地理范围一致，是自然形成的历史单位。步入 21 世纪，基于减轻农民负担和地方财政供养压力，成都市开始实行"合村并组"改革。在大趋势下，2007 年曲水村与通连村两行政村合并为当前的曲水村。从理论上讲，行政村范围的不断扩大，是空间上国家权力在农村的进一步退出，社会自治的空间的扩大。但现实中，合并之后的曲水行政村村民委员会 5 名成员，需要面对 16 个村民小组，829 户，总人口为 2811 人的所有村民。而且当地为散居的居住格局，两村合并之后，村委会所管辖的农民散落到 4 平方公里的空间范围中。

同时，村民所认同的社会权威主要来源于与之生产、生活最为紧密的自然村，在行政村范围内难以形成共同认同的社会权威。部分村民并不认可村民委员会，对干部信任度不高。如曲水村村委会早年将村集体宅基地出租，承租者在此建设家具厂。初始家具厂的开设增加了村庄的集体经济收入，为村民提供了村中就业的机会，得到村民的欢迎。但家具厂生场所排放的废气引发了村民的不满。村委会出于多种原因，未能解决此事，此时，不少村民认为"村干部跟这些老板都是一伙的，拿了好处，怎么会管"。由此，村民通过到乡镇、县人民政府上访以及向媒体爆料的方式，以期寻求外界的关注。

与此同时，政府的管理和服务供给强化，"国家对农政策由汲取到减免再到补贴的转变，村民的要求也开始由'少收点钱'转变为'多服点务'"①。

在公共需求中，部分村民的等、靠、要思想仍然存在。随着经济收入水平增加，村民对交通道路的要求也随之提高，并于 2021 年向村委会提出将村内所有道路硬化。由于村集体资金不足，通过村民大会决议，不足金额按人头摊派。但在毛沟河到家具厂的路段，部分住户认为"有路走就行，不需要修水泥路"，而拒绝交修路费。最后因资金收不齐，修路之

---

① 徐勇：《政权下乡：现代国家对乡土社会的整合》，《贵州社会科学》2007 年第 11 期。

事便不了了之。直到 2014 年,"村村通、组组通,户户通"政策下,政府拨款包办,才将村内社与社之间通行道路全部实现硬化。2015 年开始"户户通"道路修建,从路口到农户门口的道路宽度在 25 米以内由政府免费修建,超出该宽度的部分则需农户自己出钱。在推进"组组通、户户通"过程中,要求村民先自行将通行道路按宽度要求进行清理和平整。但村民因各自利益考量,未能达成一致,致使出现图 6—3 中所显示泥土路与水泥路并存、对比明显的局面。图中泥土路路段为非居住区通行道路,而是田地公路,其共同使用者部分认为,该路段是公共道路应由政府免费修建;有些村民则表示,该路段并非急需,迟早政府也会进行修建。最后无法形成统一思想和统一行动,在规定时期未能完成清理,错失机会,导致至今仍是泥土路。

图 6—3 曲水村 12 社①内一十字路口

曲水村村民委员会作为村民自治的组织,其日常运行维持以及公共服务项目的资金基本上都是依靠国家的拨款,而非村民集资。2015 年曲水村年收益为 60319.84 元,分配收益为 6031.84 元。从收益来源来看,包括发包及上交收入 15000 元、管理费用 10466.10 元,补助收入 168960.40 元,经营性收入 4533.90 元,其他收入 1485.24 元。其中村庄集体经营性

---

① 笔者拍摄于 2016 年 8 月 11 日。

收入和其他收入的金额共为6019.14元，占总收入的0.99%。可见，曲水村村民委员会集体性收入，即自组织的活动资金来源以政府财政发放和补贴为主，见表6—4。

表6—4　2015年度曲水村村集体收益及收益分配（单位：元）①

	项目	行次	金额
年收益	一、经营收入	1	0
	加：发包及上交收入	2	15000.00
	投资收益	3	0
	减：经营支出	6	0
	管理费用	7	10466.10
	二、经营收益	10	4533.90
	加：农业税附加返还收入	11	0
	补助收入	12	168960.40
	其他收入	13	1485.24
	减：其他支出	16	114659.70
	三、本年收益	20	60319.84
收益分配	四、可分配收益	26	60319.84
	减：1. 提取公积公益金	27	60319.84
	2. 提取应付福利费	28	0
	3. 外来投资分利	29	0
	4. 农民分配	30	0
	5. 其他	31	0

---

① 表格数据由曲水村村民委员会提供。

第七章　结语与余论

"东方各国社会基础停止不动,而夺得政治上层建筑的人物和种族却不断更迭。"① 在传统东方社会,上层政权不断更迭,但乡村社会却体现出极强的稳定性。在国家极为有限的介入下,乡村能够维持其自身运行的秩序。对于这种稳定性的奥秘,大量学者给予了解读。本书通过对四川省成都市新都区曲水村的调查发现,该区域社会秩序的形成并非基于传统理论所言的血缘宗族治理,也非基于地缘关系形成的村庄共同体治理,更非依靠国家政权直接的强制治理。在曲水村所代表的长江流域社会,社会治理更多的基于农民之间横向关系,并形成横向治理。本书通过对这种横向联结关系和治理的剖析,旨在丰富学界对于传统中国社会治理形态的认识,并为当前社会治理的因地制宜提供经验借鉴。

第一节　研究发现

"那些能够对现代社会产生长远影响的本源型传统,构成现代社会发展的基础性制度,是现代社会的历史起点和给定条件。"② 为此,对于正处于从传统向现代转变的过渡阶段的中国农村研究,不能忽视农村基层社会底色及其本源型制度,并且我们可从传统历史中去寻求推动农村基层治理现代化的有效因子以及治理制度的未来走向。

自秦以来,中国是以家户为基本单位的小农社会,家户小农的独立性

---

① 《马克思恩格斯论中国》,人民出版社2015年版,第122页。
② 徐勇:《中国家户制传统与农村发展道路——以俄国、印度的村社传统为参照》,《中国社会科学》2013年第8期。

生产是众所周知的事实，但经济生产方式的家户独立特征无法改变其落后性、脆弱性，小农需要合作来应对社会和自然的挑战，并因合作产生了社会联系。小农之间联系的类型和方式决定了农村社会底色和治理制度。对此，理论界提出了不同观点。如马克思指出，各个小农之间无法为共同利益组织起来，而必须由高高在上的国家进行代表，为此小农的政治影响表现为行政权支配社会。① 而在孙中山看来，"中国只有家族主义和宗族主义，没有国族主义"②，传统小农以家族和宗族为单位，形成宗族社会和宗法治理。

但在地域广阔的中国疆土内，不同地区因自然、社会、经济条件不同，其治理形态也不尽相同。如西北地区相对东南地区而言，血缘宗族色彩并不浓厚。对此，秦晖教授通过对关中地区的考察提出，"血缘共同体并不能提供有效的乡村自治资源"③。而本书通过对四川省成都市新都区曲水村的考察发现，其所代表的长江中上游地区宗族色彩、村落共同体色彩并不浓厚，农民在一定呈现出"原子化"状态。由此，区别于传统血缘宗族治理或地域村庄治理，该地区农村社会治理更多依靠基于农民之间横向联结所形成的横向治理。

一 农民之间的社会联结具有多形式性

"我们越往前追溯历史，个人，从而也是进行生产的个人，就越表现为不独立，从属于一个较大的整体。"④ 马克思从历史演变过程对个人的生产社会性进行论述，提出历史越往前追溯，个人的个体性越弱，依赖性越强，更需要以团体的形式维持生存和发展，并进一步指出，在分工不发达的人类社会早期，人类的社会结构仅限于共有制的家庭及其扩大家庭——部落、氏族，但"随着私有制的产生，公社和氏族消亡了，而家

---

① ［德］卡尔·马克思：《路易·波拿巴的雾月十八日》，冯适译，江苏人民出版社2011年版，第123页。
② 孙中山：《三民主义》，中国长安出版社2011年版，第5页。
③ 秦晖：《传统十论》，东方出版社2014年版，第41页。
④ 《马克思恩格斯选集》第2卷，人民出版社2012年版，第684页。

庭却挤掉原始的胎毛，单独迎来了自己的时代"①。

在家户时代，家户也并非完全独立隔绝。相反，家户之间存在大量的社会联结。如在华南地区的赣南、闽西南、粤东北、皖南、湘南等区域形成"聚族而居"的血缘联结形态。在黄河中下游地区的陕西、山西、河南、河北、山东等地存在着"集村而居"的地缘联结形态。② 血缘联结和地缘联结也是传统理论对中国社会家户关系最为核心、典型的描述。但是，中国社会空间范围大，地域差异明显。华南地区和华北地区并不能代表整体的中国社会特质，血缘联结和地缘联结也不能完全代表中国农民的主要社会联结形态。

对于家户小农，马克思曾有经典论述，"每一个农户差不多都是自给自足的，一小块土地，一个农民和一个家庭，旁边是另一小块土地，另一个农民和一个家庭"③。在四川省成都市新都区曲水村及其所代表的长江流域地区，形成的正是"最为典型的传统小农经济，即一家一户、农业与手工业结合、自给自足的自然经济"④。但是，这种"小农"区别于马克思所说的"法国小农"社会形态。事实上，在本书调查的曲水村，农民之间尽管经济关系相对独立，但是在社会关系、社会交往却异常活跃、丰富。

如王笛教授所指出的，长江上游区域社会已经跨出封闭的世界，是一个内容丰富、地域广泛，跨出宗族、跨越村落的联结关系所构成的走向开放的社会。⑤ 区别于传统理论所论述的血缘联结和地缘联结，曲水村及其代表的长江流域地区受移民历史的影响，血缘和地缘纽带极为淡弱。在血

---

① 蔡俊生：《公社、氏族、家庭——三个相递出现的历史范畴》，《学术月刊》1984年第1期。

② 徐勇：《"分"与"合"：质性研究视角下农村区域性村庄分类》，《山东社会科学》2016年第7期。

③ ［德］卡尔·马克思：《路易·波拿巴的雾月十八日》，冯适译，江苏人民出版社2011年版，第122页。

④ 徐勇：《"分"与"合"：质性研究视角下农村区域性村庄分类》，《山东社会科学》2016年第7期。

⑤ 参见王笛《跨出封闭的世界——长江上游区域社会研究1644—1911》，中华书局2001年版。其通过大量的历史资料分析，指出该区域的商品经济发展、市场的扩大、自然经济的被破坏、劳动市场的形成，传统小农经济向市场经济转变，"公社"社会向"团体社会"转变，并将这些改变概况为"从封闭走向开放"。

缘联结和地缘联结之外，家户之间形成了新的社会联结形式。对此，本书将之归纳为"横向联结"，意指农户之间基于平等关系形成的临时性、松散型的社会交往关系。

由此，本书认为，中国的小农社会具有多样性和其独特性，在不同历史时段，不同地区，农户可能存在不同形态的社会联结形式。尽管长江流域地区与同时期的法国国家行政政治环境以及农民生产具有高度相似性，但并未形成与之同类型的封闭式"马铃薯"社会，而是在血缘、地缘联结之外，形成了"横向联结"这一新的社会联结形式。

二 横向联结是调节农民关系的重要途径

"关系作为人与人、人与事之间的某种性质的联系，在一定意义上可以视为一种权力，是一种因为某种特殊关系而获得的影响力和支配力。"[①] 农民之间的社会联结不仅仅是一种关系形态，而且也深刻影响着农民之间的社会治理。但是，长期以来，人们对农民之间的关系主要关注血缘关系、地缘关系这两种主要关系形态，而对于在社会日常生活中基于人际关系形成的联结关系及其治理关注相对不够。

同时，对于血缘关系、地缘关系而言，在研究过程中，学界往往侧重于地位非对等群体之间的纵向联结。如在以血缘关系为基础的宗族社会中族人与族长，以地缘关系为基础的村落社会中村民与村长。对于研究者而言，这种非对等的特殊关系是获得影响力和支配力的重要途径，是权力运行的直接体现。[②] 因此，在研究者研究过程中，人们在日常生活中形成的基于人际关系的横向联结往往被忽视，被认为仅仅是一种社会形态而并不具有权力内涵或治理意义。

费孝通先生曾对中国社会中人们的关系形态进行经典概括，即"差

---

① 徐勇：《"关系权"：关系与权力的双重视角——源于实证调查的政治社会学分析》，《学习与探索》2017年第7期。
② 徐勇：《"关系权"：关系与权力的双重视角——源于实证调查的政治社会学分析》，《学习与探索》2017年第7期。

序格局"①。由此，人们对农民的横向社会联结形成了单一性的认识，而对于其丰富性及其功能相对忽视。事实上，农民之间的关系形态并非如"差序格局"般单向度、单一化。传统小农基于互助、交往、信仰等不同类型关系形成多样的联结形式，并以此为基础作为处理具体行为的重要依据。"人们的行为交往发展为情感的交往，包含着人与人相处的社会规范，包括彼此之间的责任义务、承诺、忠诚以及维持长久关系的导向。"②如农民在与市场交易过程中，往往通过熟人关系来提高自己在集市交易中讨价还价的地位，通过"熟人"关系避免被欺生。

因而，传统中国社会中小农的横向联结不仅是社会交往的体现，也对农民的日常行为具有重要的调节作用。同时，这种横向联结区别于西方社会的交换合作关系。在西方社会，个人具有很强的独立性，相互关系由互动建立起来，一旦双方的需求得到满足，则双方很有可能停止或暂时停止这种关系交往，并根据新的需要再次选择交换的合作者。而在传统中国，农民之间的社会联结往往具有某种稳定性。在需求得到满足之后并不会就此停止，反而以其他多样的方式进行维系，形成人情交往关系。这种人情交往是维持中国人亲密社群团结性的必要基础。③

三 横向治理是国家治理的重要补充

在中国，自秦建立统一帝国统治，国家通过郡县制、编户齐名制等制度实现了皇权直接支配全国的土地和人口。④ 但长期以来，受限于生产力和资源，国家权力机构以县为单位，远离村民。在清朝与民国时期，随着政权的逐渐稳定，国家权力不断向县以下延伸以进一步加强对乡村社会的管理与控制，并引入乡、保甲等基层组织制度。由此，"乡村社会具备了

---

① 费孝通在《乡土中国》一书中提出，中国乡土社会以宗法群体为本位，人与人之间的关系，是以亲属关系为主轴的网络关系，是一种差序格局。在差序格局下，每个人都以自己为中心结成网络。就像把一块石头扔到湖水里，以这个石头（个人）为中心点，在四周形成一圈一圈的波纹，波纹的远近可以标示社会关系的亲疏。

② 金耀基：《人际关系中人情之分析》，转自杨国枢《中国人的社会取向：社会互动的观点》，巨流图书公司1993年版，第74页。

③ 费孝通：《乡土中国》，上海人民出版社2007年版。

④ 李若晖：《郡县制时代——由权力建构与社会控制论秦至清的社会性质》，《文史哲》2011年第1期。

较完整的行政职能,拥有了众多的基层官员,而非皇权远离、绅权统治的区域"①。然而,现代化的国家政权财政需求过快,与传统农业经济发展并不适应。② 国家在乡村的治理并未随着国家机构深入农村而得到有效强化,而是以赋税和兵役为核心,重在对乡村社会进行资源汲取,对农民的保障、利益调节却仍然极为有限。"一旦完成国家的税赋差役,皇权在农民的日常生活中似乎又是十分遥远和陌生的。"③ 对此,费孝通宣称:"皇权政治在人民实际生活中,是松弛和微弱的,是挂名的,是无为的。"④

尽管清朝时期保甲制度在乡村社会业已开始建立,但是保甲在乡村社会治理过程中并未起到主导作用。美国家族史专家古德指出:"在中华帝国统治下,行政机构的管理还没有渗透到乡村一级,而宗族特有的势力却维护着乡村的安定和秩序。"⑤ 同样,王先明教授指出:"在传统中国社会的政治格局中有两个不同的部分,其上层是中央政府,并设置了一个自上而下的官僚体系,其底层是地方性的管制单位,由族长、乡绅或地方名流掌握。"⑥ 可见,在传统理论看来,乡村这一地域空间主要依靠乡土社会的族老、乡绅等权威进行组织社会自我治理。

但从本书的研究来看,在族老、乡绅等以血缘、地缘关系为基础的治理主体之外,农民之间基于横向联结形成的横向治理也是基层社会自我治理的重要形式,是维系基层社会稳定有序的重要要素之一。同时,这种农村社会生活中的横向治理并非是为维护农民政治权利的自我联结与治理,并不具有与国家政权对抗的"政治性",甚至并不涉及政府的政治事务,而更多是对农民社会内部事务的治理,是在国家权力有限的情况下实现对农民生活秩序的自我调节方式,更多是国家治理的补充。如在曲水村连封桥的维护过程中,由于政府缺乏能力组织,因此由村民选举出首事进行具体管理,且首事共同商议做出决策并不需要保甲长等人的同意。

---

① 胡恒:《皇权不下县?——清代县辖政区与基层社会治理》,北京师范大学出版社 2015 年版,第 323 页。
② [美]杜赞奇:《文化、权力与国家:1900—1942 年的华北农村》,王福明译,江苏人民出版社 2004 年版,第 209 页。
③ 徐勇:《乡村治理与中国政治》,中国社会科学出版社 2003 年版,第 229 页。
④ 费孝通:《乡土中国》,上海世纪出版集团 2007 年版,第 59 页。
⑤ [美]古德:《家庭》,魏章龄译,社会科学文献出版社 1986 年版,第 166 页。
⑥ 王先明:《近代绅士:一个封建阶层的历史命运》,天津人民出版社 1997 年版。

第二节 横向联结与横向治理的特点

"没有有效的联结,就没有有效的治理"①,不同的联结形成不同的治理。区别于惯常的以血缘、地缘关系为基础的宗族治理、村庄共同体治理,在长江中上游流域地区以横向联结为基础的横向治理也是中国农村社会的重要治理形式,且区别于西方社会的组织、团体,传统中国社会中的横向治理有着自己的特点。

一 长期利益互惠是横向治理形成的重要基础

人们之间的关系包括两种类型,一是自然天成的,如父子、乡亲关系;一是人为建构的,如"拉关系""找关系"②。长期以来,人们对"关系"的研究存在两大局限。一是重点关注自然形成的父子、乡亲关系,对中国社会的宗族治理、村庄共同体治理进行研究。二是对关系本身的研究,而较少涉及因关系而建立起来的治理。本书研究的横向治理,是基于横向联结而形成的治理形态。横向联结并非自然形成的关系形态,而在于人们在日常生活中长期互动过程中的建构。

美国学者斯科特认为,小农在经济上处于生存线上下浮动状态,其生存需要社会的合作,互惠这条道德原则渗透于农民生活乃至整个社会生活之中。③ 从中国社会的横向联结与治理来看,横向联结与治理的形成正是基于长期的互惠关系。如曲水村绅士、首事在调解社会纠纷以及处理公共事务过程中,并不能直接获得经济报酬与利益。但是村民会以送礼、请吃饭、送牌匾的方式对其表示感谢。区别于市场交易中的即时性互惠,小农横向联结中的互惠不可避免地存在时间差,即先对他人施以帮助和保护,使他人因此而长久地感激并设法回报。"人情的产生而使交换关系不是一

---

① 刘义强、胡军:《中国农村治理的联结形态:基于历史演进逻辑下的超越》,《学习与探索》2016 年第 9 期。

② 徐勇:《"关系权":关系与权力的双重视角——源于实证调查的政治社会学分析》,《学习与探索》2017 年第 7 期。

③ [美] 斯科特:《农民的道义经济学——东南亚的反叛与生产》,程立显、刘建等译,译林出版社 2013 年版,第 215 页。

次（或若干次）性地完结，或结束一次重新开始一次，而是发生了一次就能连续性地循环下去。"① "亲密的共同生活中各人相互依赖的地方是多方面和长期的，因之在授受之间无法一笔一笔地清算过往。"②因而，整体上看，这种互惠是一种长期的而非一次性或是短期的交易行为。

横向联结中的互惠关系并非对于血缘关系、地缘关系的否定。相反，横向联结中的互惠关系在很大程度上以血缘关系、地缘关系为基础，但区别于传统血缘关系、地缘关系研究中的纵向权力关系。在小农横向联结的形成过程中，常以具有血缘、地缘、亲缘关系等紧密的熟人为基础，而后向陌生人扩展，形成新的联结关系和熟人关系。中国传统社会是一个农耕社会，农业生产依赖于限定地域内的天然资源，因此，小农的社会交往主要存在于一个稳定而封闭的熟人网络之中。

二　横向治理是以软性约束为手段的治理形式

暴力是人类社会秩序形成的重要因素。在近代国家产生之前，社会中的个人或组织也曾合法地使用暴力。③ 在社会中，谁能控制和拥有占统治支配地位的暴力，谁就成为社会权力的核心。在近代国家产生之后，"公共权力已经不再直接就是自己组织为武装力量的居民了"④。因此，长期以来，人们所关注的治理更多的是自上而下的以暴力为基础的国家治理。

费孝通先生曾将农村社会的权力区分为两种形态：一是横暴权力，表现在社会不同团体或阶层间主从关系形态里；另一种是同意权力，在社会合作关系中每个人都不能"不求人"，因此形成契约同意的关系。⑤ 并认为，传统农业社会自给自足而无法提供足够的经济剩余，因此，横暴权力是微弱的、无为的。同时，由于社会分工的不足，农民自给自足，并不需要在社会合作中求于人，因此，同意的范围也可以小到关门的程度。⑥

---

① 翟学伟：《人情、面子与权力的再生产——情理社会中的社会交换方式》，《社会学研究》2004年第5期。
② 费孝通：《乡土中国》，上海人民出版社2006年版，第60页。
③ 易建平：《关于国家定义的重新认识》，《历史研究》2014年第2期。
④ 《马克思恩格斯选集》第4卷，人民出版社2012年版，第187页。
⑤ 费孝通：《乡土中国》，北京出版社2009年版，第57页。
⑥ 费孝通：《乡土中国》，北京出版社2009年版，第59页。

但是，从农村实际来看，传统社会中农民远未达到自给自足的程度，而是需要通过社会合作来满足生产生活的需要。"农民的生产生活都不可能完全独立地完成，由此形成对其他人的广泛的相互依赖关系。"① 同时，这种合作也并非基于分工所形成的社会合作，而是个体无法充分供给生产生活需要所形成的合作，是一种同质性的合作。如在曲水村广泛存在的换活路、帮工过程中，尽管大多数家户都从事同样的农业耕种，但是单个家户并不能在有限时间内完成耕种要求，因此需要相互帮工以此提高耕种效率。

在相互需要、互动中所形成的联结关系并不全是纵向的、非对等的权力关系，而更多的是横向的、对等的互惠依赖关系。如在帮工关系中，帮工者与被帮工者基本不存在地位、权力的非对等性，而在很大程度上经济地位、社会地位极为相近，不存在支配与被支配一方，也并不能借助对方的影响力来提高自身的影响力。但是，在横向合作过程中，当任意一方认为合作不能为继时，横向合作与联结也随即解体。横向联结的失效也导致基于此形成的横向治理难以为继。

以软性约束为手段的横向治理形式，也不同于"礼俗秩序"。梁簌溟曾提出，中国社会"秩序所谓维持，在彼殆必恃乎法律，在我则倚重于礼俗"②。这种礼俗，具有强烈的文化道义性质。"中国社会以道德代宗教，以礼俗代法。"③ 费正清也指出，"中国人依赖伦理道德的程度甚于依赖法律，依赖有关道德的舆论胜过依赖法律的审判"④。但是，横向治理所依靠的软性约束并不仅仅局限于伦理道德，其可能是经济上协助、社会生活中帮助的长期需要。

三 横向治理既是对私人事务也是对公共事务的治理

西方社会对"公"与"私"作出了明确的领域划分，如古希腊文明时期"私"指个人和家庭，"公"则是对应城邦。以此公私为标准，传统

---

① 徐勇：《"关系权"：关系与权力的双重视角——源于实证调查的政治社会学分析》，《学习与探索》2017 年第 7 期。
② 梁漱溟：《乡村建设理论》，上海世纪出版集团 2006 年版，第 26 页。
③ 梁漱溟：《中国文化要义》，上海人民出版社 2006 年版，第 257 页。
④ [美] 费正清：《美国与中国》，张理京译，世界知识出版社 2005 年版，第 455 页。

西方理论将小农界定为"理性、自私"的个体，也由此传统中国被视为缺乏团结"散沙之民"组成的社会，小农人人只顾自己门前之雪。日本学者沟口雄三指出，这是站在整个国家的角度，"把重视连带（人际关系、网络关系）的公（天下公）的信义胜于对领域（国家）的公的忠诚的中国社会，硬性地塞进领域性的公（国家公）的框架"①，忽略了社会生活本身中的公与私的特殊性。

"公共领域没有与私人领域脱离和分割出来，是中国政治的重要特征之一。"② 中国的治理从来就没有在私人事务和公共事务之间划出明确的界限。因为，中国社会是由个体家户所组成，但是个体不能脱离社会而存在，而是通过血缘关系、地缘关系、生产关系等所共同形成的"关系社会"，而且个体私人生活领域中的社会关系原则，也深深地渗透到公共领域。因此，在国家"暴力权力"缺失的传统小农社会的公共社会生活中，民间社会内生的关系权力有其运行空间。

从实际来看，曲水村村民以人际关系为纽带所形成的横向治理有效地解决了各自私人领域中劳动力不足、资金不够等问题，同时，这种横向治理也深刻影响着公共领域治理，延伸到公共事务之中。如自组织防卫队维护着村庄的公共安全，在国家退出大型水利、跨县连封大桥建设和管理这些影响村民农耕生产和生活出行的大型公共事务之时，横向治理方式有效地承接起来。因而，在传统时期的横向治理，既是对私人事务的治理，也能对公共事务进行有效治理。

第三节　传统小农横向联结和治理的局限性

中国传统小农的横向联结区别于西方工业社会的横向联结，依靠长期的、持续的稳定互动和互惠。而且受客观社会经济发展限制，小农的横向联结是有限范围、有限能力的联结，由此形成的是有限横向治理。

---

① ［日］沟口雄三：《中国的公与私·公私》，郑静译，生活·读书·新知三联书店，2011年版，第282、283页。

② 徐勇：《"关系权"：关系与权力的双重视角——源于实证调查的政治社会学分析》，《学习与探索》2017年第7期。

一　横向治理是具有私性的治理

社会联结的形成具有不同类型。如以社会分工为基础形成的联结,以公共利益诉求为基础形成的联结。在梁漱溟看来,中国人缺乏集团生活,"中国人以家庭关系推广发挥,以伦理组织社会。"① 区别于此两种联结形态,中国传统小农之间的联结行为更主要源于家户能力的不足。受传统小农社会的经济限制,农户之间的横向联结主要因维持生存、发展而产生,因而联结的目的在于满足其自身及集体成员的现实利益需要。因此,横向联结是以家户利益为联结目的,而非以公共事务治理为目的。

这种以"己"为中心的横向联结多发生在与私人利益直接相关的事情之上,而非在间接相关或不相关的公共利益上。"大多数社会关系都是个人之间的,人们缺乏群体和组织的社会生活。"② 也就说是,传统社会中小农的横向联结更多的是私性的合作,横向治理的范畴难以超越家族、乡村治理形成西方社会的市民治理。私性的治理有其内生性、灵活性的特点,但是,由于其公共性的不足,因此与农民切身利益关联度有限的公共事务可能面临治理动力不足的困境。

二　横向治理是一种非制度化治理

传统"看天吃饭"的小农经济生产严重受限于客观的自然环境。在自然、社会大环境中个人的有限性使农民之间有着相互依赖、相互支持的需要,形成丰富的社会横向联系。但是,区别于血缘、地缘这种天生的、长久性的联结,曲水村村民之间形成的横向联结多为临时性的联结,组织化或类组织化的联结相对较少,且部分为非自发性联结。如传统时期新繁县内的商会、农业合作社、水利会组织事实上并不具有内生性,而是在政府要求下所建构形成。可见,横向联结并非制度化、稳定性的社会联结形态。"这不是一个固定的团体,而是一个范围"③,其大小由该范围圈内的中心农户的势力厚薄而定。

---

① 梁漱溟著:《中国文化要义》,安徽师范大学出版社2014年版,第82页。
② 王笛:《跨出封闭的世界——长江上游区域社会研究1644—1911》,中华书局2001年版,第717页。
③ 费孝通:《乡土中国》,上海人民出版社2007年版,第26、27页。

由于横向联结的非稳定性，因此横向治理也并非一种稳定可靠的治理。"西方社会始终是集团生活，纪律发达，讲法不讲情；中国传统社会情理发达，而纪律不足。"① 区别于基于制度规则的现代社会治理，横向治理的形成基于横向联结关系，基于关系而非契约规则。"社会团体的团结是靠了日常的关系以及发生的感情，反过来，日常关系的打断是引起社会团体内部离异最可靠的方法。"② 在横向治理过程中，关系一旦打断，便会引发横向治理的失效。可见，传统中国小农的横向联结缺乏明确的组织关系，成员间关系松散，规则性与规范性不强，从而影响着横向治理的有效性。

三 横向治理具有空间范围限度

区别于按照一定的宗旨、制度、系统建立起来的社团和社会组织，横向治理是基于小农之间横向关系纽带的组织治理形式，小农之间横向关系的范围决定着横向治理的对象和地理范围。关系范围本身并不受于地理空间，但是关系依附于人，人的关系范围受到其自身的能力以及其所处社会的限制。如在血缘关系中，因血缘宗族在地理范围上常聚族而居，因此其关系范围主要集中在同一聚落，"地缘不过是血缘的投影"③。同样，在横向治理中，组成横向治理关系的成员到哪里，横向治理的边界就到哪里。

传统时期，小农之间的社会联结在地理空间范围是有限的，并不能随心所欲地从家庭向外界无限扩展。在横向治理过程中，横向联结因自然条件、地理交通、市场发展等相对优越而使交往范围得以扩大，但是农民仍以传统小农经济为基础，人身仍被禁锢在土地上，其活动主要限于能保障土地生产的范围内，在此基础上借助亲戚、近邻以及市场经济活动而向村庄、集市扩展。可见，横向治理同样具有空间限度，超过农民交往互动范围空间的横向联结，以及以此为基础的横向治理往往难以达成。

---

① 梁漱溟：《乡村建设理论》，上海世纪出版集团2006年版，第24、25页。
② 转自于费孝通《乡土中国》，上海人民出版社2007年版，第529页。
③ 费孝通：《乡土中国》，上海世纪出版集团2007年版，第57页。

四 横向治理并非政治意义上的治理

"在实际上政治是与权力分不开的，且国家是其主要活动领域。"① 因此，政治活动区别于私人活动，是以公共利益为出发点，以公共权力为手段的治理活动而非追求私人利益的治理活动。传统中国社会小农的横向联结以满足自身生产生活需要为目的，具有明确的目的性和强烈的利益功能性。尽管紧密的横向联结可以发展为组织化的联结，但在本质意义上不同于具有公共理性的制度化的社会团体、政府组织。

中国传统社会中小农的横向联结使传统小农得以生存和发展，维持了乡村社会的长期稳定性，对乡村基层治理具有重要的意义。但是，小农的横向联结与治理并不涉及政府事务与国家事务。如在茶馆中，人们默认"不谈国事"。国家治理中的事务也不会请宗族的首事帮忙处理。在此意义上，横向治理过程中农民个体并未通过横向联结等形式形成稳定的社会权力，形成的只是"民间社会"，而构不成现代意义上的"公民社会"，并不对国家与政府事务进行干涉、对抗，没有明确的政治诉求。

第四节 横向联结与横向治理的当代价值

当下，中国仍是一个农业大国和农民大国。在推进治理体系和治理能力现代化进程中，必须重视农民和农村的特性。尽管现代化过程是对原有的社会结构的持续变动，但传统与现代并非完全分割，而是存在连续性。"中国现代化绝不是也不必对传统全面否定，而是积极地区发掘如何使传统成为致获当代中国目标的发酵剂。"②

传统中国社会的农民并不像经典理论所述的封闭、分散以及相互隔绝，也并非仅仅只有血缘、地缘的联结，而是存在着丰富的横向联结并形成横向治理。在传统时期，小农的经济形态难以形成足够的经济剩余用以支撑国家权力的需要，因此传统时期国家在乡村社会往往是"无为"的。

---

① [英]戴维·米勒、韦农·波格丹诺编：《布莱克维尔政治学百科全书》，邓正来译，中国政法大学出版社2002年版，第585页。

② 金耀基：《从传统到现代》，法律出版社2010年版，第148页。

在此情况下，国家的有效治理需要依靠和借助社会的自我治理。社会的自我治理是传统中国基层社会秩序有效形成与维系的秘密所在。

社会自我治理形式具有多样性。传统的理论研究者，往往侧重于以血缘关系为基础的宗族治理或以地缘为关系的村庄共同体治理。但是，从实际调查情况来看，宗族治理和村庄共同体治理两种形态分别集中在中国的华南地区和华北地区。而在中国其他区域，如长江中下游、西南等地区，存在着大量的其他社会自我治理形式。本书调查的四川省成都市新都区曲水村所代表和反映的则是基于横向联结所形成的横向治理。

横向治理的形成并非对国家权力的限制或对抗，相反，是对国家权力的补充。尽管中国传统小农的横向治理并未改变或形成国家制度，但其维系了小农的生存和秩序，在国家无为少为之时承担了大量的社会治理功能。对于当前国家治理而言，同样需要重视和利用而非压制社会的横向治理功能。如人民公社制度下，高度集权化的国家包办了一切乡村社会，但是"满足了国家治理的需要，并没有满足乡村和农民对自主自治的需要"①，最终人民公社解体的历史事实也证明政府是有限政府，无法长久实现包办，需要农民的自主治理。

横向治理是基于农民内在需要自然形成，在治理中体现出的是自主、平等、协商关系。当下，随着我国经济社会的发展，国家的治理能力不断强化。但是国家的治理能力面对更加复杂多变、矛盾日益增加的社会仍显得不足。同时，当前农民交往能力不断增强，农民社会活动的空间范围不断扩大，传统基于血缘关系和地缘关系形成的宗族治理、村庄共同体治理日益弱化。"他所关注的生活中心已经不再局限在生他养他的地方，他对他的邻里也失去了兴趣。"② 在此情况下，基于农民自愿、平等关系形成的横向治理可以在我国农村治理过程中发挥更大作用。

长期以来，人们对治理的理解局限于国家政权治理，在理论研究过程

---

① 刘娅：《解体与重构：现代化进程中的"国家—乡村社会"》，中国社会科学出版社2004年版，第66页。

② ［法］埃米尔·涂尔干：《社会分工论》，生活·读书·新知三联书店2000年版，第257页。

中往往将治理放在"国家"及"国家与社会关系"的角度来进行分析。①在此理念引领下,过于强调国家政权治理功能而忽视农村基层社会的自我治理功能。因此,当前推进社会治理体系和治理能力现代化,需要进一步厘清国家政权治理与社会自我治理的关系,同时重构农民个体之间的社会关系,将个体重新纳入公共生活中。从当下实践创新来看,四川、湖北、广东等地将村民自治的基本单元从行政村下沉到自然村,便是利用自然村内农民社会联结更为紧密这一特性,并以此激活农民自我治理的内生动力。

总而言之,国家治理是一个系统概念。国家治理既包括以国家政权为核心的治理,也包括以宗族、士绅等为主体的精英治理。但事实上,国家治理还包括蕴含在社会内部的社会主体之间平等、互惠的横向治理。国家治理体系和治理能力的现代化,不能仅仅是国家政权治理体系和能力的完善,也需要完善基层社会包括横向治理在内的社会自我治理体系。为此,必须进一步探索纵向治理、横向治理的分治与统合,实现"在'横向'上能将社会群体加以融合,在'纵向'上能把社会和经济阶级加以同化"的政治共同体。②

---

① 徐勇:《关于国家治理体系和治理能力现代化的对话》,《当代世界与社会主义》2014年第1期。

② [美]塞缪尔·亨廷顿:《变化中的政治秩序》,王冠华、刘为等译,上海人民出版社2010年版,第332页。

参考文献

经典著作类：

《马克思恩格斯选集》第1卷，人民出版社2012年版。
《马克思恩格斯选集》第2卷，人民出版社2012年版。
《马克思恩格斯选集》第3卷，人民出版社2012年版。
《马克思恩格斯选集》第4卷，人民出版社2012年版。
《马克思恩格斯全集》第23卷，人民出版社1995年版。
《马克思恩格斯全集》第28卷，人民出版社1995年版。
《马克思恩格斯全集》第46卷，人民出版社1995年版。
《马克思恩格斯论中国》，人民出版社2015年版。
[德]卡尔·马克思：《路易·波拿巴的雾月十八日》，冯适译，江苏人民出版社2011年版。
《列宁全集》第23卷，人民出版社1990年版。
《毛泽东选集》第3卷，人民出版社1991年版。
孙中山：《三民主义》，长安出版社2011年版。

专著类：

[美]阿尔蒙德·小鲍威尔：《比较政治学：体系、过程和政策》，曹沛霖译，东方出版社2007年版。
[美]埃莉诺·奥斯特罗姆：《公共事务的治理之道》，上海译文出版社2013年版。
[法]埃米尔·涂尔干：《社会分工论》，生活·读书·新知三联书店2000年版。
[英]安东尼·吉登斯：《民族—国家与暴力》，胡宗泽、赵力涛、王

铭铭译，生活·读书·新知三联书店1998年版。

[古希腊]柏拉图：《理想国》，郭斌和、张竹明译，商务印书馆1986年版。

[美]丹尼尔·哈里森·葛学溥：《华南的乡村生活——广东凤凰村的家族主义社会学研究》，周大鸣译，知识产权出版社2012年版。

曹锦清：《黄河边的中国》，上海文艺出版社2000年版。

[英]戴维·米勒、韦农·波格丹诺编：《布莱克维尔政治学百科全书》，邓正来译，中国政法大学出版社2002年版。

杜润生：《杜润生自述：中国农村体制变革重大决策纪实》，人民出版社2007年版。

[美]杜赞奇：《文化、权力与国家：1900—1942年的华北农村》，王福明译，江苏人民出版社2004年版。

费孝通：《江村经济》，江苏人民出版社1986年版。

费孝通：《乡土中国》，上海世纪出版集团2011版。

费孝通：《文化与文化自觉》，群言出版社2008年版。

[美]费正清：《美国与中国》，张理京译，世界知识出版社2005年版。

[日]福武直：《中国农村社会结构》，东京大学出版会1976年版。

[日]沟口雄三：《中国的公与私·公私》，郑静译，生活·读书·新知三联书店，2011年版。

[美]古德诺：《解析中国》，蔡向阳、李增茂译，国际文化出版公司1998年版。

[德]黑格尔：《历史哲学》，王造时译，上海世纪出版集团2001年版。

胡恒：《皇权不下县？——清代县辖政区与基层社会治理》，北京师范大学出版社2015年版。

[美]黄宗智：《华北的小农经济与社会变迁》，中华书局1985年版。

金观涛、刘青峰：《兴盛与危机：论中国社会超稳定结构》，法律出版社2011年版。

金耀基：《从传统到现代》，法律出版社2010年。

[香港]科大卫：《皇帝和祖宗·华南的国家与宗族》，卜永坚译，江

苏人民出版社2009年版。

《梁漱溟全集》（第5卷），山东人民出版社1990年版。

梁漱溟：《中国文化要义》，安徽师范大学出版社2014年版。

梁漱溟：《乡村建设理论》，上海世纪出版集团2006年版。

［美］林顿·摩尔：《民主和专制的起源》，拓夫等译，华夏出版社1987年版。

刘创楚、杨庆坤：《中国社会从不变到巨变》，中文大学出版社1989年版。

刘娅：《解体与重构：现代化进程中的"国家—乡村社会"》，中国社会科学出版社2004年版。

［法］卢梭：《社会契约论》，何兆武译，商务印书馆1980年版。

［美］路易斯·亨特·摩尔根：《古代社会》，杨东莼、马雍译，商务印书馆1977年版。

［英］洛克：《政府论》，瞿菊农、叶启芳译，商务印书馆1964年版。

［美］罗威廉：《汉口：一个中国城市的冲突和社区1796—1895》，鲁西奇、罗杜芳译，中国人民大学出版社2008年版。

［德］马克斯·韦伯：《经济与社会》（下卷），林荣远译，商务印书馆1997年版。

［德］马克斯·韦伯：《儒教与道教》，王容芬译，广西师范大学出版社2008年版。

［美］莫里斯·弗里德曼：《中国东南的宗族组织》，刘晓春译，上海人民出版社2000年版。

［美］明恩溥：《中国乡村生活》，陈午晴、唐军译，中华书局2006年版，

［日］内生雅山：《二十世纪华北农村社会经济研究》，李恩民、邢丽荃译，中国社会科学出版社2001年版。

［美］裴宜理：《华北的叛乱者与革命者1845—1945》，池子华、刘平译，商务印书馆2007年版。

［日］平野义太郎：《大亚洲主义的历史基础》，河出书房1946年版。

秦晖：《传统十论》，东方出版社2014年版。

瞿同祖：《中国法律与中国社会》，商务印书馆2010年版。

［日］清水盛光：《中国社会研究》，岩波书店 1933 年版。

［日］戎能通孝：《法律社会学诸问题》，日本评论社 1943 年版。

［美］塞缪尔·亨廷顿：《变化中的政治秩序》，王冠华、刘为等译，上海人民出版社 2010 年版。

［美］施坚雅：《中国农村的市场和社会结构》，史建云、徐秀丽译，中国社会科学出版社 1998 年版。

［美］托尼·本尼特：《文化与社会》，王杰、强东红等译，广西师范大学出版社 2007 年版。

王笛：《跨出封闭的世界——长江上游区域社会研究 1644—1911》，中华书局 2001 年版。

王先明：《近代绅士：一个封建阶层的历史命运》，天津人民出版社 1997 年版。

［美］威廉·J. 古德：《家庭》，魏章龄译，社会科学文献出版社 1986 年版。

［美］魏特夫：《东方专制主义》，徐式谷、奚瑞森、邹如山译，中国社会科学出版社 1989 年版。

徐勇：《乡村治理与中国政治》，中国社会科学出版社 2003 年版。

［古希腊］亚里士多德：《政治学》，吴寿彭译，商务印书馆 1965 年版。

杨国枢：《中国人的社会取向：社会互动的观点》，巨流图书公司 1993 年版。

杨懋春：《近代中国农村社会之演变》，巨流图书馆 1984 年版。

［美］杨美惠：《礼物、关系学与国家》，赵旭东、孙珉译，江苏人民出版社 2009 年版。

［美］詹姆斯·C. 斯科特：《国家的视角：那些试图改善人类状况的项目是如何失败的》，王晓毅译，社会科学文献出版社 2004 年版。

［美］詹姆特·C. 斯科特：《农民的道义经济学——东南亚的反叛与生产》，程立显、刘建等译，译林出版社 2013 年版。

郑振满、［加］丁荷生：《福建宗教碑铭汇编》，福建人民出版社 1995 年版。

周育民、邵雍：《中国帮会史》，上海人民出版社 1993 年版。

Siu, Helen F, *Agents and Victims in Souch China: Accomplices in Rural Revoluyion*, New Haven: Yale University Press, 1989.

Freedman Maurice: *Chinese Lineage and Society: Fukien and Kwantung*, London Berg Publishers, 1971.

论文类：

蔡俊生：《公社、氏族、家庭——三个相递出现的历史范畴》，《学术月刊》1984 年第 1 期。

郝亚光、徐勇：《让自治落地：厘清农村基层组织单元的划分标准》，《探索与争鸣》2015 年第 9 期。

贺雪峰：《乡村治理区域差异的研究视角与进路》，《社会学辑刊》2006 年第 1 期。

贺雪峰：《乡村治理研究与村庄治理研究》，《地方财政研究》2007 年第 3 期。

胡萧力、王锡锌：《基础性权力与国家"纵向治理结构"的优化》，《政治与法律》2016 年第 3 期。

黄宗智：《农业合作化路径选择的两大盲点：东亚农业合作化历史经验的启示》，《开放时代》2015 年第 5 期。

李国庆：《关于中国村落共同体的论战——以"戒能—平野论战"为核心》，《社会学研究》2005 年第 6 期。

李若晖：《郡县制时代——由权力建构与社会控制论秦至清的社会性质》，《文史哲》2011 年第 1 期。

刘义强、胡军：《社区联结：村庄民主治理的内生性机制分析》，《社会主义研究》2012 年第 6 期。

刘义强、胡军：《中国农村治理的联结形态：基于历史演进逻辑下的超越》，《学习与探索》2016 年第 9 期。

卢昌军、邓大才：《从"以业为商"到"以农为市"——社会化小农的市场维度考察》，《华中师范大学学报》（人文社会科学版）2007 年第 4 期。

卢凌宇：《政治学田野调查方法》，《世界经济与政治》2014 年第 1 期。

罗尔纲：《太平天国前的人口压迫问题》，《中国社会经济史集刊》1949 年第 1 期第 8 卷。

罗兴佐：《农民合作的类型与基础》，《华中师范大学学报》（人文社会科学版）2004 年第 1 期。

罗兴佐：《农民行动单位与村庄类型》，《中国农村观察》2006 年第 3 期。

王笛：《神秘的语言和沟通——19 世纪四川袍哥的隐语、身份认同和政治文化》，《史林》2010 年第 1 期。

行龙：《晋水流域 36 村水利祭祀系统个案研究》，《史林》2005 年第 4 期。

徐勇：《东方自由主义的发掘——兼评西方话语体系中的"东方专制主义"》，《学术月刊》2012 年第 4 期。

徐勇：《"分"与"合"：质性研究视角下农村区域性村庄分类》，《山东社会科学》2016 年第 7 期。

徐勇：《"关系权"：关系与权力的双重视角——源于实证调查的政治社会学分析》，《学习与探索》2017 年第 7 期。

徐勇：《关于国家治理体系和治理能力现代化的对话》，《当代世界与社会主义》2014 年第 1 期。

徐勇：《农民理性的扩张："中国奇迹"的创造主体分析——对既有理论的挑战及新的分析进路的提出》，《中国社会科学》2010 年第 1 期。

徐勇：《如何认识当今的农民、农民合作与农民组织》，《华中师范大学学报》（人文社会科学版）2007 年第 1 期。

徐勇：《现代国家的建构与村民自治的成长——对中国村民自治发生与发展的一种阐释》，《学习与探索》2006 年第 6 期。

徐勇：《"政党下乡"：现代国家对乡土的整合》，《学术月刊》2007 年第 8 期。

徐勇：《政权下乡：现代国家对乡土社会的整合》，《贵州社会科学》2007 年第 11 期。

徐勇：《中国家户制传统与农村发展道路——以俄国、印度的村社传统为参照》，《中国社会科学》2013 年第 8 期。

燕继荣：《中国的社会自治》，《中国治理评论》2012 年第 1 期。

易建平：《关于国家定义的重新认识》，《历史研究》2014 年第 2 期。

俞可平：《治理和善治：一种新的政治分析框架》，《南京社会科学》2001 年第 9 期。

翟学伟：《人情、面子与权力的再生产——情理社会中的社会交换方式》，《社会学研究》2004 年第 5 期。

郑卫东：《"双轨政治"转型与村治结构创新》，《复旦学报》（社会科学版）2013 年第 1 期。

周庆智：《社会自治：一个政治文化的讨论》，《政治学研究》2013 年第 4 期。

朱新山：《试论传统乡村社会结构及其解体》，《上海大学学报》（社会科学版）2010 年第 5 期。

庄英章：《台湾汉人宗族发展的若干问题——寺庙宗祠与竹山的垦殖形态》，《中央研究院民族学研究所集刊》1973 年第 36 期。

方志类

道光《新都县志》（1844 年），刻本。

光绪《新繁县乡土志》（1907 年），刻本。

四川省新都县志编撰委员会编：《新都县志》，四川人民出版社 1994 年版。

同治《新繁县志》（1873 年），刻本。

王维新编《中国地方志集成——四川府县志辑》（12），巴蜀书社出版 1992 年版。

新都县高宁乡志编撰领导小组编：《高宁乡志》1984 年版。

新都县水利电力局编：《新都县水利志》，新都印刷厂 1990 年版。

雍正《四川通志》（1733 年），刻本。